L'INVENTION DU POSSIBLE

LIONEL JOSPIN

L'INVENTION DU POSSIBLE

FLAMMARION

ISBN : 2-08-066469-7
Imprimé en France

AVANT-PROPOS

L'histoire qui nous entraîne et dont je suis acteur voit son sens se brouiller.

Si se marque ainsi la fin des « grandes illusions » historiques et des certitudes idéologiques, il ne faut pas s'en plaindre : ce siècle a été celui des tragédies.

Mais si les valeurs se troublent, si les idées s'effacent, si le sentiment gagne qu'il n'y a plus ni projets à former ni choix à faire, si l'extrémisme se nourrit chez nous de l'égoïsme et de l'indifférence, cependant qu'ailleurs s'étendent la misère et le fanatisme, faut-il s'y résigner ? Ce serait consentir à de nouveaux drames.

Ce n'est pas la chute du communisme qui m'affecte. L'espoir né en octobre 1917 est mort dans les charniers et dans les camps, et sous les mensonges officiels. Le communisme ne survivra pas au despotisme.

Ce n'est pas l'hégémonie du capitalisme qui m'étonne. Il va de pair avec le succès de la démocratie. Privée du communisme, comme concurrent et comme repoussoir, l'économie de marché sera bientôt la forme dominante d'organisation de la production et des échanges à l'échelle du globe. Mais la question subsiste de savoir comment elle sera régulée, autour de quelles valeurs et à quelles fins, pour quel destin de l'homme en société.

Ma crainte serait que les socialites soient absents de ce débat ; qu'en cette fin de siècle où le communisme dépose son bilan et où l'idéologie libérale se fait pesante, le socialisme démocratique, par timidité ou conformisme, ne renonce à avancer des idées et ne cède le pas au conservatisme. En politique comme ailleurs, on ne peut se satisfaire d'idées reçues ni de solutions définitives. Il faut sans cesse inventer. L'exigence de justice me guide, aujourd'hui comme hier. Mais aux problèmes sociaux et politiques de demain, quelles seront les réponses à même de prendre la mesure du réel sans dénier à chacun son droit imprescriptible à l'espérance ?

Nombreux sont ceux qui, en France, s'interrogent. À gauche, je suis de ceux-là. C'est pourquoi j'écris ce livre. Pour tenter d'éclairer le sens de la partie qui se joue. Parce que je crois qu'on peut tirer des leçons de l'expérience, changer et rester fidèle à un engagement.

Je suis entré au parti socialiste en 1971, à l'époque de sa nouvelle fondation. La décolonisation, qui avait suscité mon premier engagement, était derrière nous et en partie ratée. La guerre du Viêt-nam, où s'embourbaient les États-Unis, s'éternisait. Leonid Brejnev régnait à l'Est, au faîte de sa puissance pétrifiée. Le tiers monde sortait désabusé du non-alignement. En Occident, le chômage commençait à croître.

Le général de Gaulle, dont j'avais subi le retour en 1958, était parti depuis deux ans, mais ses héritiers étaient au pouvoir. La droite semblait avoir oublié l'ébranlement de 1968. Dure, exclusive, condescendante à notre endroit, elle était assurée d'elle-même. En tout cas, elle le laissait croire.

La gauche était divisée, émiettée, dominée par le parti communiste. Celui-ci, déjà entré en crise, l'ignorait encore. Quant au nouveau parti socialiste, tout juste issu d'une SFIO déconsidérée, il était faible.

J'avais depuis un an quitté le Quai d'Orsay où la logique de mes études – sciences politiques puis ENA – m'avait conduit et où l'orthodoxie gaulliste régnait. De gauche depuis toujours, je voulais être maître de mes choix et de mes actes. Devenu universitaire, j'étais libre. C'est alors que je suis entré au parti socialiste, dont François Mitterrand venait de gagner la direction.

D'autres étaient dans mon cas. Nous ne voulions pas faire carrière. Au reste, le pouvoir était loin, presque mprobable. Nous voulions déployer notre énergie pour peser sur le cours des choses : rénover le parti socialiste, rassembler la gauche, affaiblir et pourquoi pas défaire la droite installée, moderniser les comportements dans le pays où nous vivions, changer la société. Tels étaient nos projets ou nos rêves. Nous étions divers et en même temps semblables, presque fraternels. Derrière le mentor qu'était pour nous François Mitterrand, il y eut à la fois, en ces années, un mouvement de la gauche et l'élan d'une génération.

Pendant vingt ans j'ai participé à la vie du parti socialiste. D'abord simple adhérent, j'y ai progressivement pris des responsabilités, à la demande de François Mitterrand, qui voulait des têtes nouvelles pour ce parti renouvelé. J'en devins le numéro deux en 1979. Et en 1981, quand François Mitterrand fut candidat à la présidence de la République, je lui succédai comme premier secrétaire. Peu après, j'étais élu député et quittai mon métier de professeur.

Je suis resté à la tête de ce parti pendant sept années décisives. J'ai connu la joie de la victoire, partagé l'enthousiasme des premières réformes, mesuré notre inexpérience de gouvernants, ressenti l'exaspération de l'opposition contre nous. J'ai subi le « tournant de la rigueur » avant de le comprendre et de l'expliquer. J'ai accompli le passage, avec les militants, de la « culture d'opposition » à la « culture de gouvernement ». J'ai cherché à situer le rôle du parti socialiste, devenu majoritaire, dans le cadre des institutions si particulières de la cinquième République, tout en voulant qu'il reste vivant et proche de la société. J'ai géré les relations complexes et les difficultés croissantes avec le parti communiste, éprouvé le reflux de l'opinion, la superbe retrouvée de nos opposants, la fidélité des nôtres au-delà des déceptions, l'incompréhension des hésitants. J'ai considéré la défaite de 1986 comme normale et joué la partie de la « cohabitation » avec le discernement qu'imposait la présence de cet étonnant exécutif à deux têtes antagonistes.

J'ai senti le nouveau retournement des Français, leur façon de soupeser deux expériences politiques : celle de la gauche, celle de la droite; leur manière de jauger les candidats possibles à l'élection présidentielle de 1988. Dès que François Mitterrand eut pris sa décision de se représenter, j'ai préparé le parti socialiste à anticiper sur sa campagne, puis à l'accompagner. Le succès fut net, comme on le sait.

Au bout de ces sept ans, et bien que mon action n'ait en rien été solitaire, j'incarnais au fond, pour l'opinion, le parti socialiste, au point de me confondre un peu avec lui.

Quand j'ai souhaité quitter mes fonctions, pour m'affronter à des responsabilités différentes et par besoin de renouvellement, le parti socialiste lui-même avait changé. Il avait perdu de sa jeunesse et de sa sève et, avec elles, de ses illusions. Il comptait beaucoup plus d'élus et parfois de notables. Mais il avait mûri, il s'était trempé à l'épreuve du pouvoir, il avait accompagné la mue de la société française, il était resté uni.

Depuis trois ans, je suis membre du gouvernement, en charge de l'Éducation nationale. Le militant d'il y a vingt ans, qui pensait rester un simple citoyen, est devenu par une série d'enchaînements un responsable de parti, un élu – maintenant de Haute-Garonne – puis un ministre, en somme ce que d'aucuns pourraient appeler un « homme de pouvoir ».

Ce n'est pas cette trajectoire qui pour moi fait question : j'ai eu le temps d'accoutumer à vivre ensemble la personne privée que je suis et l'homme public. En outre, je me suis toujours senti très proche de la conception du pouvoir en vigueur au nord de l'Europe, fondée sur une culture démocratique, pratiquant peu les pompes et les cérémonials, et qui ne sépare guère l'homme politique du citoyen. Au fond de moi, je sais que je serais incapable de perpétuer à vide, par routine ou par confort, une action politique qui aurait perdu sa source vive : une vraie conviction, et le sentiment que cette action peut se révéler juste et utile. Si tel devait être le cas, rien ne me retiendrait de revenir à ma vie d'auparavant, dont ne m'a pas éloigné mon mode de vie personnel.

D'où l'absolue nécessité pour moi de garder un sens à l'action publique.

Qu'on me comprenne bien. Si je déteste le cynisme, parce qu'il corrompt les relations humaines, la vie en société et les systèmes politiques, j'ai appris, en revanche, des événements de ce siècle et de l'action politique, les vertus du réalisme et même du relativisme. Mais la question qui est posée aujourd'hui à la gauche et aux socialistes n'est-elle pas justement de savoir où se situe le réalisme ? À partir de quel moment la crainte d'en outrepasser les limites nous voue-t-elle à l'immobilisme ?

Les sociétés où nous vivons manquent de théories et de visions de l'avenir ; les interrogations pourtant ne manquent pas. Là où le communisme se défait, quelles sociétés vont naître ? Quand le monde bipolaire disparaît, les États-Unis vont-ils dominer seuls ? Quelle place pour l'Europe, quel rôle pour la France ? Pourquoi cette persistance du chômage, cette toute-puissance de l'argent, ce rejet du politique ? Pourquoi ce malaise ? Cette crise d'identité ? Qu'est-ce que le socialisme aujourd'hui ? Qu'est-ce qu'une politique de gauche ? Comment redonner du sens au politique ?

Ce livre n'est pas un pamphlet. Je n'en ai pas le goût. J'éprouve même quelque gêne à voir d'anciens proches du pouvoir, parfois encore pourvus des avantages qu'il leur a procurés, partir en guerre contre lui ou fustiger Mitterrand pour encenser de Gaulle. Le pamphlet brûle et éblouit, alors qu'il convient d'éclairer, dans une période qui cherche ses repères.

Je ne partage pas l'amère exaltation de ces misanthropes politiques. Imputer aux gouvernements socialistes, et à eux seuls, des réalités comme le chômage, les excès de l'argent, qui tiennent pour bonne part à des données économiques mondiales, à des faiblesses structurelles de notre appareil productif ou à des tendances dominantes de la société moderne, c'est sécréter à nouveau l'illusion que le pouvoir peut tout, qu'il saurait plier à sa convenance, s'il le voulait vraiment, les faits économiques et les comportements humains. On sait où a conduit cette prétention.

Notre action depuis dix ans, sans justifier l'enthousiasme, doit être appréciée avec plus de mesure. Dans beaucoup de domaines, la France a progressé, et souvent grâce à nous. N'est-ce pas ce qu'ont voulu exprimer les Français en réélisant François Mitterrand en 1988?

Il est vrai qu'il n'est sans doute pas pertinent de confondre l'itinéraire politique particulier de l'actuel Président et le sort du courant de pensée qu'on appelle socialiste. Pendant ces dix ans, qu'est-il advenu des idées et du parti socialiste? Qui sera capable, et autour de quels projets, d'assurer en France l'avenir de ce mouvement?

Ce livre n'est pas un programme, ni un recueil de recettes. Il propose quelques réflexions politiques. J'avais besoin d'écrire. Le temps de l'action n'est pas tout à fait celui de la réflexion, de l'analyse, ni celui du regard porté sur le passé et sur l'avenir. Il me fallait m'engager dans un mouvement de pensée solitaire, détaché de l'urgence.

Écrire un livre, c'est mener une conversation avec soi-même et en même temps parler à d'autres. À des proches, à des amis, à des hommes et à des femmes qui aiment la politique, la vie dans la cité, qui veulent qu'elle garde ou retrouve sa noblesse, qu'elle soit un art démocratique. J'ai voulu prendre ma part de leur interrogation commune. Au pouvoir, nous avons appris à gérer. Mais n'avons-nous pas désappris à savoir pourquoi? Le monde n'est-il pas passé d'un excès d'idéologie à une absence de vision de l'avenir, à une pénurie de projets, donc d'espérances?

L'avenir n'est pas donné d'avance. Si tous les futurs ne sont pas possibles, si l'épreuve du réel n'autorise pas tous les rêves, le possible ne se déduit pas non plus mécaniquement de la réalité présente. Il est ouvert et multiple; il se crée. À nous de décider ce qu'il doit être sans nous laisser enchaîner aux seules nécessités du présent.

La démocratie ne vit que d'inventer ses possibles.

CHAPITRE 1

DES IDÉOLOGIES AUX IDÉES

Il est dans l'air du temps de dire qu'il n'y a plus d'idéologies. Les grands systèmes d'explication du monde s'affaissent, les références théoriques ennuient, le pragmatisme est à la mode. Est-ce vrai ? Et si c'est vrai, est-ce bon ? Voilà des questions auxquelles j'aimerais répondre, car à peine a-t-on fini de tonner contre les idéologues qu'on regrette déjà la vacuité des théories ou la disparition des utopies. Nombre d'éditorialistes sont passés maîtres dans l'art de ces interpellations successives.

Mais peut-être serait-il utile de rappeler ce qu'on entend par idéologie.

Marx écrivait dans ses *Œuvres philosophiques :* « Nous devrons nous occuper en détail de l'histoire des hommes, puisque presque toute l'idéologie se réduit ou bien à une conception fausse de cette histoire, ou bien à en faire totalement abstraction. » Pour lui, l'idéologie est un masque, le discours justificateur d'un ordre social arbitraire ou violent et de la domination d'une classe. Ajoutons qu'elle est faite d'arguments pseudo-rationnels et fournit à la société ou à ceux qui la dirigent « le moyen de masquer les problèmes véritables ». Le paradoxe de l'histoire veut que le pourfendeur de l'idéologie comme vision fausse, et en tout cas idéaliste, de la société ait donné naissance à une des plus puissantes « idéologies » du XXe siècle. Transformé en doctrine de la justification, le marxisme a fonctionné en effet selon le mécanisme même que Marx avait dénoncé : « Un ensemble d'idées qui se rapporte à une réalité non pas pour l'éclairer et la transformer mais pour la voiler et la justifier. »

On peut donc s'en tenir à une conception plus neutre, celle que donne par exemple Raymond Aron dans ses *Trois Essais sur l'âge industriel* : « L'idéologie est un système global d'interprétation du monde historico-politique. » Il s'agit d'une doctrine relativement cohérente développant une « vision du monde » et de la société supposée capable d'en expliquer les fondements et la finalité, et comportant des idées motrices, mobilisatrices pour l'action politique, les choix économiques et sociaux, etc.

Y a-t-il ou n'y a-t-il plus de systèmes globaux d'interprétation historico-politique du monde ? Si oui, lesquels ? Si non, pourquoi ? Et faut-il s'en réjouir ? Voilà qui nous permettra de répondre aux interrogations et peut-être aux lieux communs du jour.

La fin du marxisme

À cette crise des idéologies, il y a dans le monde et singulièrement en France bien des causes. La crise internationale et française du communisme, le maintien durable du parti socialiste au pouvoir, l'affadissement du gaullisme, l'inadéquation des explications économiques face à la crise : voilà quelques-unes des explications qui se peuvent avancer.

L'idéologie dominante à gauche pendant les années cinquante, soixante et soixante-dix a été marxiste. Des intellectuels célèbres s'y ralliaient, l'Université s'en accommodait. On était pour ou on était contre, mais le marxisme était l'idéologie globale de référence. Le parti communiste, lui, en était la figure emblématique. Non que le marxisme ait gardé la même physionomie pendant toute cette période.

Le marxisme dominant des années cinquante est celui, déformé, du PCF et du stalinisme. Dans ces années cinquante, le parti communiste pèse sur la vie politique française. Qu'il inquiète la société française et la classe dirigeante par ses coups de boutoir (comme en 1947 avec des grèves dures, ou en 1952 avec sa campagne contre le général américain Ridgway), ou qu'il fasse les concessions pour qu'elles respirent (en 1944, comme en 1958, face à de Gaulle), de toute façon il est le parti clef, à la fois dur, confiant en lui-même et politiquement réaliste. Étroitement lié à Moscou, à Staline d'abord puis à ses successeurs, violemment hostile aux États-Unis, il règne dans l'opposition et sait – ou croit – avoir le temps pour lui. Théoricien de la lutte des blocs à l'échelle internationale, il préfère dominer l'opposition et camper dans la société comme une contre-société que mettre en œuvre une stratégie de conquête du pouvoir. Son marxisme est sommaire, fondé sur la justification du régime soviétique stalinien, teinté de républicanisme et de nationalisme (d'où, à un moment, le culte de Jeanne d'Arc...!), sa négation des crimes de Staline totale, sa violence verbale à l'égard de ses adversaires politiques systématique. C'est l'époque où, en dépit des débuts de la croissance économique après la phase de reconstruction, il conclut à la paupérisation non seulement « relative » mais « absolue » du prolétariat en France. Il se pose à la fois comme le parti de la classe ouvrière et comme un parti d'avant-garde au sein de cette classe. Le système politique est justifié en URSS au nom de la « dictature du prolétariat » et le parti unique légitimé, puisque les classes ont disparu et qu'il est le parti du « peuple tout entier ». La répression est tantôt niée, tantôt absoute; les interventions à l'extérieur (la Hongrie en 1956, la Tchécoslovaquie en 1968) expliquées par les dangers de la « contre-révolution ». En somme, là où le marxisme (ou ses interprétations) s'est incarné dans la réalité et a joué un rôle historique essentiel, il a cessé d'être une méthode d'analyse, y compris de la nouvelle réalité, pour fonctionner comme une idéologie assez fruste, rassemblant des idées mobilisatrices pour les mouvements révolutionnaires périphériques et surtout opérant la légitimation idéologique de toutes les pratiques de l'État (URSS, Chine, démocraties populaires).

Cette fonction de slogan et de simplification d'une idéologie « marxiste » traduite en langage de bois sera d'autant plus pernicieuse qu'elle aura servi en partie de modèle à ceux qui se faisaient les artisans d'une autre idéologie, celle que Hitler nomme « philosophie » dans *Mein Kampf* et qui, elle aussi, va déboucher sur un totalitarisme.

La crise du communisme international et, en France, le déclin du parti communiste vont contribuer à la crise de l'idéologie marxiste. Si celle-ci était une représentation téléologique du monde, encore fallait-il que le monde communiste fût apte à porter cette représentation. Ce n'est plus le cas. En Europe centrale, celui-ci connaît des ébranlements successifs : après la crise hongroise de 1956 et la dénonciation par Khrouchtchev des crimes de Staline viennent les secousses de 1968 en Tchécoslovaquie et de 1980-1981 en Pologne. En URSS, règne l'immobilisme brejnévien, et se révèle mensongère la prétendue supériorité du système collectiviste sur le système capitaliste. En France, c'est un parti communiste progressivement affaibli qui est le propagandiste officiel du marxisme. Incapable de prendre ses distances avec l'URSS et les démocraties populaires en plein marasme, figé dans une analyse ancienne de la société française et de la classe ouvrière, ayant mis le holà aux tentatives d'explorer des voies nouvelles prônées par certains de ses intellectuels, il se montre hésitant et contradictoire dans sa stratégie politique. Alternant les phases d'accord puis de vive controverse avec le parti socialiste, le PCF perd de son prestige dans les milieux intellectuels et entre dans un déclin électoral que vont successivement accélérer les deux élections présidentielles gagnées par François Mitterrand.

À la critique de gauche du stalinisme, aux tentatives de renouvellement ou de ressourcement du marxisme succède une critique du « totalitarisme » qui aboutit au rejet du marxisme.

L'autre motif de dépréciation des approches globalisantes de la politique en France est certainement le passage prolongé du parti socialiste au pouvoir. Non que le parti qui se développe à partir de 1971 ait été particulièrement porté sur l'idéologie, en tout cas sur une idéologie exclusive. Le parti socialiste d'Épinay, selon son premier secrétaire d'alors, François Mitterrand, n'est pas marxiste. Mais son voisinage et sa compétition avec le parti communiste, qui s'avance bardé d'une « théorie scientifique », l'obligent à proposer ses explications, sinon du monde, en tout cas de la société française. C'est l'époque où l'on définit le « front de classes » (comme réponse à l'analyse communiste de la classe ouvrière), où l'on forge la « stratégie d'union de la gauche », où l'on établit la liste des « nationalisations », tout en élaborant des « thèses sur l'autogestion » et en parlant de la « rupture avec le capitalisme ». Ce parti n'est peut-être pas pris au sérieux par les docteurs du marxisme, il n'est d'ailleurs pas à proprement parler doctrinaire, mais il anime le débat d'idées dans la vie politique par ses controverses avec le PCF (quand celui-ci a choisi la rupture) et par ses critiques de l'ordre établi si bien représenté par Valery Giscard d'Estaing. Le socialisme d'opposition et de conquête du pouvoir a besoin du champ théorique pour asseoir sa légitimité dans le domaine des idées et justifier sa prétention à exercer la responsabilité d'État. Il le fait d'ailleurs sans arrière-pensée, avec une sorte de plaisir juvénile, voire avec une certaine ingénuité – si l'on en juge par ses pratiques ou silences ultérieurs une fois parvenu au pouvoir.

Au socialisme d'opposition et de conquête succède, en 1981, le socialisme de pouvoir. Le tournant dans les idées n'est pas immédiat. Sur le plan des proclamations, l'année 1981 est plutôt une année de surenchère. La responsabilité en incombe en partie à la droite qui, d'abord tétanisée par la défaite et par la « vague rose », se rejoue une « peur » façon 1936, sans vraiment y croire mais pour tenir elle aussi sa partition. Au lieu de relativiser, beaucoup des nôtres semblent entrer dans le jeu et le congrès de Valence (en 1981) verra se succéder à la tribune des orateurs qui en rajoutent sur les métaphores guerrières ou les emprunts à la Révolution française. Au soir du congrès, sur un poste périphérique, l'un d'entre nous développe même une étrange analyse historique selon laquelle la succession – disons l'alternance – devrait se faire désormais entre les forces de gauche. J'interviendrai trop tard – et je me le reproche, mais je manquais encore d'autorité sur le parti socialiste – le dernier jour du congrès pour donner une conclusion plus modérée. Mais l'impression, amplifiée par les médias, est faite. Ces discours excessifs, sans rapport avec les faits, cette apparence d'arrogance ou d'intolérance, outre qu'ils serviront de prétexte à l'opposition pour nous attaquer, ne seront peut-être pas sans rapport avec le rejet ultérieur des « idéologies ». Et certains qu'on aura vus fort véhéments en 1981 seront parmi les plus modérés ou « réalistes » quelques années plus tard (par exemple à partir de 1984).

En tout cas, en 1981 et 1982, personne ne parle de « vide idéologique ». Nous ne manquons pas d'idées directrices pour l'action. Le parti socialiste au gouvernement avec les communistes applique, sous la conduite de Pierre Mauroy et sur les indications du Président François Mitterrand, les 110 propositions du candidat élu. L'abolition de la peine de mort, les premières nationalisations, la retraite à soixante ans, la cinquième semaine de congés payés et la proposition de mettre en place un grand service public laïc et unifié de l'éducation sont autant de viatiques qui accompagnent le début de notre itinéraire gouvernemental. Comme les projets de loi foisonnent au Parlement, comme la polémique politique avec l'opposition est vive, comme l'opinion publique se passionne, le parti socialiste et le gouvernement peuvent apparaître parfois malhabiles ou inexpérimentés, mais ils sont les exécutants fidèles des 110 engagements du Président. Le respect sourcilleux de ceux-ci est invoqué comme preuve de notre loyauté et de notre fidélité à nos principes. On conteste la validité de nos idées, on commence à critiquer l'inefficacité de notre politique (notamment en matière de lutte contre le chômage ou contre l'insécurité), mais nul ne prétend que nous sommes sans idées ou sans projets. C'est l'époque au contraire où l'on nous trouve trop idéologues, peut-être justement parce que nous avons des idées, ce qui révèle l'ambiguïté du débat sur l'idéologie.

Le tournant de la rigueur, pendant les années 1982-1983, va commencer à changer tout cela. Le déséquilibre de la balance des paiements et la force de l'inflation conduisent le gouvernement Mauroy à opérer un changement de politique économique. Le blocage des salaires, des prix et des profits est instauré, la dévaluation s'impose et se répète, des ponctions sont opérées dans les dépenses budgétaires. Une politique d'austérité commence.

Dans la population et chez les socialistes, le réveil est brutal. L'opinion, qui jusque-là avait été fortement favorable au gouvernement, décroche. Quant aux socialistes, ils sont partagés entre deux réactions contradictoires : d'un côté, ils répugnent à ce changement qui bouscule leurs certitudes, leurs convictions, et dont ils craignent, à juste titre, les conséquences sur l'opinion et pour les élections ; de l'autre, ils sentent bien au fond d'eux-mêmes que cet infléchissement de la politique économique est inévitable, sauf à accumuler les déficits, et ils sont de toute façon décidés à rester solidaires du gouvernement et du Président. D'ailleurs, le Président lui-même hésite – au cours de journées de discussions sur la sortie de l'accord monétaire européen – et choisit la dévaluation et la rigueur à son corps défendant, par précaution devant la faiblesse révélée de nos réserves de change, par engagement européen et par intuition politique. Il pressent qu'éviter l'impopularité immédiate risque de nous conduire plus tard à une impopularité plus profonde, plus durable, peut-être même irrémédiable.

Pour sortir de cette contradiction entre leur « cœur » et leur « raison », les socialistes – et je suis le premier à le faire – forgent la théorie de la « parenthèse » : nous rompons, devant la nécessité, avec la politique économique et sociale antérieure mais, affirmions-nous, nous le faisons pour un temps donné – dont nous ne nous risquons pas à prédire le terme –, à l'issue duquel nous reprendrons une politique de croissance et de distribution plus généreuse. En réalité, nous n'y sommes pas vraiment revenus...

Quand s'amorce ce tournant, ce n'est pas encore le vide idéologique qui nous est reproché mais la « trahison ». Dans les actes mêmes qui infléchissent ou transgressent le fonds de doctrine et de concepts économiques qui était le nôtre, celui-ci vit encore « en creux ». La période reste pleine de confrontations puisqu'elle donne l'occasion à la droite de pourfendre l'inadaptation, le caractère dit archaïque des conceptions économiques des socialistes. Paradoxalement, la droite ne fera pas cette critique au nom du pragmatisme, de la gestion raisonnable, mais sous le drapeau d'un ressourcement idéologique opéré au nom du libéralisme. Au moment où la gauche devient empiriste et prudente, la droite tend à devenir dogmatique. Mais cela est une autre histoire, sur laquelle je reviendrai à propos de la cohabitation, et qui ne sera pas sans conséquence sur l'issue de l'élection présidentielle de 1988.

Les années 1984-1986 du gouvernement de Laurent Fabius verront le virage de 1983-1984 se transformer en ligne droite. On la sait brève : l'élection législative de 1986 est proche et il semble peu vraisemblable que nous la gagnions. Les références au socialisme, à la transformation de la société, aux grandes réformes disparaissent. Les mots « rassemblement » et « modernisation » servent de références politiques. Le parti communiste nous a quittés sans que nous l'ayons voulu. Nous ne l'avons pas retenu. La droite et le PC sont désormais contre nous, cependant que l'extrême droite, qui perce en 1983 à Dreux, étend le champ électoral de la droite avant de le restreindre. C'est une période de repli des idées et des théories, de restructuration économique, mais aussi de modernisation politique, une phase sérieuse et défensive. Le socialisme au pouvoir, né dans les grands projets et les réformes, achève la législature dans la pédagogie gestionnaire qu'illustrent les causeries au coin du feu du Premier ministre.

Une fois les élections législatives perdues – le parti socialiste ayant sauvegardé l'essentiel avec 32 % des voix –, commence la cohabitation. Le président de la République reste en place mais le parti socialiste est renvoyé dans l'opposition. Il a alors la sagesse – et je crois y avoir veillé – de ne pas revenir dans l'opposition aux thèses et aux discours qu'il avait abandonnés au gouvernement. Nous devons alors nous situer avec finesse face à cet exécutif à deux têtes opposées. Nous y gagnons en cohérence politique et sans doute en crédibilité. Mais cela va contribuer à la dilution de l'« idéologie » prêtée aux socialistes. Le parti socialiste concentre ses critiques sur l'action du nouveau gouvernement, en dénonce l'aspect fortement dogmatique et en particulier cette obsession qu'ont Jacques Chirac et ses amis d'effacer ce qu'ils appellent l'« expérience socialiste » ou la « parenthèse socialiste ». Il faudra attendre décembre 1986 et le mouvement étudiant et lycéen pour que la France mesure concrètement, et à travers ses enfants, le caractère négatif du gouvernement Chirac, avant de modifier son opinion à notre égard... et au sien.

À cette époque, pour donner un cadre à notre approche politique et à nos propositions pour l'après-1988, je suggère le concept de « nouvel équilibre ». Je l'explique ainsi : la droite avec le gouvernement de Jacques Chirac mène une politique nettement conservatrice, durement antisociale, aventureuse en Nouvelle-Calédonie, risquée pour les libertés en raison de son flirt avec le Front national et met la main sur l'État. Il faut rompre avec cette politique. Mais les socialistes doivent indiquer qu'ils ne reviendront pas purement et simplement à la politique d'avant 1986. Qu'elle ait été juste ou non, il est clair qu'elle a été sanctionnée lors des précédentes élections. Il faut tirer les leçons du passé. C'est donc un « nouvel équilibre » qu'il faut trouver entre les exigences contradictoires des Français. D'une certaine façon, c'est ce qu'exprimera François Mitterrand, candidat à la présidentielle, avec sa proposition du « ni – ni » : plus de privatisations d'entreprises mais pas de renationalisations. Je crois sur ce point que nous avons eu raison, sauf pour ce qui concerne TF1 qui aurait dû être rendu au service public.

En somme, face à une droite dure que sa référence systématique au libéralisme a « idéologisée », les socialistes revenus de leurs illusions semblent incarner, à la veille de 1988, une approche raisonnable. D'ailleurs, cette élection présidentielle va être avant tout un choix d'homme. La question se trouve posée ainsi aux Français : qui de François Mitterrand, de Raymond Barre ou de Jacques Chirac faut-il préférer comme chef d'État ? La comparaison des programmes politiques des partis s'opère mais passe au second plan, comme en sourdine.

Cette prise de distance des socialistes avec certaines de leurs références doctrinales se révèle efficace dans la conjoncture de 1988. Elle va marquer fortement le début du second septennat de François Mitterrand et le gouvernement de Michel Rocard. J'analyserai plus loin les conséquences positives et négatives d'une telle évolution. Il est clair en tout cas qu'elle a contribué, à sa manière, à alimenter la chronique de la « fin des idéologies ».

La crise du sens

Hors du champ politique entendu au sens étroit, d'autres évolutions signent la fin des grands systèmes d'explication théorique et vont contribuer à ce recul des idéologies. Le marxisme, sous sa forme messianique, est rejeté par les intellectuels.

Mais le reflux des idéologies totalitaires et la méfiance à l'égard des « idéologies » en général (reflux qui s'est produit en plusieurs vagues) ne sont pas seulement l'effet du « vent de l'histoire ». Ils sont aussi l'effet de courants de pensée, eux-mêmes bien sûr perméables à l'histoire contemporaine. Le freudisme a éclaté en écoles ou chapelles multiples qui ne restituent que parcellisés l'expérience et le savoir accumulés. L'évolution des sciences humaines et de la pensée philosophique a contribué au déclin des doctrines totalisantes et fermées.

Ont joué la critique et l'autocritique de la philosophie en tant que système. C'est toute la question du « sens ultime » qui s'est trouvée posée, depuis la crise des fondements jusqu'à celle de la finalité et du mouvement dialectique (avec les travaux de Gilles Deleuze, Michel Foucault, Michel Serres, Jacques Derrida, Jean-François Lyotard).

La crise ou la mise en question du sens affecte naturellement toutes les philosophies de l'histoire, en ce qu'elles pensent l'histoire orientée vers sa fin : c'est-à-dire vers un moment où un ordre définitif s'établit. Or cette idée était à l'évidence présente dans le matérialisme historique. Plus largement, dans les sciences humaines, le structuralisme délaisse le terrain de l'histoire événementielle et politique au profit d'une problématique des structures profondes et stables. Certes, cette évolution reste souvent compatible avec l'influence considérable du marxisme sur le renouveau méthodologique (avec Ernest Labrousse et Marc Bloch). Georges Duby ou Jacques Le Goff lui reprennent même le concept d'«idéologie». Avec le privilège accordé à l'économie politique en anthropologie, Maurice Godelier marie structuralisme et marxisme. Mais les historiens de la nouvelle histoire, avec l'intérêt pour la longue durée, les modèles abstraits d'intelligibilité, s'éloignent du rôle historique des actions humaines conscientes, de la dimension politique de l'histoire. Au point qu'un grand historien français, Emmanuel Le Roy Ladurie, peut écrire dans un hebdomadaire : « Ce sont les masses qui font l'histoire... quand il ne se passe rien. »

La communauté des scientifiques et des intellectuels poursuit ses travaux, les scientifiques et particulièrement les biologistes prenant souvent le relais des philosophes pour affirmer le rôle du « hasard » face à la « nécessité ». L'engagement des intellectuels dans les luttes politiques, à gauche souvent mais aussi à droite, comme dans les années trente ou cinquante, n'est plus de saison. On a ses préférences, on participe parfois à des comités de soutien, on signe encore des pétitions – plus rarement. Mais on ne milite plus, on ne théorise plus son engagement, on n'est pas dans la mêlée. Chacun mène son travail de recherche, d'enseignement ou d'écriture, et est par ailleurs discrètement citoyen. D'ailleurs, après tant de révolutions, de batailles, de prophéties, de pamphlets, les plus militants d'entre les intellectuels, comme Régis Debray, en sont à redécouvrir la « république ».

Pourtant, au moment d'affirmer que la cause est entendue, un doute vient à l'esprit. Y a-t-il vraiment refus des idéologies ou n'assistons-nous pas plutôt à un retournement, à un renversement des idéologies ? N'est-ce pas une commodité de langage et une paresse de l'esprit qui conduisent à considérer que les idéologies sont de gauche ? On voit le lieu commun : on est idéologue à gauche, à droite on s'inscrit dans la réalité. Vision simpliste.

Les partis de la droite ou de la démocratie chrétienne européenne ont tous, de l'après-guerre aux années quatre-vingt, été peu doctrinaires. Marqués par l'expérience du fascisme, de la crise des années trente et de la guerre, confrontés à des partis communistes puissants (en France et en Italie) ou à la force des sociaux-démocrates avec qui ils devaient, d'une façon ou d'une autre, s'arranger, ces partis composent avec la réalité. Attachés au mythe d'une croissance économique indéfinie, influencés par les idées keynésiennes (dont l'efficacité semblait à l'époque avérée), ils gèrent en faisant la part des choses socialement, c'est-à-dire en redistribuant une partie de la richesse nationale.

À la fin des années soixante-dix, les faits, les pratiques et les références changent. Les faits d'abord.

La tendance à la baisse des taux de profit dans les pays développés, la concurrence imposée par de nouveaux compétiteurs du tiers monde, la chute de production et les déséquilibres extérieurs provoqués par les chocs pétroliers, la volonté de lutter contre la montée de l'inflation et l'affaiblissement syndical que produit le développement du chômage avivent les compétitions entre groupes sociaux et entre pays pour le partage des richesses produites, et rendent plus malaisées les concessions au salariat, comparé aux temps de croissance.

Les pratiques changent aussi, c'est-à-dire les politiques économiques. Le « compromis social » passé avec les syndicats et le monde du travail, en termes de salaires comme en termes de méthodes de négociations, autour des politiques keynésiennes, est remis en cause dans la plupart des pays développés. C'est en Grande-Bretagne que cette politique de compromis avait été poussée le plus loin – en raison sans doute de la puissance des trade-unions. Et c'est là que, sous l'impulsion du nouveau leader conservateur, Mme Thatcher, arrivée au pouvoir en 1979, la remise en cause du *Welfare State* et l'offensive contre la puissance syndicale seront conduites avec le plus de détermination. Cela passera par de très grands conflits, notamment avec les mineurs, cela entraînera des ruines industrielles et une paupérisation brutale dans certaines régions du pays. Mais cette politique sera plusieurs fois approuvée par une majorité en Grande-Bretagne, grâce au basculement électoral vers les tories d'une partie significative des classes moyennes irritées par l'inflation, les blocages syndicaux, et tentées par un discours d'ordre.

Cette évolution des politiques conservatrices sera également vraie pour la plupart des pays capitalistes développés au cours de la décennie quatre-vingt, même si c'est en Grande-Bretagne qu'elle trouvera son style le plus affirmé, avant d'être, récemment, remise en question.

Pour rompre avec sa pratique antérieure, pragmatique et raisonnablement sociale, la droite européenne et américaine aura besoin de justifications théoriques. Depuis la guerre, au fond, son idéologie était de n'avoir pas d'idéologie. Pour justifier ce nouveau cours économique, les dirigeants conservateurs – mais cela déteindra parfois chez certains socialistes – trouveront à emprunter à nouveau dans une doctrine, oubliée ou décriée depuis la crise des années trente et la Seconde Guerre mondiale : le libéralisme. S'appuyant d'abord sur une critique du totalitarisme – difficile à contester – mais étendant celle-ci aux défenseurs de l'intervention de l'État, de la redistribution des revenus, de la planification (même souple) – « ces totalitaires parmi nous », écrit Friedrich Hayek –, les économistes libéraux mettent en cause l'État providence, préconisent son désengagement de l'économie et procèdent à une réhabilitation du marché concurrentiel supposé à la fois respecter la liberté des acteurs économiques et réaliser l'optimum de développement. Friedrich

Hayek, Milton Friedman sont les principaux théoriciens, sur le plan économique, de ce néo-conservatisme.

Ainsi, alors que la gauche parvenue souvent au pouvoir pendant les années quatre-vingt (en Espagne, en France, en Grèce, au Portugal, etc.) édulcore son message économique traditionnel, la droite durcit le sien et cherche à convaincre l'opinion de ses idées – à contre-courant de celles qui prévalaient depuis la guerre – par une action de conviction idéologique résolue. L'idéologie n'est pas morte mais elle s'est en quelque sorte retournée ; passant de gauche à droite, elle s'est retrouvée de l'autre côté du spectre. L'ironie, c'est que la droite critique les idées socialistes pour leur passéisme, tout en exhumant le libéralisme, doctrine plus ancienne encore et dont le socialisme était la critique...

Le retour des intégrismes religieux

Dans ce champ supposé déserté par les grands systèmes d'explication du monde, de nouveaux venus se sont installés dans les années quatre-vingt pour prêcher. La renaissance des religions comme idéologies, sous la forme de l'intégrisme ou du fondamentalisme, en particulier dans le monde arabo-musulman, en est la manifestation la plus frappante.

Mon propos n'est pas ici de déterminer si les grandes religions révélées sont des idéologies. À mon sens, elles le sont. Mais elles ont progressivement, depuis deux siècles en Occident, cessé de disputer vraiment le champ des connaissances à la science, elles ont modernisé leur message social, assoupli leur vision politique et laissé de plus en plus leurs fidèles se déterminer librement comme citoyens. On peut donc considérer que la religion est surtout un fait spirituel et moins un système idéologique d'explication du monde terrestre.

Différente est l'évolution de l'islam. Mais là aussi cette évolution ne s'est pas faite dans le ciel des idées. Elle est étroitement liée aux évolutions politiques et économiques qu'a connues depuis cinquante ans, et particulièrement au cours de ces dernières années, cette fraction du tiers monde qu'est l'ensemble arabo-musulman. Sa façon de vivre la référence islamique n'a été uniforme ni dans le temps, ni dans l'espace.

La première étape a été celle de la sécularisation, illustrée par la tentative kémaliste; obsédé par la décomposition et l'anachronisme de l'Empire ottoman, marqué par la réussite éclatante des puissances occidentales, leur rationalisme, leur capacité de progrès, Kemal Atatürk entreprend de moderniser la Turquie, de lever les freins religieux qui pèsent sur la société en sécularisant la vie du pays. La religion est éloignée du pouvoir, le temporel séparé du spirituel. C'est donc à l'imitation de l'Occident et au nom du rationalisme qu'est alors traitée la question de l'islam.

La deuxième tentative significative s'inspire du communisme. C'est celle de Gamal Abdel Nasser en Égypte dans les années cinquante-soixante. Au nom du nationalisme arabe, mais dans la fascination du modèle communiste si présent dans le tiers monde au moment de la décolonisation, le révolutionnarisme nassérien transpose la phraséologie révolutionnaire, le parti unique, les organisations de masse, l'anti-impérialisme, dans une expérience nationaliste, panarabe et tiers-mondiste qui débouchera bientôt, les difficultés économiques venues, sur un jeu d'équilibre entre l'Est et l'Ouest.

La troisième phase, l'actuelle, ne se fonde ni sur l'imitation du modèle occidental, ni sur la fascination du communisme, mais au contraire sur le rejet puissant de l'un et de l'autre. De l'Occident développé n'ont pu venir des modèles de développement susceptibles de provoquer le décollage économique dans des conditions acceptables. La présence simultanée, par exemple dans l'Iran du Shah, d'une décomposition de la société traditionnelle, d'un développement de la misère et d'un gouvernement à la fois moderniste et dictatorial provoque un rejet du modèle inspiré par le capitalisme développé.

C'est donc par un retour aux sources, c'est-à-dire un retour vers un islam présumé originel que des dirigeants et des fractions importantes des masses déshéritées des pays arabo-musulmans cherchent à retrouver une identité, à défaut d'un motif d'espérance. Que ce « fondamentalisme » islamiste soit conservateur, comme en Arabie Saoudite, ou révolutionnaire, comme dans l'Iran khomeyniste, cela n'est pas finalement décisif puisqu'il s'agit là davantage de spécificités politiques nationales. Le plus important dans l'intégrisme religieux, également à l'œuvre en Égypte ou au Maghreb, c'est cette prétention des tenants d'une religion ou d'une tendance religieuse à plier la société, à s'approprier l'État, à les organiser en fonction d'un modèle théocratique, et c'est donc son rejet absolu de la démocratie.

À nouveau, l'extrême droite

D'une autre façon directement politique et au sein même des démocraties, il est frappant de voir dans le domaine des idéologies le retour en force, en Europe et particulièrement en France, des idées d'extrême droite. Ce courant, chez nous, est à la fois une idéologie et ce qu'on pourrait appeler une « politique des émotions », tant les sentiments, les peurs, les haines et l'appel à l'irrationnel constituent, beaucoup plus que les idées, les ressources de sa pensée.

Sa résurgence peut surprendre. Non que ce courant ne soit profondément enraciné dans notre histoire nationale et notre inconscient collectif. Le courant de la droite réactionnaire remonte aux heures de la Révolution française, à la « réaction » au processus révolutionnaire. Depuis, il a toujours existé dans notre pays, pour culminer sous la forme fascisante dans les années trente et sous l'Occupation. Mais justement, la Seconde Guerre mondiale, la montée puis l'écroulement des fascismes, les trahisons ouvertes ou les collaborations larvées, le déchaînement puis l'horreur révélée – avec l'Holocauste – de l'antisémitisme avaient ruiné dans l'esprit de nos concitoyens ce courant politique au point de le voir quasiment disparaître. L'idéologie était bien là, dépouillée de ses oripeaux antisémites les plus voyants, mais elle restait confinée dans des cercles, des groupes eux-mêmes très divisés; elle ne touchait pas la masse du peuple.

Le changement s'opère après 1981. Est-ce une réaction à la victoire de la gauche, avec les phobies de transformation « révolutionnaire » qu'elle génère ? C'est possible : la poussée à gauche déclenche une réaction à droite. Est-ce lié à l'imprudence avec laquelle la droite classique va utiliser certains thèmes dans son combat d'opposition, à propos des immigrés que nous aurions laissé entrer trop nombreux, de l'insécurité que nous ne chercherions pas vraiment à combattre ? C'est certain. Surtout, un tabou profondément inscrit dans notre conscience et notre mémoire est levé dans ces années quatre-vingt partout en Europe : celui qui frappe les idées d'extrême droite d'infamie. Le souvenir de la Seconde Guerre mondiale s'est éloigné, la force d'Israël sur la scène du Proche-Orient est si manifeste que l'image des Juifs comme victimes de l'Holocauste s'est estompée. La crise est présente avec le retour et la permanence du chômage massif, avec la dégradation des conditions de vie dans les zones d'urbanisation récente, avec la perception d'un État ressenti d'autant plus interventionniste que ses actions sont jugées moins efficaces en raison de cette crise.

Dans le trouble où se trouve une partie de l'opinion, l'extrême droite reprend les thèmes anciens : xénophobie, nationalisme, populisme, mais hostilité aux réformes sociales, autoritarisme. Pourtant elle a en même temps modernisé son discours : acceptation du cadre parlementaire, mise en sourdine de l'antisémitisme, abandon du corporatisme au profit d'un libéralisme économique guère différent de celui de la droite classique. En somme, elle joue sur deux tableaux. D'un côté, et de façon générale, par la « respectabilisation » de son style, elle se présente comme une simple version plus énergique, plus déterminée de la droite classique, et non comme une extrême droite. De l'autre, par éclairs, elle laisse entrevoir son vieil attachement aux thèmes profonds, plus sombres et sulfureux de l'extrême droite : l'antisémitisme, le racisme, l'hostilité envers la démocratie, la nostalgie des choix de la Seconde Guerre mondiale. Les glissements de sens et de mots sur les « fours crématoires » ou les

« détails » ont donc une fonction idéologique et d'identité tout à fait significative. Ils renvoient d'ailleurs aux reconstructions historiques et théoriques opérées par les historiens dits « révisionnistes » à propos de l'Holocauste. Et ils sont faits pour fidéliser le vieux fonds d'extrême droite qui sert de point d'ancrage idéologique et de réserve électorale au lepénisme.

Cette idéologie, comme souvent dans la mouvance de l'extrême droite, est moins faite d'idées que d'émotions. Elle s'adresse aux sentiments : rancœur, échec social, peur de l'étranger, du progrès, de l'évolution des mœurs, de l'insécurité, des intellectuels et de la raison, de l'épidémie (avec le sida) composent le cocktail des exaspérations confuses qui rassemblent les partisans du Front national. Au-delà du débat sur les idées, les propositions ou les programmes, c'est peut-être dans cette capacité du Front national à parler aux tripes, dans une vie politique un peu desséchée et d'où ont disparu, notamment à gauche, les grandes espérances collectives, que s'expliquent ses succès relatifs. Et c'est pourquoi la question de l'idéologie fasciste se pose à nouveau, de façon apparemment anachronique, mais avec nécessité, compte tenu de la résurgence, en France et ailleurs, des idées nationalistes et racistes.

Peut-être est-ce le moment de dire que dans ce déclin des idéologies, le recul ou la disparition des utopies joue un rôle puissant. Rares sont ceux qui, croyants, connaissent les dogmes et les textes sacrés de près, et pourtant, ils croient. Rares étaient chez les communistes, ou chez les socialistes, ceux qui avaient lu Marx, Lénine ou Jaurès, ceux qui connaissaient l'URSS, ceux qui avaient une vraie connaissance, au début des années soixante-dix, du *Programme commun de gouvernement.* Et pourtant, ils se sentaient les héritiers d'une histoire, les porteurs d'un monde à venir ou en tout cas d'une politique de transformation profonde du pays. La baisse de la pratique religieuse, réduite désormais pour des millions de gens à quelques rites (baptêmes, mariages, enterrements), a entraîné une diminution du sentiment du sacré, lequel était porteur sinon des utopies terrestres, en tout cas des utopies spirituelles. L'effondrement du communisme réel, la mort sordide du rêve né en 1917 et, d'une autre façon heureusement moins brutale, le relativisme introduit dans la gestion socialiste ont stérilisé les grandes espérances, la foi en un avenir radieux. L'absence de futur prédit ou rêvé immobilise chacun dans les incertitudes et parfois dans l'angoisse du présent.

Penser le réel

Un autre élément de cette crise actuelle des systèmes de représentation réside sans doute dans l'évolution des rapports entre la pensée et le réel. Au cours des décennies antérieures, la pensée semblait organiser le réel, en rendre compte, le mettre en forme. Le marxisme-léninisme théorisait la révolution russe, le basculement des pays d'Europe de l'Est dans les démocraties populaires et la révolution chinoise puis cubaine. Le tiers-mondisme épousait la décolonisation. Le gauchisme désignait de nouvelles avant-gardes. Le gaullisme façonnait le changement politique et économique d'une France en mutation.

Puis a commencé la phase d'inadéquation des sytèmes de pensée politique avec l'évolution des faits. La critique du stalinisme et le blocage économique ont révélé l'envers du communisme : le totalitarisme. La montée des dictatures dans les pays sous-développés a démythifié le tiers-mondisme. Le gaullisme est mort avec de Gaulle. Les théories revendiquées commençaient à ne plus rendre compte de la réalité. Mais la critique de ces idéologies était encore une façon de leur rendre hommage.

On peut se demander si nous ne sommes pas parvenus – provisoirement – à un véritable renversement, c'est-à-dire à une situation où les modes d'explication économiques et politiques se plient passivement à l' « état des choses ». Le chômage est partout massif ? Ce n'est plus une injustice ou un dysfonctionnement mais un prix à payer et un mal nécessaire. Le tiers monde s'enfonce dans la misère de masse et dans les destructurations politiques et sociales ? Ce n'est pas le produit de relations internationales injustes ou de politiques de coopération complaisantes mais une fatalité géographique. L'argent s'étale à la une, bouleversant nos échelles de valeurs anciennes ? C'est nous qui devons changer nos valeurs. Le libéralisme, dont l'appareil théorique est extrêmement pauvre, pousse très loin cette soumission aux faits. Au lieu de s'interroger sur ce que le monde pourrait être, d'inventer ce qu'il pourrait devenir, on magnifie ce qui est. Cette domination des faits – je ne parle pas de l'observation et du respect des faits qui doivent guider le scientifique ou l'homme d'action réaliste –, n'est-ce pas finalement une sorte de nouvelle idéologie, s'accommodant parfaitement du thème de la fin des idéologies ?

Mais une question plus pressante se pose : est-ce un bien ou un mal que ce recul des idéologies ? La réponse n'est pas simple. Si sont ainsi mises en cause, dans une vision plus lucide, les visions mensongères de la réalité, c'est un pas en avant. L'apartheid n'est pas seulement un système juridique et politique, c'est une idéologie. Quand elle ploie, quand elle commence à peser moins sur la conscience des Blancs et sur la vie des Noirs en Afrique du Sud, c'est une victoire de la liberté qui s'annonce ; de même lorsque la chape de plomb du communisme stalinien se désagrège en Europe orientale. Agir avec une conscience détrompée, avec plus de lucidité et de réalisme, c'est parfois difficile, c'est cependant un progrès. Mais si le recul des idéologies signifie l'acceptation du monde tel qu'il est – avec ses évidents désordres et injustices –, s'il exprime la renonciation ou l'incapacité à proposer des desseins, des projets, n'est-ce pas une régression ? On ne peut pas se contenter de vivre sa vie sans la comprendre. Vivre sa vie, sur le plan individuel comme sur le plan social ou collectif, c'est la penser.

À ce propos, le débat s'est ouvert sur la mort du marxisme. Certains se réjouissent de ce reflux doctrinal et voudraient signer, avec le constat de décès des régimes communistes, celui de l'idéologie et de la pensée marxistes ou marxiennes. D'autres considèrent qu'on est allé trop loin ou encore, cherchant un effet de contre-mode, suggèrent une résurrection discrète et partielle. C'est le sens de l'intéressant essai, dédié à Marx, *Manifeste pour une fin de siècle obscure*[1] où Max Gallo s'efforce de montrer, à la lumière des événements du siècle, l'actualité de la pensée du théoricien allemand.

Le marxisme, doctrine du XIXe siècle liée à la révolution industrielle, à la montée du mouvement ouvrier et aux crises du capitalisme, connaît une deuxième naissance en 1917 avec la révolution d'Octobre. D'une imprégnation du mouvement socialiste par les idées de Marx, on passe soudainement à la fondation d'un nouveau régime politique et social directement inspiré d'elles, même si la lecture léniniste qu'on en propose est particulière. Un des événements les plus importants du siècle, un de ses mythes les plus puissants, se réfère alors directement à cette doctrine née dans l'Allemagne de la seconde moitié du XIXe siècle. Cette deuxième naissance signera soixante-dix ans plus tard la mort du marxisme. En effet, au-delà même de la validité de la théorie marxiste à la fin du XXe siècle, soit cent cinquante ans après le moment où elle a pris racine, le marxisme semble mourir sous nos yeux de l'effondrement du mouvement politique, le communisme qui s'est réclamé de lui.

L'interrogation qui subsiste à propos du marxisme est de savoir si les questions posées par Marx, il y a plus d'un siècle, gardent leur pertinence, même si les réponses à leur apporter diffèrent. La misère de masse subsiste ainsi que les mécanismes de l'exploitation, même si celle-ci est surtout présente dans la sphère du tiers monde. Les phénomènes de domination n'ont pas disparu. La lutte des groupes sociaux se poursuit, même si les frontières des classes se sont brouillées. Le lien entre les réalités matérielles et la production des idées ne s'est pas rompu. Tout est devenu plus complexe dans les processus économiques et sociaux. Il faudrait à notre temps des marxistes subtils. Mais rien ne prouve que ce travail d'analyse sociale, issu de la pensée de Marx et poursuivi par des théoriciens ou des équipes de recherche, sera fait au nom du marxisme, en tout cas, qu'il sera fait au nom d'une doctrine à nouveau capable de mettre en mouvement des masses et des

1. Max Gallo, *Manifeste pour une fin de siècle obscure*, Odile Jacob, 1989.

peuples. Dans ce sens, comme instrument de représentation et d'identification collective, comme mobile historique, la doctrine marxiste est sans doute morte et ne revivra pas. Il n'est d'ailleurs pas souhaitable que renaissent les idéologies « dures », celles qui prétendent fonder le pouvoir sur un savoir, sur une vérité ultime, la société étant organisée rationnellement et sans division. Car cette société doit être alors « protégée » de tout corps étranger, de toute contradiction, par un pouvoir à la fois coercitif et menteur.

Ce qui me conduit à un dernier mot sur les idéologies. J'ai montré qu'elles renaissaient parfois chez les autres au moment où nous renoncions aux nôtres. Mais il est clair que l'homme n'avancera pas vers l'avenir sans théories, sans pensées, sans projets. À partir du déchiffrement du réel, dans les sciences exactes comme dans les sciences humaines, des théories seront élaborées. Dans la vie sociale, économique et politique, sortir du réel, du présent, implique de penser l'avenir, donc d'induire des projets, d'évoquer des types de société possibles et d'indiquer comment y parvenir.

Peut-on seulement dire aujourd'hui qu'il faut, contre les idéologies, faire la synthèse des idées et qu'il faut expliquer les phénomènes et non les anticiper ? Mais une telle approche soulève une autre question : si les politiques et les pensées démocratiques ne sont plus tournées vers l'avenir, ne risque-t-on pas de laisser le champ libre aux prophétismes non démocratiques, dont l'intégrisme religieux est l'un des avatars ? Il faudra reprendre ce point.

Selon moi, forger des idées directrices ou régulatrices pour un socialisme démocratique, c'est refuser l'idéologie, le trompe-l'œil, les slogans, pour en revenir toujours à la réalité et aux moyens de la décrire, de la comprendre, de la juger, de la transformer. Ce qui jamais ne pourra se faire sans idées ni sans valeurs.

CHAPITRE 2

L'EST ET LE TEMPS RETROUVÉ

De cet itinéraire allant de la rigidité idéologique au mouvement dynamique des idées, on pourrait espérer que les pays d'Europe de l'Est, en cette fin de XXe siècle, donnent un exemple *in vivo*. Pour l'heure, les restaurations prévalent sur les innovations, mais tout a changé si vite – et peut le faire encore – qu'il convient de se méfier de points de vue définitifs.

Le bouleversement à l'Est bouscule nos catégories de pensée. Parce qu'il change le paysage politique et stratégique de l'Europe. Parce qu'il porte atteinte à des idées reçues.

L'Ouest reste la partie de l'Europe la plus mobile dans les domaines de la science, des techniques et de la production. Mais un certain conformisme politique y prévaut. L'Est était la sphère de l'immobilisme et de la glaciation. En quelques mois, tout a basculé : les peuples ont dominé leur peur et chassé les hiérarques; chaque jour a apporté son changement au rythme d'une véritable révolution de la liberté.

Non que ces tentatives d'émancipation soient nouvelles. Les ouvriers de Berlin-Est en 1953, les peuples hongrois et polonais en 1956, les Tchèques en 1968, les

Polonais à nouveau en 1970 et en 1981 avaient secoué le joug intérieur et étranger. Des hommes et des femmes courageux avaient montré le chemin. Mais cette fois la poussée a été irrésistible. Avait disparu en face ou à l'extérieur la capacité d'écraser, de briser les volontés, de faire rentrer dans le rang. Sauf, jusqu'ici en Chine. Le modèle était usé ; il a cédé.

En même temps, l'idée d'un mouvement à l'Est s'opposant à un immobilisme à l'Ouest est trompeuse. Les peuples de l'Est ne nous devancent pas, ils nous rejoignent. Les chemins sur lesquels ils s'aventurent, avec un mélange d'ivresse et de peur, sans références ni points de repère évidents, nous les avons déjà parcourus. Les mots de pluralisme, de multipartisme, de liberté de circulation, de démocratie, de constituante ou de pouvoir parlementaire, familiers voire un peu pâlis chez nous, ont chez eux une force et un éclat neufs.

La fin d'une dictature, la naissance d'une démocratie passent forcément par des mises à mort et par des actes fondateurs. Abolition du parti unique avec son rôle dirigeant, de la police politique, des responsables inamovibles, des magasins réservés. Naissance d'une Constitution, de nouveaux partis, d'associations spontanées. Disparition des vieilles figures, apparition de nouveaux visages. Les faits nous surprennent parce qu'ils vont plus vite que nos anticipations raisonnables et ils ont en même temps un air familier.

Bien sûr, chaque pays va à son rythme et avec les formes données par l'histoire récente ou ancienne. Le modèle imposé d'en haut et de l'étranger, qui procurait à ces pays une fausse cohérence, une trompeuse unité et une vraie uniformité, s'effondre. Il est logique que les spécificités nationales s'affirment et colorent le cours des événements.

Le temps des convulsions

Diverses et passionnantes seront les vies politiques et les histoires qui vont s'écrire à l'est de l'Europe. Rien en tout cas n'indique que le processus de sortie du système ancien, pour positif et nécessaire qu'il soit, sera linéaire et harmonieux. Il pourra prendre, à tel moment ou a tel endroit, des formes convulsives et cahotiques, et l'on en voit les premiers signes.

La plupart de ces pays connaissent une crise économique et sociale grave. La révolution en cours à l'Est est naturellement une révolution politique (contre le système stalinien) et une affirmation culturelle (contre le mensonge totalitaire). Mais le désastre économique ou, au mieux, l'inefficacité généralisée hérités du passé pèsent lourd.

Ceux-ci imposent aux nouvelles équipes dirigeantes, dont plusieurs sont directement issues de l'opposition, de mettre en œuvre des mesures d'ajustement brutales : hausse résultant de la vérité des prix, limitation des salaires, ponction sur la richesse nationale pour le remboursement de la dette, réintroduction de critères plus sévères de productivité dans les entreprises, suppressions d'emplois. Les économies des pays de l'Est étaient des économies artificielles mais relativement protectrices (notamment en termes d'emploi). Le retour au réel, la confrontation avec le marché mondial sont rudes. Ils peuvent très bien provoquer de sérieuses réactions dans la population.

Cela d'autant plus que le système politique a changé, que les contraintes ont été levées. Jusqu'ici, il y avait cohérence entre les systèmes économique et politique : d'un côté l'économie centralement planifiée, de l'autre le despotisme politique. Désormais, le système politique se démocratise, le droit à la critique et à la protestation est admis, mais la pénurie règne, l'économie n'est pas encore librement régulée et en tout cas n'est pas compétitive : la contradiction est immédiate. Il n'est pas sûr que la joie de la liberté conquise, la maturité acquise dans les épreuves du passé, la conscience que la responsabilité des difficultés présentes incombe au régime antérieur suffisent à tout rendre supportable. C'est d'ailleurs pourquoi l'aide occidentale à l'autre Europe sera particulièrement nécessaire.

Les difficultés ne sont pas seulement économiques. La fin du monolithisme et le dégel venant après les décennies de glaciation stalinienne libèrent les contradictions accumulées ou enfouies. Il va en résulter une longue phase de tensions avant que celles-ci ne soient résolues pas les méthodes du dialogue démocratique (si celui-ci prévaut). C'est ainsi qu'émergeront de nouvelles questions sociales (avec les différenciations de classes et de revenus qui vont naître et s'accentuer) et surtout la question des nationalités (qui a empoisonné l'histoire européenne du XIXe siècle). Les premiers signes sont là, éclatants : en Tchécoslovaquie (avec les rapports entre Tchèques et Slovaques), en Hongrie, en Roumanie, en URSS bien sûr, et dans les Balkans où, déjà, la Yougoslavie explose.

Quand des peuples ont été dépossédés de leur passé, quand le mensonge officiel a trafiqué leur mémoire, quand l'avenir leur paraît si difficile à inventer et le présent si incertain, la première tentation est de revenir vers le passé. C'est pourquoi, à travers des rêveries nostalgiques, vont sans doute resurgir de vieilles questions : des courants spiritualistes, populistes ou nationalistes, des ambitions « grand russe », des tentations antisémites, des illusions de restauration monarchique, tout un bric-à-brac qui refera surface pendant les phases de transition vers des régimes à la fois démocratiques et modernes. Des problèmes ont été gelés par la dictature, rien ne prouve qu'ils ne vont pas réapparaître avec leur force archaïque. Sur le plan social, il ne suffit pas de supprimer les magasins réservés aux dignitaires ou de réquisitionner des datchas pour satisfaire la soif de justice. D'autant que la libéralisation économique, l'ouverture sur l'extérieur, le recours au marché, la pénétration active des entreprises, des banques et des méthodes de gestion occidentales vont différencier les types et les niveaux de revenus, et introduire de nouvelles inégalités.

Ce qui suscite une autre question essentielle : comment sortir du système communiste ? C'est-à-dire, en d'autres termes : quel système politique adopter ? Sur quelles forces politiques et sociales s'appuyer ? Enfin, quel type d'économie mettre en œuvre ?

À lire les événements, la réponse aux questions politiques paraît la plus claire. Non que tout soit simple. Il y avait une construction factice dans les institutions politiques des démocraties populaires : élections, Parlement, gouvernement, Président étaient là. Mais comme des éléments de décor ou des lieux de cérémonial, et non comme des institutions vivantes justifiées par la légitimité d'un authentique suffrage universel et nourries de la sève démocratique. Dans les coulisses de ces lieux officiels, le parti communiste, sa direction et sa bureaucratie tiraient les ficelles.

Lorsque cette force de cohésion et de coercition quitte la scène – et le processus est accompli ou en cours dans plusieurs de ces pays –, il faut faire vivre véritablement ces organes jusque-là postiches. La façon de les élire, la question de savoir qui les contrôle, les rapports qui s'instituent entre eux, tout cela suppose un apprentissage qui est celui de la démocratie. Ainsi s'explique par exemple que Solidarité et d'autres mouvements politiques de l'Est aient envoyé des émissaires au groupe socialiste à l'Assemblée nationale française, et sans doute vers d'autres groupes, pour comprendre le fonctionnement de notre Parlement.

Des élections libres, des révisions constitutionnelles sont nécessaires pour que vivent vraiment les organes anciens ou que se mettent en place les nouveaux. Le pluralisme des institutions (Président, gouvernement, Parlement, justice indépendante), les libertés démocratiques et le multipartisme seront les références obligées. Mais à travers quel équilibre institutionnel ? Y aura-t-il des régimes d'Assemblée par crainte d'un exécutif trop fort ? Y aura-t-il des présidents arbitres (du type Vaclav Havel) ou charismatiques (comme Lech Walesa) incarnant le mouvement populaire ? Verra-t-on des régimes fédéraux répondre aux problèmes des nationalités ? Naîtra-t-il la tentation de régimes forts face à l'assaut des contradictions ? Tout cela est encore à venir.

Une autre question est importante. Après la destruction des organes de pouvoir souterrains ou parallèles comme la police politique, les forces spéciales de répression, la justice aux ordres, les syndicats officiels, voire certaines institutions psychiatriques, que faut-il faire des hommes et des femmes qui les ont incarnés ou servis ?

Cette question peu évoquée en Occident – en France ou en Allemagne, on voit très bien en quoi elle pourrait renvoyer au traitement du pétainisme ou du nazisme après 1945 – donne lieu à un débat douloureux et passionnant dans les pays de l'Est.

En Tchécoslovaquie, par exemple, on appelle cela *lustrace* – « lustration », du latin *lustrum,* qui désigne un « extrait de registre », parce qu'il s'agit de rechercher dans les registres de la police secrète qui a collaboré. Et l'on appréciera de savoir que le mot « lustration » en français signifie « purification rituelle »...

Au départ, la question relevait de la plus élémentaire prudence : il convenait que ne restent pas en place des appareils répressifs, puis des réseaux d'anciens responsables susceptibles d'agir. Ensuite, le débat a pris une teneur à la fois historique et morale. Et les responsables du mouvement démocratique se divisent parfois sur cette question : certains estiment indispensable de faire toute la lumière sur ces activités passées et de sanctionner ceux qui s'y sont livrés; d'autres ne veulent pas retrouver le processus d'épuration qui a marqué les démocraties populaires et répugnent à susciter un climat de délation ou de « responsabilité collective », préférant que la démocratie sache tourner la page. Quant à la population, elle est visiblement partagée entre l'esprit de revanche et le désir d'oubli que suscite chez elle un vague sentiment de culpabilité.

Pour que les institutions nouvelles puissent vivre, il faut des forces politiques clairement identifiées. Se pose donc le problème des partis communistes. Leur destin dépendra, pour une grande part, de la nature du lien historique noué avec le peuple, de l'intensité des rancœurs à leur égard ou au contraire des restes de leur légitimité ancienne (liée aux combats contre le nazisme par exemple), de la capacité qu'ils auront eue d'accompagner les mouvements récents. La capacité d'autoréforme et d'autoconservation des partis communistes dans des systèmes pluralistes ne doit cependant pas être surestimée. Les élections libres intervenues dans plusieurs pays de l'Est montrent qu'il sera très difficile à ces partis de se maintenir à un niveau d'audience significatif.

Avec la victoire de la démocratie dans les pays de l'Est, on pouvait penser que s'affirmeraient des partis sociaux-démocrates. Historiquement, en Tchécoslovaquie, en Hongrie, en Pologne et ailleurs, de telles forces avaient existé à l'aube de ce siècle. N'oublions pas que Rosa Luxemburg par exemple avait été une dirigeante polonaise social-démocrate avant de devenir une figure de la révolution allemande avortée. La débâcle communiste pouvait permettre de renouer avec cette tradition. Mais il y avait aussi d'autres raisons historiques plus récentes. Dans la plupart des pays de l'Est, il existe un prolétariat industriel puissant. Et d'autant plus puissant que l'importation du modèle soviétique et la limitation de la propriété privée ont freiné le développement d'autres classes sociales. Il eût donc été logique que le mouvement ouvrier libéré de sa chape communiste se donnât une forme d'organisation et d'expression politique de nature social-démocrate, à l'image de ce qui s'est fait au XIXe ou au XXe siècle dans tous les pays développés, sauf aux États-Unis.

Une autre raison pouvait jouer en ce sens, c'est l'existence, aux portes de l'Europe de l'Est, en Allemagne, en France, en Autriche, dans les pays nordiques, de partis socialistes puissants et rattachés à un mouvement international : l'Internationale socialiste. Les rencontres, les dialogues, les échanges entre les partis socialistes d'Europe et les forces politiques qui, à l'Est, cherchent leur chemin se sont multipliés. Mais force est de constater que le mouvement de constitution d'importants partis socialistes dans les pays de l'Est ne s'est pas produit jusqu'ici.

Les motifs de cette situation sont assez clairs. Il est frappant de voir combien les mots « gauche », « socialiste », sont à l'Est connotés péjorativement, tant les régimes staliniens les ont dépréciés. Lors d'un voyage récent en Tchécoslovaquie, discutant avec un responsable important du mouvement démocratique, ancien communiste d'avant le Printemps de Prague, opposant résolu à la normalisation, ministre de Vaclav Havel et qui, selon les critères français, se serait classé à gauche, je l'entendis me dire à propos d'une autre personnalité politique, d'ailleurs plus à droite, qu'elle avait un comportement « de gauche ». Comme je lui demandais de préciser sa pensée, il me répondit : « Elle a un comportement totalitaire ! » On voit à quel point les amalgames et les confusions sont fréquents entre « communisme » et « socialisme », et pourquoi il faudra une décantation politique et de profondes évolutions sociales avant que des partis sociaux-démocrates tiennent une place majeure sur l'échiquier politique à l'Est.

D'autres forces, différentes d'inspiration, polarisées autrement, tendront, particulièrement dans une première phase, à se développer. Elles seront d'origine religieuse (les Églises ayant souvent servi de refuge contre l'oppression) et pourront faire naître une sorte de démocratie chrétienne, elles seront de nature populiste (ce qui pourrait épouser un certain mouvement spontané du peuple, gavé d'idéologie et impatient), elles trouveront leur fondement dans une commune appartenance sociale (ce serait le cas de partis agrariens) ou dans une référence ethnique ou nationalitaire ; d'autres, enfin, s'inspireront de modèles étrangers conservateurs, voire réactionnaires, par la remise au goût du jour d'anciens courants politiques nationaux.

Naturellement, la question de savoir lesquelles s'épanouiront, lesquelles déclineront, lesquelles avorteront dépendra de la diversité des vies politiques nationales, du talent respectif de leurs leaders. Mais joueront aussi les évolutions économiques et sociales, le type de système de production vers lequel ces pays tendront.

Il est certain que les pays de l'Est ne conserveront pas leur ancien système économique. Il n'est pas possible de faire vivre en même temps le pluralisme politique, la liberté syndicale, le droit de grève et de manifestation, les libertés individuelles et un mode de production et d'allocation des ressources qui reste centralisé. Même en URSS, le maintien du statu quo ne serait possible qu'au prix d'un retour en arrière sur le plan politique imposé par la force.

La question qui est posée est de savoir si les pays de l'est de l'Europe (et à terme l'URSS) vont connaître, à un rythme plus ou moins rapide, une restauration capitaliste ou bien s'ils vont établir, par tâtonnements progressifs, un système mixte, combinant des traits des deux systèmes pour s'arrêter à un système original de production.

La vieille théorie de Burnham sur le rapprochement des deux grands systèmes, élaborée dans les années trente et quarante, ne sera pas d'un grand secours. Elle était fondée sur une étude des modes d'organisation et sur le constat d'un développement de part et d'autre de grandes structures, ce qui ne touche sans doute pas au cœur du problème. Le fait que la production de masse, de très grandes entreprises, des méthodes d'organisation scientifique de la production existent aux États-Unis comme en URSS, ne nous renseigne pas sur les formes d'appropriation du profit, la répartition des revenus, la régulation des flux monétaires, le fonctionnement des marchés dans les deux systèmes.

Peut-être plus féconds seraient l'examen des réformes économiques entreprises (et parfois abandonnées) depuis plusieurs années dans certains pays de l'Est et l'analyse des décisions économiques prises aujourd'hui.

Tout joue dans le sens d'une restauration capitaliste. D'abord l'allergie des populations aux méthodes de l'économie planifiée, la conscience du gâchis entraîné par l'obstination à maintenir un type d'économie irréaliste. Ensuite, la difficulté du système à s'autoréformer, à concevoir sur le plan théorique et à mettre en œuvre sur le plan pratique une transformation interne qui garderait l'essentiel de la propriété collective, une planification générale mais assouplie, les modes de rémunération actuels du travail. Enfin, la force d'exemple du modèle capitaliste est très grande. Naturellement, nous connaissons ses défaillances, à l'échelle de la planète comme sur le plan national. Mais l'existence de taux de productivité élevés, l'efficacité à l'exportation, la capacité de produire en grand nombre des biens de consommation et les formes affichées de l'opulence ont un puissant effet d'entraînement sur les peuples et les nouveaux dirigeants de l'Est. Faire systématiquement appel aux entreprises occidentales, demander au marché (même avec brutalité) de régler la distribution des biens et des services (ce que les bureaux des planificateurs n'ont pas su réaliser), faire jouer la motivation individuelle et le ressort de l'intérêt matériel, rendre ou donner au secteur privé des pans entiers de l'économie, dans l'agriculture, l'industrie ou la distribution, n'est-ce pas ce qui est le plus simple ? Le modèle n'existe-t-il pas, et qui marche ? La pente est là. L'aide occidentale, la présence accrue des entreprises et des banques de nos pays accentueront la tendance.

En même temps, il n'y a pas de fatalité. Il ne faut pas négliger les obstacles politiques : en URSS, les dirigeants – et c'est un des enjeux de la bataille politique actuelle, hésitent visiblement à franchir ce pas. Peuvent jouer les craintes de la population elle-même. L'avance acquise par les pays occidentaux n'est pas liée seulement à la supériorité du système capitaliste. La France et l'Allemagne étaient de toute façon à un stade de développement plus avancé que ceux de la Pologne ou de la Hongrie (la Tchécoslovaquie étant un cas à part) avant les coups d'État communistes. Ces pays ont également souffert pendant des années du « pillage » par l'URSS de leur économie, puis du maintien d'un système d'échanges inégal. Tout ne vient pas, dans leurs difficultés, de la différence d'efficacité des modes de production.

Les écarts de revenus sont importants dans les pays à économie de marché et ils tendent à s'accroître. Le chômage est désormais chronique, les systèmes de protection sociale sont souvent imparfaits et quelquefois mis en cause. Est-il sûr que les peuples de l'Est, dépossédés d'eux-mêmes par l'imposition du modèle soviétique et préoccupés par un besoin d'identité, aient comme première envie d'en importer un nouveau de l'étranger ? Les économies des pays de l'Est sont artificielles et en partie inefficaces, c'est vrai, mais elles sont en même temps protectrices. Les cadences industrielles y sont moins rudes, les différences de niveau de vie moins éclatantes (si l'on met à part les dirigeants), le travail assuré, les soins gratuits, la protection sociale générale. Malgré les privilèges de la nomenklatura vit encore dans ces pays, sur un fond d'austérité générale, une culture égalitaire héritée de la révolution de 1917 et qui n'est pas forcément compatible avec l'importation du modèle libéral à fortes différenciations sociales.

Surtout, il n'existe pas de capitalisme sans capitalistes. Le capitalisme, ce n'est pas seulement un ensemble de concepts, de mécanismes ou d'institutions économiques, c'est aussi des rapports sociaux, un état d'esprit, une culture historique. Sans une classe d'entrepreneurs, et d'entrepreneurs privés guidés par la science du profit et le goût de posséder et de diriger, sans une acceptation par le salariat de l'existence, à la tête des entreprises, de ce type de responsables et des relations sociales de commandement et d'exécution qui vont de pair, il est difficile de développer une économie capitaliste. Pour que fonctionne un capitalisme démocratique, il faut une structure de classes appropriée, des entrepreneurs privés, un salariat disposé à l'admettre, une classe moyenne salariée et non salariée épargnant, investissant et travaillant sur la base de décisions indépendantes. Une telle situation ne se créera pas en quelques mois, car on ne fabrique pas des groupes sociaux avec la même rapidité qu'on installe des usines (on qu'on les ferme) et qu'on importe des produits.

Une autre question difficile est de savoir ce que va devenir la bureaucratie. Cette couche sociale jouait un rôle essentiel (malgré son caractère parasitaire) dans le système productif et politique des pays de l'Est. Elle était d'ailleurs à la fois une bureaucratie sociale et une bureaucratie politique. La fin du monopole des partis communistes et les réformes économiques poseront le problème du devenir de cette caste, qui va inévitablement organiser une sorte de résistance collective pour pallier le risque de sa disparition. Il reste néanmoins qu'à partir du moment où la fonction sociale de la bureaucratie n'a plus de réalité, c'est l'emploi de millions d'hommes et de femmes qui sera remis en question.

Le mouvement de l'histoire dans les pays de l'Est ne va pas à l'évidence dans le sens d'un « communisme » régénéré par la démocratie mais dans la direction d'un « capitalisme » restauré et, en principe, associé à la liberté politique. Vu sous l'angle économique, ce processus devrait être rapide. Vu sous l'angle politique et social, des transitions peuvent s'avérer nécessaires. On ne peut donc totalement exclure que des pays de l'Est, trouvant enfin en eux-mêmes leur propre « modèle » et intégrant à leur façon leur si dramatique histoire, n'élaborent en tâtonnant un système économique, social et politique « original » qui présente une certaine mixité de caractères.

Quelle évolution pour l'URSS [1] ?

C'est dans cette perspective qu'il convient d'examiner le cas de l'URSS. Pour le moment, le mouvement de démocratisation et de remise en cause des structures politiques a été, à l'évidence, beaucoup moins loin en Union soviétique que dans les pays de l'Est. En URSS, la lutte se mène au sommet, conduite par le leader du PC contre certains des siens, lutte dont l'enjeu est à la fois le pouvoir et son usage, c'est-à-dire la régulation de la société. La masse, sauf de façon spasmodique dans les conflits ethniques et de nationalité – et, sur le plan strictement électoral, en Russie, par le plébiscite en faveur de Boris Eltsine –, n'a guère encore fait sentir son poids. Il est clair que Mikhaïl Gorbatchev ne pourra rester durablement au milieu du gué et qu'est fort précaire une situation dans

1. Ce livre est mis sous presse trois jours après le coup de force du 19 août 1991 en Union soviétique, au moment du retour à Moscou de Mikhaïl Gorbatchev. Plutôt que de procéder à un remaniement hâtif de mon analyse, j'ai préféré la laisser en l'état. L.J.

laquelle il reste la « clef de voûte » du système sans qu'aucun des grands problèmes économiques et sociaux ne soit résolu et sans que le système politique ne soit stabilisé. De ce point de vue, la mort d'Andreï Sakharov a été autant une perte pour Gorbatchev que pour le mouvement démocratique en URSS, dans le sens où se sont dérobés un interlocuteur et une référence. On ne peut exclure qu'un « coup » interne à l'URSS ne vienne bloquer le processus en cours et compliquer les évolutions spectaculaires qui se sont produites dans les anciennes démocraties populaires, bien qu'elles semblent pourtant largement irréversibles.

Chacun comprend que le destin du formidable mouvement en cours ne sera scellé qu'en Union soviétique. La Chine, les anciens pays d'Indochine, la Corée du Nord ou Cuba sont loin. Ils peuvent préserver pour un temps leur forme de communisme. Mais pour l'Europe, pour le communisme d'Europe, la réponse ultime sera donnée à Moscou. Comme l'a dit justement François Mitterrand : « le mouvement est parti de là, il y retournera ».

Pour les pays de l'Est européen rendus à la démocratie, rien ne sera totalement sûr tant que l'URSS restera ce qu'elle est, un pays de « dictature suspendue » amorçant son autoréforme. Par son poids économique, l'importance de ses liens commerciaux, sa proximité géographique, sa puissance militaire, la possibilité théorique de son intervention directe, le voisin soviétique, même s'il a laissé se développer le mouvement de libéralisation des deux dernières années, pèse sur le destin de l'Europe orientale et centrale.

La question de l'avenir de l'URSS se pose à un niveau plus profond encore : celui de l'issue du mouvement historique né de la révolution d'octobre 1917. Les démocraties populaires ont été le produit de révolutions factices, imitées du modèle soviétique mais en réalité imposées par l'Armée rouge, sur un fond de troubles politiques et sociaux réels. L'Union soviétique est née au contraire d'une véritable révolution. Il n'est pas dans mon propos de reprendre ici le débat engagé dans les années vingt pour savoir si la « révolution prolétarienne » était impossible sans « révolution bourgeoise » préalable ou bien si elle pouvait se concevoir, comme en URSS, puis en Chine, quand une « révolution bourgeoise » ou « démocratique » préalable se révélait impossible. Je ne vais pas non plus trancher la question de savoir si le stalinisme est le produit inévitable du léninisme ou bien s'il est une déformation, une perversion du léninisme et, comme l'écrivait Trotski, une « révolution trahie ». Qu'il soit entendu, pour le dire rapidement, que le léninisme a progressivement (il prétendait provisoirement) fixé un cadre politique – fin du multipartisme, puis interdiction des tendances à l'intérieur du parti bolchevique, suppression des différents contre-pouvoirs, concentration des pouvoirs politique et économique, dictature... – qui a favorisé l'éclosion du stalinisme. Certes, on peut toujours penser que le cours des choses aurait pu être autre si le communisme s'était davantage inspiré de conceptions plus ouvertes, par exemple celles de Rosa Luxemburg, ou si la NEP avait été poursuivie plus longtemps au lieu de basculer dans la collectivisation forcée telle que Staline l'a pratiquée. Mais l'histoire, qui est toujours unique, a tranché. Le communisme a dégénéré en stalinisme et il en a été si profondément gangrené qu'il va mourir avec lui.

Pour le moment, le processus en URSS est différent de celui qui a prévalu dans les pays satellites. Le mouvement n'a pas – ou peu – jailli de la base. Naturellement, en URSS aussi, les contradictions existent, les difficultés s'accroissent et des mouvements se produisent. Mais il n'y a pas, sauf à tel ou tel endroit de cet immense empire et pour des motifs particuliers (généralement de nationalité), de véritables mouvements de masse. Le peuple ou, pour mieux dire, les peuples ne sont pas encore vraiment entrés en scène. Le changement est conduit d'en haut, dans un processus d'autoréforme qui avance avec tant d'hésitations et qui se confond tellement avec la lutte – interne au parti communiste – pour le pouvoir qu'on a souvent l'impression d'un « mouvement immobile ». Comme si Mikhaïl Gorbatchev savait qu'il n'est pas possible pour la société soviétique de rester ce qu'elle est, encore moins de revenir en arrière, et qu'en même temps il craignait les conséquences du mouvement de réforme lui-même.

D'où la relation subtile nouée avec l'opposition naissante : on lui permet d'exister, on l'utilise face aux forces de résistance conservatrices, mais on cherche à lui assigner des limites afin qu'elle n'avance pas à son propre rythme et selon son dessein à elle.

Le mouvement de réforme et de libéralisation a été beaucoup moins loin que dans les démocraties populaires : le quasi-monopole du PC subsiste, la restriction des libertés aussi, ainsi que les organes de police politique. De même il est frappant de voir à quel point le changement est conduit selon les modes anciens (par des décisions imposées par le chef au sein du parti communiste) et avec un langage daté. Comme si le langage de l'ancien régime était là pour faire illusion et laisser penser que rien ne change vraiment, alors que tout commence à changer.

Une telle prudence, y compris dans les mots, révèle à quel point la tâche est plus difficile en URSS qu'ailleurs. Pourquoi ? Il est sans doute plus malaisé de réformer un immense empire de 290 millions d'hommes que des nations de quelques dizaines au plus. Il y a une lourdeur, une rigidité qui n'existent pas ailleurs. Cet empire, constitué à travers un long processus de domination et de colonisation, structuré autour de la prédominance des Russes sur les autres peuples, à l'ouest, à l'est ou au sud, recèle en son sein des forces contradictoires tellement formidables que leur libération fait peur, en tout cas pour l'unité de l'ensemble. L'URSS est moins occidentale et plus asiatique que les autres pays de l'Est européen. Elle a été marquée par le « despotisme oriental », cette forme de pouvoir politique mise en lumière par Wittfogel. Et puis il y a cette tradition très ancienne de « retard russe » qui se traduit par le refus des idées nouvelles venues de l'Occident et qu'ont véhiculée tant l'Église orthodoxe que le système autocratique, comme l'a bien montré Hélène Carrère d'Encausse. On peut d'ailleurs se demander si le stalinisme, sa violence, son despotisme capricieux ne représentaient pas une façon originale de s'approprier les idées révolutionnaires de Marx : en les inscrivant en réaction contre le cosmopolitisme et l'internationalisme des élites révolutionnaires d'octobre 1917, Staline les rendait à une certaine tradition russe (héritée paradoxalement du tsarisme abattu) d'autocratie, de passivité et de soumission. Un tel héritage historique et culturel est pesant.

Dès lors, une question centrale est posée : que veut et que peut faire Mikhaïl Gorbatchev ? Toute sa démarche fait penser qu'il veut une autoréforme contrôlée du système, un système politique et social restant le même mais se corrigeant de ses excès et de ses dysfonctionnements. Le leader du PC sait que la société soviétique est une société bloquée, qu'elle ne peut plus progresser sur les bases actuelles, qu'elle ne peut remplir efficacement ses tâches intérieures et extérieures, que son peuple est menacé d'une véritable démoralisation (dont l'alcoolisme, l'absentéisme au travail, la faible productivité sont des signes parmi d'autres), que les risques d'explosion et de décomposition s'accentuent. Gorbatchev veut que son pays reste une grande puissance, ait un État et une économie qui fonctionnent correctement. Il sait que ce n'est plus possible sur les bases anciennes. Mais il pressent que sa tentative d'autoréforme contrôlée sera très difficile à mener à bien.

La première hypothèse est qu'il ne puisse pas aller assez loin, en raison des résistances intérieures au parti communiste et à la bureaucratie ou du scepticisme d'une population qui a peur de bouger et qui demande des signes plus tangibles de changement pour oser le faire. Mais s'il ne va pas assez loin, rien ne sera résolu. Il y a une ouverture du système politique, mais ses fondements essentiels n'ont pas changé. Il y a une volonté de réforme économique, mais elle est timide, tarde à se concrétiser, laisse coexister mécanismes nouveaux et modes anciens d'organisation et de décision, ne touche pas à la bureaucratie et donc ne paraît pas visible et efficace aux yeux du peuple. La réforme gorbatchévienne semble aujourd'hui au milieu du gué. Il n'est pas question de revenir à la rive qu'on a quittée (en tout cas, pas avec le même capitaine) mais l'on avance lentement vers la rive qu'on veut joindre, si lentement qu'elle semble lointaine et qu'on n'en devine pas les contours.

L'autre hypothèse est que Mikhaïl Gorbatchev et ceux qui l'entourent ne veuillent pas justement aller trop loin. Le dirigeant soviétique a sous les yeux l'expérience des pays de l'Est, le destin de leurs partis communistes et de leurs régimes. Il sait donc que si le mouvement des réformes va vite et loin, il n'est pas sûr que le système lui-même y survive. Certains, comme Edouard Chevarnadze, souhaitent aller plus loin. Est-ce également vrai de Boris Eltsine ? Il est trop tôt pour le dire. Prendre le pouvoir en Russie, même dans le cadre d'une élection, ne nous renseigne pas sur la nature de ce pouvoir ni sur les intentions de celui qui va l'exercer. D'autres, au contraire, dans le camp des « conservateurs » ont pour seule perspective de garder leurs privilèges et sont prêts, s'ils le peuvent, à exercer pour cela la répression la plus dure.

Au milieu de ces contradictions et à la lumière des récents événements à l'Est, une autre hypothèse doit être envisagée selon laquelle Mikhaïl Gorbatchev serait prêt à aller beaucoup plus loin qu'on ne le croit, qu'il ne le croit lui-même aujourd'hui. Le langage ancien dont je parlais tout à l'heure, les références obligées au système hérité des prédécesseurs ne doivent pas nous abuser. Le numéro un soviétique est un homme de pouvoir habile, extrêmement conscient des problèmes immenses de son pays et de son incapacité à les résoudre dans les formes actuelles; c'est aussi un homme de modernité et un formidable opportuniste (au sens de l'homme capable de saisir des opportunités). Il n'est pas impossible qu'il choisisse d'avancer au-delà du système communiste actuel, s'il croit que c'est la seule façon de résoudre les problèmes de son pays et de lui garder son rang.

Quelles que soient les hypothèses, il n'est pas évident qu'il ait le temps de parvenir à ses fins. Il peut être renversé par une des fractions du pouvoir communiste s'inquiétant de l'accélération du cours des réformes et prenant prétexte des désordres entraînés par le processus en cours. Il peut échouer, l'accentuation des contradictions et des protestations face à la non-solution des problèmes de fond conduisant à ce qu'il s'efface. Il peut aussi ouvrir le chemin, plus ou moins longtemps et plus ou moins loin, à d'autres qui iront au-delà.

Mais il faut l'aider. Certes, le sort politique et personnel de Gorbatchev se joue en URSS. Au moins pouvons-nous, dans nos décisions de politique internationale, dans nos choix stratégiques, ne pas lui rendre la tâche plus difficile, car nous n'avons intérêt ni au retour en arrière, ni à une phase prolongée de violence et d'anarchie en URSS. En tout cas, évitons d'exagérer nos peurs. Je comprends les précautions de certains observateurs : l'histoire européenne n'est pas devenue une idylle et l'URSS reste une puissance très armée. Il ne suffit pas que des dirigeants changent pour que le surarmement devienne inoffensif. Car les dirigeants supposés pacifiques peuvent céder le pas à d'autres qui le seront moins. Je suis sensible aux appels au réalisme. Encore faut-il ne pas commettre, par a priori idéologique ou par refus de voir les temps changer, de grossières erreurs d'analyse. Le pessimisme peut rendre myope comme l'optimisme. Je vise là ceux qui, à l'instar de Marie-France Garaud, et pour ne pas avoir à réviser leur opinion, tentent d'accréditer la thèse absurde selon laquelle les événements qui se déroulent dans les pays de l'Est, l'effondrement des régimes communistes, les débuts du pluralisme politique, seraient organisés par Gorbatchev selon un mécanisme machiavélique destiné à illusionner l'Occident et à lui faire baisser sa garde.

Clarifions les choses. Il est évident que l'URSS s'efforcera de garder une politique de grande puissance. Il est possible que la décomposition de l'ordre ancien en Europe orientale soit source d'instabilité pendant une certaine période. Si l'Ouest n'a pas à refuser des opportunités raisonnables de désarmement, il n'a pas à désarmer unilatéralement. Il doit continuer à rechercher, dans les circonstances nouvelles, un équilibre des forces vers le bas, entre l'URSS et nous. Mais il n'est pas sérieux de prétendre que la victoire ou les progrès de la démocratie dans les anciens pays satellites, la décomposition du modèle communiste représentent en réalité un progrès subreptice du communisme et un risque de plus pour l'Occident démocratique.

De toute façon, Gorbatchev et les hommes de la perestroïka doivent commencer à composer avec d'autres acteurs issus de la société soviétique et agissant pour leur propre compte : partis, courants, associations ou individualités d'envergure, intellectuels. Un des traits frappants des événements récents à l'Est, c'est le rôle qu'ont souvent joué intellectuels et créateurs comme références morales et politiques, dans l'opposition et parfois au pouvoir. Mais ces figures de l'intelligentsia n'ont de force que si elles incarnent les aspirations des peuples, que si les peuples à un moment ou à un autre décident d'intervenir, de « faire leur propre histoire ». Car ce sont eux, face à la répression, qui donnent aux « idées » des intellectuels leur « force matérielle », qui fournissent la poussée irrésistible qui disloque les pouvoirs en place.

La même chose se produira en URSS un jour ou l'autre. Ou alors rien ne changera. Car on ne peut réformer une société qu'en portant le changement jusqu'aux millions d'hommes et de femmes qui la composent. La leçon qui émane des derniers mouvements en Europe orientale est claire : dès que la population croit pouvoir changer son destin, dès qu'elle sort de son apathie, de sa crainte ou de son scepticisme – et souvent il suffit d'une brèche dans le mur, au sens réel ou figuré –, elle intervient et elle pousse beaucoup plus loin le mouvement engagé, elle lui donne l'énergie que sa masse procure en même temps qu'elle formule ses propres revendications. C'est donc un mouvement de masse qui seul permettra de changer profondément les choses en URSS, de sortir le pays du communisme stalinien, et c'est par rapport à ce mouvement que Mikhaïl Gorbatchev aura, le moment venu, à se situer, s'il est encore là quand il se produira. Quel sera le sens de ce mouvement ? Il est clairement donné par ce qui s'est passé dans les pays de l'Est : l'exigence de toutes les libertés individuelles et collectives, la transformation profonde du système économique.

Dans le cas de l'URSS, le problème est aussi institutionnel et national. C'est dans ce domaine que les mouvements ont été les plus forts, les pas en avant les plus nets et parfois les réactions les plus vives. Mais il est évident que selon que l'URSS « éclate » ou au contraire reste « agrégée » – même si les relations entre les Républiques changent – les conséquences pour elle et pour les continents européen et asiatique seront sans commune mesure. De ce point de vue, la position de Boris Eltsine, le « Russe », à propos des revendications nationales et étatiques des autres « nationalités », sera tout à fait décisive dans la recherche d'un nouvel équilibre.

Quoi qu'il se passe ultérieurement en Chine ou ailleurs, c'est bien en URSS que sera scellé le sort du mouvement historique né en octobre 1917 : le communisme. Si celui-ci peut coexister avec le règne des libertés publiques, pour donner ce que Mikhaïl Gorbatchev appelle un « État socialiste de droit », il aura encore un avenir. Cela paraît peu vraisemblable. S'il débouche sur une pure et simple restauration capitaliste, alors le chapitre ouvert en 1917 sera clos. Il peut aussi laisser le passage aux forces du « socialisme démocratique ». Encore faudrait-il que nous-mêmes sachions montrer que cela peut être.

CHAPITRE 3

LA GAUCHE ET LES INSTITUTIONS

La mode étant à s'extasier devant de Gaulle, par cette sorte d'embaumement qu'apporte, en politique, le temps qui passe, l'examen lucide des institutions que celui-ci nous a léguées n'est peut-être pas de mise. D'autant que l'auteur de ces lignes reconnaîtra d'entrée de jeu que réformer la Constitution n'est pas aujourd'hui possible : il n'y a pas encore de majorité pour cela.

Mais ce livre n'est pas un programme. Il est une analyse. Personne n'est tenu d'être capable de changer ce qu'il voit pour avoir le droit de dire qu'il le voit. Dans notre système institutionnel actuel, les défauts me semblent désormais mordre sur les avantages.

Un régime commode et inconfortable

L'apport des institutions de la cinquième République, c'est, on le sait, la stabilité, vertu que les Français auraient besoin de se voir imposer. Cet atout, la gauche au pouvoir ne l'avait jamais eu dans sa manche. Et il est vrai qu'à regarder notre histoire, il est difficile de nier la vieille tradition française d'instabilité.

Elle fut d'abord constitutionnelle. Quatre-vingts années ont séparé la chute de l'Ancien Régime (1791) de la Commune de Paris (1871), la fin de la permanence royale de la dernière secousse révolutionnaire de notre pays. La Convention, le Directoire, l'Empire, la Restauration, la révolution de 1830, la monarchie de Juillet, la révolution de 1848, le second Empire, la Commune de Paris se sont succédé. A l'époque, on ne changeait pas seulement les équipes au pouvoir, on modifiait les fondements mêmes de ce pouvoir, sa légitimité, sa nature et son nom, comme si, à chaque fois, c'était le pacte même conclu avec le peuple (ou qui lui était imposé) qui devait être déchiré et réécrit. On a dit de notre pays qu'il avait été pendant cette période un « laboratoire constitutionnel ». Nombreux aussi sont les historiens qui ont soutenu que cette hypertrophie du politique, cette formidable énergie consacrée aux batailles de pouvoir et de légitimité, aux constructions théoriques et constitutionnelles, avaient détourné la France d'autres batailles, d'autres enjeux : ceux du commerce international, de l'industrialisation massive, de l'expansion économique dans lesquels Anglais, Hollandais ou Allemands, à la tête moins politique, s'accomplissaient.

Peut-être, après tout, ces peuples n'avaient-ils pas moins de tempérament mais, assurément, ils connaissaient moins de problèmes politiques. Soit qu'ils les aient réglés depuis plus d'un siècle (avec la révolution anglaise du XVIIe siècle), soit qu'ils n'aient pas eu le droit de les poser (ce qui fit le malheur de l'Allemagne puis de l'Europe).

De 1875 à 1958, sur une période presque aussi longue que la première, le rythme de nos passions et de nos révisions constitutionnelles s'apaise. Nous n'aurons que deux régimes : la troisième et la quatrième République, car je mets à part celui de Vichy imposé par la tragédie extérieure du fascisme. Mais un transfert d'instabilité s'opère : elle devient parlementaire. On ne change plus les institutions mais les gouvernements : environ quatre-vingts gouvernements pour deux républiques. Sans majorités stables, sans partis puissants – à part le parti communiste qui reste négateur du système –, les gouvernements naissent sur un problème et meurent sur un autre, que la crise d'ailleurs sert à résoudre. Les ministères changent, mais les hommes qui les composent sont souvent les mêmes, presque interchangeables. La quatrième République a eu quelques grands desseins – la modernisation du pays après sa reconstruction, le développement de la recherche nucléaire – et quelques grands refus – du communisme, de la décolonisation –, mais sa lisibilité se perd dans cette succession de lignes brisées qu'imposent les crises ministérielles.

On comprend que ce régime ait pu être si décrié, parfois même injustement, auprès des Français. Du rejet de l'instabilité ministérielle naît la disposition à accepter la rigidité des institutions de 1958. La stabilité politique vaut bien quelques renoncements. La gauche, en tout cas les socialistes, pourrait ajouter qu'elle « vaut bien une messe ». Car, par une ironie de l'histoire que Charles de Gaulle n'avait pas prévue, le parti socialiste a formidablement profité des institutions que le Général avait taillées à sa propre mesure.

La gauche française, au contraire de ses homologues britannique ou suédoise, semblait marquée par une fatalité. Elle ne venait au pouvoir que rarement et brièvement. Certes, le radicalisme a gouverné et, en son temps, c'était aussi la gauche ; certes, les socialistes ont participé à quelques combinaisons ministérielles, mais ils n'étaient, le plus souvent, que des forces d'appoint dans des gouvernements modérés, et qu'ils coloraient à peine. Les gauches révolutionnaires – celles de 1793, de 1830, de 1848, de la Commune de Paris –, la gauche du Cartel des gauches (1924), du Front populaire (1936), de la Libération (1945), n'ont exercé le pouvoir que dans des circonstances exceptionnelles, après et avant de longs règnes conservateurs, et pour quelques mois seulement. La gauche alors avait pour mission de faire des réformes, les entreprenait et, sa tâche engagée, l'échec financier et monétaire aidant, elle était chassée par une nouvelle combinaison, voire par une trahison ministérielle. Elle n'était jamais là pour jouir des fruits, doux ou amers, de son action. On transformait ses réformes en hauts faits de caractère historique mais ses adversaires les digéraient à leur profit. Et l'on berçait le bon peuple avec la légende de son incapacité économique, de son incompatibilité avec tout pouvoir durable. D'où le sentiment d'exaltation et d'espérance vague, mêlé d'une culpabilité confuse, qui accompagnait à gauche les récits du passé et les projets d'avenir.

La cinquième République et ses institutions ont changé cela. On a longtemps cru le contraire, pensé que ces institutions éloignaient plus sûrement la gauche divisée du pouvoir, qu'elle n'en aurait même plus les bribes (comme sous la quatrième), sauf pour ceux que tenteraient les ralliements individuels. « Si nous ne faisons pas de bêtise, nous sommes là pour cent ans », a déclaré tel homme de droite. Mais il faisait l'erreur de transformer en fatalité ce qui n'était qu'une conjoncture politique.

La Constitution de 1958 a aidé deux fois la gauche : pour sa conquête du pouvoir, pour sa conservation. L'élection au suffrage universel du président de la République a simplifié la tâche de la gauche. Avec le meilleur candidat, on pouvait gagner clairement. Une fois le Président élu, il n'était plus possible de le défaire, comme on défaisait jadis les ministères. Pour réussir cela, il fallait un homme, une force politique, un thème mobilisateur. L'homme fut François Mitterrand; la force politique, le parti socialiste; l'idée mobilisatrice, l'union de la gauche.

François Mitterrand, formé par la quatrième République, retrempé par l'opposition à de Gaulle, avait une claire lecture de la situation politique et des mécanismes du régime qu'il avait combattu. Doté d'une grande culture historique, bon stratège et tacticien, préparé à la lutte pour la présidence par sa confrontation avec de Gaulle en 1965, il était suffisamment théoricien pour rétorquer au parti communiste, et suffisament confiant en lui-même pour ne pas épouser les tabous anticommunistes de ses devanciers de la SFIO. Il pensait qu'armé d'un parti solide, attractif, et pourvu qu'il sache utiliser sans en être prisonnier la force du parti communiste, tout en capitalisant l'aspiration à l'unité de son propre électorat, il pourrait gagner, surtout si la droite venait à se diviser.

Le parti qui devait servir de tremplin pour cette victoire était le parti socialiste. On ne pouvait bouleverser les données politiques de la cinquième République avec des clubs ou des petits groupes comme la Convention des institutions républicaines. Ils pouvaient faire office de ferment ou de greffon. Mais il fallait une matrice ou un arbre. C'est-à-dire une organisation structurée, avec ses règles, avec une tradition historique, porteuse d'un grand nom – ici le socialisme –, avec des références ouvrières, que le parti communiste puisse considérer comme partenaire, dotée en outre d'homologues reconnus dans les autres démocraties européennes. En somme, il fallait une structure politique suffisamment forte pour porter et crédibiliser une candidature, suffisamment malléable et liée à son chef pour ne pas le gêner comme candidat, suffisamment cohérente et disciplinée pour organiser la vie parlementaire dans la victoire comme dans les revers.

Je ne sais si le nouveau parti socialiste était fait pour cela. Mais il s'est fait comme cela. Qu'on m'entende bien : pas pour servir un homme et autour de petites ambitions. Et cet homme, François Mitterrand, s'il s'est servi du parti socialiste, comme je l'entends dire, l'a servi tout autant. Il lui a donné, jour après jour, de sa force, de sa patience, de son habileté, sans certitude du succès pour lui-même. Autour de lui se sont regroupés des hommes et des femmes qui voulaient sans doute changer, sinon le monde, en tout cas un bon nombre de choses, et tout autant changer le rapport de la gauche à la politique, passer à l'acte, réaliser. Ils avaient vu la droite assurée, arrogante et satisfaite. Mais ils n'étaient pas impressionnés par elle, ils en connaissaient les faiblesses. Ils l'avaient approchée assez – souvent par leurs responsabilités dans la Fonction publique – pour bien la connaître, ils partageaient la technicité de ses nouveaux leaders – Valery Giscard d'Estaing, Jacques Chirac –, mais étaient restés suffisamment éloignés des vrais centres du pouvoir pour avoir préservé leur indépendance, pour ne pas s'être laissé influencer et avoir gardé vivace le désir de changement.

Certains, après coup, les diront semblables à leurs adversaires de droite parce qu'ils sont souvent passés par les mêmes Écoles. Sans comprendre qu'à l'exception de quelques-uns, leur extraction sociale était différente (moins bourgeoise) et différents aussi leur environnement familial, leurs références historiques, leurs engagements vécus et leurs rêves d'avenir. En tout cas, ils seront les cadres du parti socialiste, les lieutenants politiques du premier secrétaire, un élément important de la crédibilité du candidat de 1974 et de 1981 à la présidence de la République. Formés au langage militant comme à celui des technocrates, ils formeront un bon amalgame et assureront la transition de la gauche d'opposition à la gauche de pouvoir.

Pour mettre en mouvement cet ensemble, créer une dynamique populaire susceptible d'entraîner non seulement des cadres et des militants mais des millions d'hommes et de femmes, pour rassembler une force supérieure à celle de la droite – qui, trop sûre d'elle-même, se divisait –, il fallait donc à la fois une méthode et une idée mobilisatrice : ce fut l'union de la gauche. L'union, l'unité sont de vieilles aspirations de la gauche. Face au pouvoir économique et financier, les travailleurs, les salariés, isolés, ne peuvent rien. Leur force est dans leur nombre. D'où le syndicalisme, les mutuelles, des partis politiques de masse. Et cette aspiration à l'unité était en France d'autant plus forte que la gauche syndicale et politique était divisée. Donner une traduction à cette aspiration, c'était mettre en œuvre un formidable levier. C'est ce qui fut fait par l'union de la gauche, c'est-à-dire par l'accord politique des trois courants traditionnels et historiques de la gauche française : le radical, le socialiste, le communiste. Ces trois forces étaient dans les faits très inégales. Le parti communiste était puissant bien que figé dans un stalinisme adapté aux couleurs de la France. Le radicalisme était passé de mode et les radicaux de gauche n'en étaient qu'une fraction, la plus vivace d'ailleurs. Mais ils apportaient à l'ensemble une touche modérée, une caution raisonnable qui, dans l'ordre du symbolique et de la représentation politique, valaient l'égalité avec des partenaires plus puissants. Dans cet attelage à trois, le parti socialiste était naturellement en position centrale, l'axe autour duquel les choses pouvaient se faire. Il avait en outre le seul candidat crédible à l'élection présidentielle.

La gauche ayant conquis le pouvoir en 1981, la Constitution l'a aidée à le conserver. Il ne fut pas possible de contester sa victoire pour revenir, après quelques mois et comme par le passé, au traditionnel règne conservateur. Peut-être fut-ce parce que la gauche elle-même changea, fit un tournant de politique économique, accomplit une pause dans ses réformes, adoucit son message. Mais cela n'aurait pas suffit. Dès qu'elle se fut remise du choc de sa défaite, la droite chercha à écourter la présence de la gauche au pouvoir. Il y avait dans cette présence un scandale. Qu'on se souvienne des fureurs et des étonnements de MM. Pons, Griotteray ou Poniatowski, des discours sur notre « illégitimité ». Même Jacques Chirac – lui qui dut cohabiter – pronostiqua un jour de 1982 que nous ne serions plus là dans un an. L'insécurité, l'immigration, le terrorisme, la question de l'école privée furent tour à tour utilisés pour mettre en cause notre capacité, voire notre droit à exercer le pouvoir. Il faut convenir que face à ces moments d'épreuve, la stabilité imposée par la Constitution nous a bien aidés.

Jugeons objectivement nos institutions. Elles ont donné à la France la stabilité politique. Elles reposent sur l'élection au suffrage universel du personnage clef du système, ce qui est en principe une garantie démocratique et un critère de sélection solide. Elles ont donné de la cohérence à la vie politique, le président de la République disposant le plus souvent d'une majorité à l'Assemblée. Elles ont autorisé l'alternance, puisque la gauche a enfin pu gagner les élections en 1981, perdre en 1986 et gagner à nouveau en 1988. Elles ont même permis la cohabitation de 1986 à 1988 entre un Président de gauche et un Premier ministre et sa majorité parlementaire de droite. De quoi faudrait-il se plaindre ?

Pourtant, pour un homme de gauche et même simplement pour un observateur lucide, les défauts de ce système pour la France apparaissent, à l'usage, sérieux. J'aborde là des sujets délicats. Non qu'il soit interdit de porter un regard critique sur ces institutions. Après tout, leur analyste le plus acéré fut l'actuel Président, François Mitterrand, qui écrivit *Le Coup d'État permanent* [1]. Mais il est président depuis dix ans et il a déclaré que ces institutions, « mauvaises avant lui, le seraient à nouveau après lui ». Boutade sans doute, mais aussi façon d'indiquer que ces institutions sont plutôt « bonnes »... avec lui. Critiquer les institutions sous la droite est plus facile que de le faire sous la gauche, en tout cas pour un homme de gauche. En outre, il n'est pas aisé de parler des institutions quand le Président est François Mitterrand, les Premiers ministres successivement Michel Rocard et Édith Cresson, et qu'on est soi-même membre du gouvernement. Ces personnalités ont essayé de faire vivre ces institutions autrement, de façon plus souple. Mais le poids de celles-ci est tel, justement, et si impérieuse leur logique, qu'elles plient les hommes à leurs règles. Selon moi, les trois principaux défauts du système sont l'abaissement du Parlement, la dyarchie de l'exécutif, l'excessive présidentialisation.

L'abaissement du Parlement

La limitation des pouvoirs du Parlement était voulue par les auteurs de la Constitution. Façon sans doute de réagir contre les excès du parlementarisme antérieur, de ce qu'on appelait les « régimes d'Assemblée », sous lesquels l'exécutif, d'ailleurs souvent instable, se sentait impuissant. Manière aussi de prendre en compte le peu de cas que le général de Gaulle faisait du Parlement et en tout cas son intention de n'être en rien mêlé à sa vie.

Nombreuses, on le sait, sont les dispositions qui assurent la prééminence de l'exécutif sur le législatif. Fixation de l'ordre du jour des Assemblées, recours aux projets de loi plus qu'aux propositions de loi, procédures de vote bloqué, possibilité de faire passer des projets sans vote (article 49-3), définition extensive du domaine régle-

1. François Mitterrand, *Le Coup d'État permanent*, 1964. Rééd. Julliard, 1984.

mentaire par rapport au domaine de la loi, limitation du pouvoir financier du Parlement, tout va dans le même sens. Le parlementarisme français – car il s'agit d'un parlementarisme puisque le Premier ministre, même s'il procède du président de la République, est responsable devant l'Assemblée – est dominé par le gouvernement. Et cette supériorité de l'exécutif est encore renforcée par l'indépendance du Président à l'égard du Parlement, par le fait qu'il ne peut s'y rendre et qu'il n'est pas responsable devant la Chambre. Cette absence de contacts entre les deux institutions (sauf par les messages que le Président adresse à l'Assemblée), cette présence absente du chef de l'État jouent en faveur de ce dernier, qui a moins d'entraves, et au détriment de celle-là, qui n'est pas reconnue.

On me dira qu'opposer ainsi exécutif et législatif, comme s'ils appartenaient à deux essences distinctes, est mal rendre compte de la réalité, puisqu'en fait existe le plus souvent entre eux, grâce au fait majoritaire, un lien de connivence, un accord sur le fond, le gouvernement ayant disposé en général depuis 1958 d'une majorité, au moins à l'Assemblée et parfois dans les deux Chambres. Le plus souvent mais pas toujours. De 1974 à 1981, et depuis 1988, les majorités ont été factices ou relatives. Et les mécanismes destinés à faire pression sur le pouvoir législatif ont été bien utiles. D'ailleurs, quand on y réfléchit, le fait pour le gouvernement de disposer à l'Assemblée d'une majorité solide va, plus subtilement, là aussi dans le sens de l'affaiblissement du Parlement. Le gouvernement domine le groupe parlementaire majoritaire, lui fait intérioriser ses contraintes, le conduit à l'autocensure ou à des grognes impuissantes. Cette situation exerce parfois sur les parlementaires de la majorité – qu'elle soit de droite ou de gauche – un effet de démoralisation. L'absentéisme parlementaire, la tendance des députés à être dans leur circonscription plutôt que dans l'hémicycle ou les salles de commission, l'insuffisance du contrôle exercé sur le pouvoir exécutif trouvent une bonne partie de leur origine dans ce déséquilibre institutionnel. Or, on sait que ces dysfonctionnements sont souvent reprochés par les citoyens à notre système politique et qu'ils n'existent pas au même titre dans d'autres démocraties où le mode de scrutin est moins localiste et où le rôle du Parlement est plus affirmé.

La dyarchie de l'exécutif

L'autre originalité du système est la dyarchie de l'exécutif. Cela n'existe nulle part sous cette forme dans les autres démocraties. Ailleurs, soit le chef d'État a la réalité du pouvoir exécutif – c'est le cas du Président aux États-Unis –, il n'y a pas de Premier ministre et le Président dirige le cabinet ; soit le chef de l'État – Président comme en Allemagne, en Autriche, en Italie, ou monarque comme en Grande-Bretagne, en Espagne ou en Suède – est simplement le symbole de l'État, et l'essentiel du pouvoir exécutif appartient au Premier ministre, qui dirige le gouvernement.

En France, la situation est tout autre. L'exécutif a deux têtes et chaque tête a des pouvoirs étendus. L'art d'exécuter, qui devrait être unique, est divisé. On sait bien qu'une telle situation n'a pas été pensée rationnellement, en fonction de ses avantages. Elle a été construite pour de Gaulle, parce que ni son tempérament, ni son expérience passée, ni son âge, ni l'idée qu'il se faisait de ce qui importe en politique ne le conduisaient à vouloir s'occuper lui-même de l'exécution ordinaire des choses, des problèmes de gouvernement. Ce qui l'intéressait, outre le pouvoir et le rapport direct et mythique avec le peuple, c'était les grandes orientations, l'arbitrage, la possibilité de décider dans les grandes circonstances.

Cette distinction a des conséquences : gouverner et présider deviennent deux choses hiérarchiquement différentes. Dans la logique de ces institutions, gouverner n'est pas une tâche noble mais seconde. Le Premier ministre est un « tâcheron ». Il est entendu a priori qu'il n'ira pas au terme de la législature. Il doit partir, défait s'il a déplu ou pris trop d'importance, usé s'il a accompli son devoir avec dévouement. Il est le paratonnerre, il doit protéger le Président. D'ailleurs il est nommé par lui, dépend de lui, est « démissionné » par lui. C'est un personnage qui doit, tout à la fois, être efficace – car il gouverne – et humble.

Présider est essentiel. Le chef de l'État est élu par le peuple, au suffrage universel, et non nommé. Son élection est l'acte initial et décisif d'une nouvelle période politique. Le Premier ministre pense au tête-à-tête avec le Président; le Président est en tête-à-tête avec le peuple. À lui reviennent les grandes décisions, les vastes perspectives, la politique étrangère, la défense, la paix et la guerre et, en principe, les grands choix de politique intérieure. Mais présider est si essentiel et la tentation de s'occuper de tout – et donc de gouverner – si grande que le Président est très vite en interrogation sur son rôle. S'il se mêle de tout, il vide son Premier ministre de sa réalité, n'est plus protégé par lui, cependant que lui-même est tenu responsable de chaque chose. S'il ne fait pas sentir son pouvoir – sur une nomination, sur une décision mineure en soi mais symbolique de son droit de trancher – est-il toujours le chef? À l'expérience, il semble bien que le président de la République, à peine élu dans les fracas du combat électoral et les ors du sacre républicain, amorce un « retrait ». On ne voyait que lui, sa parole se fait rare; il avait un programme ou un projet, c'est le Premier ministre qui l'applique. Il était le chef d'une troupe aguerrie et soudée, il se retire en son palais et, grand lui-même, côtoie les grands.

D'où cette distinction, pourtant factice, entre ce qui, en politique, relève des grandes choses ou des petites. Il n'y a plus l'art d'exécuter, où le détail révèle et contient le dessin (ou le dessein) tout entier, mais une dissociation de la décision et de la mise en œuvre, de la forme et du fond. Dans le monde complexe où nous sommes, les questions économiques et financières qui sont si importantes appellent autant de dispositions pratiques que de choix de principe. Une décision d'investissement, une fuite dans une centrale nucléaire, une prise d'otage dans une capitale éloignée, une émeute dans une prison sont répercutées par les médias et touchent bientôt chacun au cœur, à la tête ou au ventre. Qui peut dire ce qui va être important et ne le sera pas, ce qui va toucher au symbolique et provoquer les passions, ce qui va interpeller l'État et son chef ou rester simplement du ressort du seul Premier ministre ? À chaque instant, le Président en retrait – mais n'est-il pas à l'affût ? – peut sortir de sa réserve, estimer nécessaire d'appeler à lui les humbles choses de la gestion.

L'autre distinction dangereuse est celle qui sépare l'intérieur et l'extérieur, la politique domestique – quel mot déjà révélateur ! – et la politique étrangère. Même si le Président récuse l'idée d'un « domaine réservé », la dissociation s'opère dans les faits et dans l'esprit des Français. Le Président a pour champ d'action la planète et le Premier ministre s'occupe de l'Hexagone. Le Président est souvent à l'étranger : il y a les sommets européens ou mondiaux, les visites à faire ou à rendre, les amis à rassurer, les adversaires à comprendre ou à impressionner. Le Premier ministre ne peut quitter le territoire national – même un jour – sans qu'il soit symboliquement remplacé, le mécanisme formel de l'intérim se mettant en place. C'est avec circonspection et diplomatie qu'il doit développer justement sa diplomatie et s'initier aux affaires étrangères.

Or, jamais autant que maintenant les problèmes de politiques intérieure et extérieure n'ont été aussi étroitement mêlés. La crise irakienne a touché au prix du pétrole, la politique fiscale de la Commission de la CEE à notre politique des revenus, l'accord Renault-Volvo à notre potentiel industriel, les otages au Liban à ce qu'est notre communauté nationale, l'immigration à nos craintes d'identité. Et l'on pourrait multiplier les exemples où les frontières se brouillent, où Paris est aussi bien à Moscou qu'à Johannesburg ou au Koweït. D'ailleurs, dans la réalité de l'action présidentielle et gouvernementale, la distinction n'est pas aussi tranchée. Sur toute grande question – qu'elle naisse à l'intérieur ou à l'extérieur –, les deux hommes, le Président et le Premier ministre, parlent, se concertent et finalement agissent ensemble. Mais la dominante de leur action politique n'est pas la même.

Et c'est là où cette distinction peut devenir dangereuse. Moins dans sa réalité, on vient de le voir, que dans sa représentation, dans l'idée que s'en fait l'opinion. Celle-ci est assez largement convaincue que le président de la République s'occupe avant tout de politique étrangère, alors même que les Français, à l'instar des autres peuples, se préoccupent davantage des problèmes intérieurs : le chômage, le pouvoir d'achat, les conflits sociaux, l'insécurité, l'environnement. Et là naît le paradoxe des institutions, l'élément de déséquilibre du couple de l'exécutif. Le personnage le plus important, celui que les Français ont choisi, directement et par leur vote, semble s'intéresser d'abord à ce qui leur est le plus étranger, le plus éloigné. Cependant que c'est au Premier ministre, celui dont ils ont découvert le nom, un matin ou un soir, parce que le Président l'a nommé, qu'est laissé le soin de régler ce qui les touche le plus. De ce fait, le personnage premier, celui avec lequel ils ont la relation la plus forte – d'appartenance s'ils ont voté pour lui, de rejet ou de résignation attentive s'ils ont voté contre –, délègue au personnage second le soin de s'occuper d'eux et se contente de les représenter. D'où ces reproches explicites ou feutrés, mais sans cesse repris, faits au Président – qu'il soit Valery Giscard d'Estaing ou François Mitterrand – de voyager trop, d'être trop lointain, de les délaisser. Il y a là comme un dépit amoureux, comme un sentiment d'abandon – que le Président s'efforce d'apaiser par des visites symboles et des cérémonies médiatiques –, mais qui restent prégnants, car ils résultent de la structuration même du pouvoir exécutif. On ajoutera que chronique et modéré en temps ordinaire, ce sentiment d'insatisfaction peut prendre – souterrainement – des proportions plus graves, en ces temps où les vieux thèmes de la « France aux Français » et de la méfiance à l'égard des étrangers sont à nouveau agités par les démagogues de l'extrême droite. Qui sait si cette inscription particulière du Président dans le champ essentiel mais plus lointain de la politique extérieure n'est pas un des éléments constitutifs de cette désaffection à l'égard du politique dont on parle tellement ces temps derniers.

Si l'on cherche à synthétiser, on peut réellement s'interroger pour savoir s'il est raisonnable pour notre pays – seul parmi tous les grands pays développés, seul parmi les démocraties –, d'avoir deux hommes d'action dans la même structure exécutive, deux personnages aux pouvoirs réels pour une fonction qui appelle l'unicité. D'autant qu'il n'y a pas que le Président et le Premier ministre. Il y a l'Élysée et Matignon ; il y a les entourages ; il y a les mécanismes des pouvoirs, dont la justification est d'exister, d'impulser, de contrôler, et qui ont vocation à servir celui qui les emploie.

Alors que dans les autres démocraties, l'unité de commandement est assurée – sous le contrôle du législatif bien sûr et, différemment, du judiciaire – l'endroit du pouvoir étant clairement situé, en France il n'y a pas de lieu clair et unique où se prennent les décisions (au-delà des instances nécessaires mais formelles comme le Conseil des ministres). Il y a comme un « entre-deux », un moment du dialogue et de la prise de décision entre le Premier ministre et le Président, sur lequel on ne pèse pas et que l'on ne connaît guère.

Beaucoup d'énergie se perd dans le jeu des relations Président-Premier ministre. On sait à quel point celui-ci a défrayé la chronique de la cinquième République. Michel Debré, Georges Pompidou, Maurice Couve de Murville avec de Gaulle ; Jacques Chaban-Delmas, Pierre Messmer avec Georges Pompidou ; Jacques Chirac, Raymond Barre avec Valery Giscard d'Estaing ; Pierre Mauroy, Laurent Fabius, Michel Rocard, maintenant Édith Cresson avec François Mitterrand, tous ont inspiré les échos, justifié les éditoriaux, fait bruire les gazettes sur le thème de l'inévitable ou supposée compétition entre les deux détenteurs du pouvoir exécutif, que le conflit soit réel ou présumé, fantasmé par les observateurs et ce qu'on appelle la classe politique. Le président de la République est un souverain qui s'inquiète, le Premier ministre un exécutant qui rêve. Et qui, quand il rêve, rêve d'être Président, ce qui l'aide à supporter sa condition seconde de Premier ministre. Celui-ci est toujours censé osciller entre la soumission et la révolte. Et il ne suffit pas que la relation soit maîtrisée, que le Président laisse agir son chef de gouvernement, que celui-ci s'inscrive loyalement dans le cadre et les perspectives tracés par son Président pour que les problèmes nous soient épargnés. Ou ils existent ou on les invente.

Les excès de la présidentialisation

Le dernier problème posé par notre système institutionnel tient aux formes particulières que prend chez nous la présidentialisation. La source en est dans plusieurs dispositions constitutionnelles. D'abord le mandat du chef de l'État est plus long qu'ailleurs (sept ans), alors même qu'il est renouvelable. Ensuite le Président peut dissoudre l'Assemblée, ce qui est interdit par exemple à un président des États-Unis. Enfin, le Président n'est pas responsable devant l'Assemblée, ce qui est le cas du Premier ministre. Le régime n'est ni clairement présidentiel – puisqu'il y a un Premier ministre responsable devant l'Assemblée et que celle-ci peut être dissoute –, ni clairement parlementaire – puisque le chef de l'exécutif n'a pas de compte à rendre au législatif et n'a pas besoin d'une majorité parlementaire pour rester en place pendant les sept ans de son mandat.

Le rapport au Président n'est donc pas un rapport simple. Dans un pays comme la France, de culture si monarchique – car nous avons eu cent rois et nous avons aussi coupé la tête de l'un d'entre eux pour fonder la République –, la présidentialisation de la vie publique a rapidement pris des formes excessives. Celle-ci tient moins à l'excès même des pouvoirs du Président qu'à l'idée que les gens se font du rôle et de la personne. Elle réside dans l'importance du pouvoir qui lui est prêté mais aussi dans l'éclat qui accompagne ses gestes et dans l'impunité dont il semble jouir (avant le grand rendez-vous avec le peuple dans l'élection présidentielle, s'il est une nouvelle fois candidat). La façon dont journalistes, auteurs de livres politiques, amis et adversaires traitent le président de la République oscille entre la sacralisation et le procès, entre l'illusion de sa toute-puissance et le reproche de son impuissance. Il est rare – sauf chez les meilleurs observateurs politiques – de voir poser les problèmes avec mesure, avec équilibre, selon les normes raisonnables et relativisées en usage dans les démocraties. Le phénomène avait commencé avec de Gaulle. On l'a retrouvé avec Valery Giscard d'Estaing.

Il a atteint des proportions extrêmes avec François Mitterrand, peut-être parce qu'il est le seul à avoir été élu deux fois au suffrage universel, peut-être parce que sa personnalité et sa longue histoire politique alimentent mieux les fantasmes des chroniqueurs. Au lendemain de sa réélection en 1988, on a assisté à sa sacralisation, on a usé à son endroit du dithyrambe, même quand on n'était pas son partisan. Le fait de l'avoir désigné comme « Dieu » dans une émission humoristique et populaire ne relève pas seulement de l'exagération satirique : l'expression, mille fois déclinée, révèle un état d'esprit général de révérence, une sorte de fascination. Et puis le temps passant, les difficultés normales de la vie politique étant là, de grands événements difficiles à prévoir et difficiles à contrôler se produisant (la crise à l'Est, l'unité allemande), le mouvement inverse s'opère. Tel qui avait composé sur lui un livre élogieux en écrit un autre où il apparaît comme un personnage mesquin, tel intellectuel qu'on croyait son ami le trahit, on l'attaque dans sa famille ou chez ses proches.

L'évolution à l'Est et l'unité allemande ont servi pour instruire un procès en imprévision ou en impuissance. Je prends cet exemple, car il est révélateur. Un examen objectif de l'attitude du président de la République montre qu'il a compris l'importance des événements, qu'il les savait souhaitables et inévitables, qu'il en voit les risques, qu'il cherche à la fois à situer la France et l'Europe dans cette nouvelle perspective historique, qu'il propose des solutions et qu'en même temps il a une claire conscience des limites d'une action isolée de notre pays. Ce n'est pas la France qui a été divisée quarante-cinq ans mais l'Allemagne, et c'est elle qui se réunifie. Ce n'est pas en France et en Europe occidentale qu'avec le communisme un mode de production et un système politique s'effondrent, mais en Europe centrale, à Prague, à Varsovie, à Berlin et bientôt à Moscou. Comment s'étonner que Helmut Kohl ait joué un rôle plus décisif que François Mitterrand dans l'unité allemande et que les spéculations soient plus nombreuses à propos de Mikhaïl Gorbatchev ? Il y a de l'enfantillage, du masochisme ou de l'irresponsabilité dans les critiques qui sont portées contre la politique mitterrandienne à l'Est. En somme, ce qu'on reproche à François Mitterrand, c'est non seulement de ne pas finalement être Dieu mais de ne pas être, outre français, à la fois allemand et moscovite. C'est dire assez à quel point dans notre tradition mais aussi avec notre système constitutionnel, le manque de mesure, l'excès d'encensement puis d'opprobre marquent le traitement du fait présidentiel. Il y a là une difficulté qui est épargnée aux pays et aux systèmes politiques de tradition plus démocratique et où le pouvoir politique est davantage relativisé.

Si l'on reprend les grandes critiques adressées à ces institutions : abaissement du Parlement, instabilité du couple Président-Premier ministre, présidentialisation excessive – mais l'on pourrait ajouter aussi le problème de trouver des lieux de débat interne au pouvoir, la difficulté des relations avec l'opposition, la faiblesse des partis ou les phénomènes d'éloignement du pouvoir –, on peut conclure qu'une réforme serait nécessaire. Elle est en tout cas dans la logique de mon propos.

Vers une réforme des institutions ?

La réforme des institutions, plusieurs responsables politiques l'ont déjà souhaitée. Je n'invoquerai pas le plus célèbre d'entre eux, François Mitterrand, bien qu'il se soit exprimé à plusieurs reprises sur ce sujet, avant ou après son élection à la présidence. Mais il me semble qu'il n'est pas souhaitable de citer, à l'appui d'une thèse ou d'une autre, celui qui préside aux destinées du pays et qui est donc le « garant des institutions ».

Parmi les responsables politiques français qui ont suggéré des réformes au cours des dernières années, on trouve des personnalités aussi différentes que Simone

Veil, Jacques Toubon, Jacques Barrot, Michel Noir, Hervé de Charette, Valery Giscard d'Estaing, Henri Emmanuelli ou Henri Nallet. La plupart se retrouvent d'accord sur l'idée d'une réduction à cinq ans du mandat présidentiel. Et si l'on met à part Valery Giscard d'Estaing, qui souhaite renforcer les pouvoirs du Sénat (la Chambre conservatrice par excellence), les discussions concernent le droit de dissolution, la possibilité pour le Président de se défaire de son Premier ministre sans qu'il ait été censuré ou la limitation de l'usage de l'article 49 alinéa 3. En somme, le débat porte sur la question de savoir si le régime mixte de la cinquième République doit épouser sa logique parlementaire ou sa logique présidentielle, ce qui centre la discussion sur le Président et le Premier ministre. On voit que ma propre interrogation n'est pas isolée.

On notera aussi, avec un sourire, que sur la liste des apprentis réformateurs, les personnalités classées à droite ou au centre sont sensiblement plus nombreuses que celles situées à gauche. Ce qui tend à prouver qu'on a plus tendance à vouloir réformer les institutions politiques quand les autres les font vivre que lorsqu'on est soi-même au pouvoir.

L'interrogation classique à propos de l'évolution des institutions de la cinquième République est donc bien de savoir si celle-ci doit se faire dans le sens de la présidentialisation ou de la parlementarisation du régime. Répondre à cette question suppose de rappeler un préalable : l'élection du président de la République au suffrage universel direct ne sera pas remise en cause. Théoriquement, elle pourrait l'être. Il y a de nombreux pays tout aussi démocratiques que le nôtre, où le chef de l'État n'est pas élu au suffrage universel, soit parce qu'il est un monarque, soit parce qu'il est élu par des assemblées. Dans ces régimes, ce n'est pas le chef de l'État mais le chef du gouvernement qui a le rôle politique essentiel. Ainsi sont dirigés la Grande-Bretagne, l'Allemagne, l'Italie, le Japon, l'Espagne, la Suède ou la Suisse. On peut très bien être un pays qui compte, gouverné efficacement, sans que le chef de l'État soit élu au suffrage universel. D'ailleurs, en

France, cette tradition n'a pas trente ans et la République en a deux cents.

D'un point de vue théorique, on pourrait revenir sur la décision de 1962. Dans les faits, il est hautement improbable qu'il puisse en être ainsi.

Les Français semblent attachés à l'élection du Président au suffrage universel. L'élection présidentielle est devenue l'acte majeur de notre vie politique. Les Français se sont jusqu'ici passionnés pour ses enjeux ou pour la joute qu'elle représente. C'est l'élection pour laquelle ils sont les plus nombreux à voter. On peut donc penser qu'ils seraient en majorité hostiles à ce que ce pouvoir-là leur soit ôté.

Dans la vie politique telle qu'elle est, on voit mal qui concevrait de demander au Congrès (l'Assemblée nationale et le Sénat réunis) ou au peuple (par référendum) de renoncer à cette élection. Tout homme politique de quelque envergure rêve ou feint de rêver à cette fonction. Et aucun parti important n'osera se priver de cette chance pour ses candidats potentiels.

Il est vrai qu'on pourrait concevoir d'infléchir notre système politique dans le sens parlementaire, sans supprimer l'élection du Président au suffrage universel. Il s'agirait pour cela de mettre en valeur les pouvoirs du Premier ministre ou de renforcer ceux du Parlement.

Les pouvoirs du Premier ministre ne sont pas minces, on l'a vu pendant la période de cohabitation. Un Premier ministre qui dispose d'une majorité parlementaire face à un Président qui n'en dispose pas est très puissant. Mais il s'agit là d'une situation exceptionnelle. La situation la plus normale est celle où le président de la République, par son élection, confirme ou fait naître une majorité de députés liée à lui et non celle où le Premier ministre – qu'il nomme – lui est imposé par une majorité parlementaire hostile. Et il paraît difficile de souhaiter, au nom d'un équilibre posé théoriquement comme meilleur entre le Président et le Premier ministre, que l'exception devienne la règle.

Il est vrai que le Premier ministre pourrait être plus fort s'il prenait les décisions essentielles relevant de l'action gouvernementale dans le cadre de délibérations collectives des principaux membres de son gouvernement. S'il n'est pas le porte-parole de la volonté gouvernementale, c'est au Président que revient l'initiative de la coordination supérieure dans les domaines essentiels de l'activité de l'État lors de conseils restreints. Ainsi se dessine moins une politique gouvernementale qu'une constellation de politiques ministérielles, mises en perspective par un certain nombre de priorités et arbitrées essentiellement sous l'angle financier. La réalité, c'est un jeu de poids-contrepoids Matignon-Bercy, sous l'œil vigilant et la pesée discrète de l'Élysée.

Et c'est ici qu'il convient de dire un mot de ce qui apparaît comme une spécificité de la vie politique et administrative française : le pouvoir considérable des Finances à travers la politique budgétaire.

Tous les pays ont des problèmes financiers et budgétaires. Et il convient naturellement que quelqu'un veille, face à la tentation des dépenses et à la pression des besoins, à tenir suffisamment serrés les cordons de la bourse. Qu'il y ait, sous l'autorité du Premier ministre, un voire deux ministres pour y pourvoir, rien de plus normal. Mais, en France, on va plus loin. Tout se passe comme si nous vivions encore dans le souvenir des manipulations du financier Law sous Louis XV ou des excès de la production d'assignats sous la Révolution française. Tout fonctionne comme si chaque ministre était perçu comme un irresponsable ou un enfant dispendieux et qu'il faille un corps de « gardiens de la vertu budgétaire » pour veiller sur les destinées de l'État.

On assiste souvent à un copilotage par les départements ministériels et le ministère des Finances qui cherche en permanence à imposer ce qui, selon lui, doit être fait, voire ne pas être fait. À cela s'ajoute un glissement – je devrais dire un dérapage – du pouvoir administratif vers le pouvoir politique, un sous-directeur du budget ayant parfois plus de pouvoir qu'un ministre. Si l'on cherche l'origine de beaucoup de mesures mises en œuvre dans le cadre de la politique industrielle, de la Fonction publique, des réformes administratives, on trouve pour une bonne part des sous-directeurs ou directeurs du Budget, de la législation fiscale, de la comptabilité publique, qui s'arrogent le droit d'entrer dans le détail de la politique de tel ou tel département ministériel et souvent d'en juger l'opportunité. Je précise que je ne l'ai jamais accepté pour mon ministère mais qu'il en résulte souvent des blocages, des tensions ou des pertes d'énergie dont l'action politique et administrative se trouverait mieux de se passer.

Et comme on trouve peu d'exemples de ministre des Finances ou du Budget allant contre leur service (d'autant qu'ils sont entourés de membres de cabinet qui sont autant de délégués des différentes directions), on mesure le poids de ces chaînes de solidarité sur l'action gouvernementale.

Il ne s'agit nullement dans mon esprit de nier la nécessité d'une administration et de responsables chargés, outre de politique économique, d'organiser et de maîtriser les finances publiques. Encore moins de laisser penser qu'un laxisme financier et budgétaire serait bon pour notre pays. Mais il est à mon sens nécessaire – comme le voulait d'ailleurs la gauche à l'origine – d'organiser le gouvernement et les procédures budgétaires de manière à mieux distinguer l'expression des priorités et le rappel des contraintes, les décisions politiques et les considérations techniques. Les solutions à ce problème sont variées. Elles peuvent passer par le rattachement des services du Budget au Premier ministre, par une association du gouvernement lui-même aux grands choix financiers, par une limitation des pouvoirs d'intervention des sous-directions et bureaux du ministère des Finances et du Budget dans la politique des différents ministères. Mais il ne me paraît pas de bonne méthode de continuer à agir comme nous le faisons.

Pour en revenir au Premier ministre, le principal obstacle au renforcement de son pouvoir dans le couple de l'exécutif réside en réalité dans l'élection même du président de la République au suffrage universel. Dans la tradition démocratique, une personnalité élue est plus légitime qu'une personnalité nommée et, dans la logique du pouvoir, celui qui nomme est plus puissant que celui qu'il a nommé. Penser autrement tendrait à vider de son sens l'élection présidentielle au suffrage universel, ce qui serait contraire à la lettre de nos institutions et peut-être aussi à l'esprit démocratique.

Il est vrai que, dans la conception originelle des institutions – celle sur laquelle s'étaient entendus, avec le général de Gaulle, des hommes aussi différents que Michel Debré et Guy Mollet –, il y avait virtuellement un plus grand équilibre des pouvoirs.

Le chef du gouvernement et la majorité parlementaire sont indispensables au président de la République, puisque sont peu nombreux les pouvoirs qu'il peut exercer sans contreseing du Premier ministre et qu'il peut malaisément agir (notamment par la loi), si ce Premier ministre n'a pas de majorité parlementaire.

L'élection au suffrage universel direct du président de la République fut introduite par une révision de la Constitution en 1962, quand, une fois la paix faite en Algérie, le général de Gaulle sut qu'il n'avait plus besoin de la SFIO et qu'il pouvait aller jusqu'au bout de ses intentions institutionnelles. Cette réforme a déséquilibré le système initial. Jusque-là, le Président était élu par les deux Chambres réunies en congrès. Son acte de naissance était parlementaire, comme l'était l'assurance de vie de son Premier ministre. Rien ne les distinguait fondamentalement sinon, tout de même, que le premier nommait le second.

Avec l'élection du président de la République au suffrage universel direct par le peuple, tout changeait : la légitimité, la puissance politique acquises après une élection victorieuse étaient du côté du Président. Son élection commandait le reste. Le Premier ministre devenait véritablement un personnage second. La logique politique l'emportait sur la logique des textes. Le régime avait suivi sa pente présidentielle.

On peut naturellement considérer que la légitimité du Premier ministre vient tout autant de la confiance qu'il reçoit du Parlement que de celle que lui fait le Président. Il est vrai que, sauf de façon très provisoire, un Premier ministre qui aurait la confiance du Président mais pas de majorité à l'Assemblée ne saurait se maintenir. À l'inverse, et on l'a bien vu pendant la cohabitation, le Président peut devoir s'accommoder d'un Premier ministre adversaire politique si celui-ci dispose d'une majorité parlementaire. C'est d'ailleurs ce qui donne au régime de 1958 son caractère semi-parlementaire. Mais naturellement, en cas d'opposition trop nette, le Président préférera faire trancher le conflit politique par le peuple, soit après une dissolution de l'Assemblée dans des élections législatives, soit après sa propre démission grâce à une élection présidentielle (à laquelle il décidera ou non de se représenter).

En ce qui concerne le renforcement des pouvoirs du Parlement, ce thème fait l'objet d'un consensus dont on peut se demander s'il n'est pas quelque peu hypocrite. La principale préoccupation du député – surtout élu au scrutin d'arrondissement – est son attache territoriale, et il n'est pas toujours évident que les députés soient les mieux placés de ce point de vue pour résister aux pressions démagogiques. Par ailleurs multiplier les commissions parlementaires, prolonger les sessions, comme il est périodiquement suggéré de le faire, gênera peut-être plus le gouvernement que cela ne renforcera réellement le Parlement. Or le pouvoir réel est moins dans la gêne de l'autre que dans sa propre capacité à décider et à agir.

Dans la réalité, le Parlement peut fortement influer sur la loi s'il en a la volonté politique, même si c'est le gouvernement qui a pris l'initiative d'un projet, comme c'est généralement le cas. Il suffit pour cela que la majorité ose faire sentir son poids sur le gouvernement qu'elle soutient mais qui dépend d'elle. Point là n'est besoin de réforme, si ce n'est des esprits ou des volontés.

L'impuissance du Parlement est d'abord financière. On sait que c'est sur le terrain financier et précisément budgétaire que s'est menée la lutte des parlements pour exister contre le pouvoir royal. La démocratie parlementaire est née pour bonne part de ce combat. Et il est donc tout à fait symptomatique de constater que c'est dans le domaine des finances que la cinquième République a mis les garde-fous les plus forts au pouvoir dépensier du Parlement. Certes il est normal que le Parlement – et en tout cas la majorité qui appuie le gouvernement – prenne en compte, en termes financiers, les priorités de celui-ci, puisqu'il s'agit de la traduction même de sa politique. Mais il est anormal qu'il ne puisse faire valoir les siennes propres (ou une partie des siennes), ce qui le maintient dans un statut d'irresponsabilité. On ne saurait en effet soutenir que la « réserve parlementaire » permet aux Assemblées de faire valoir leurs orientations, tant son montant est faible et son mode de discussion discrétionnaire... et discret. Rééquilibrer les pouvoirs au profit du législatif impliquerait certainement de rendre à celui-ci une capacité d'initiative et de décision plus grande dans le domaine budgétaire.

Il reste à souligner que le Parlement, c'est aussi le Sénat et pas seulement l'Assemblée nationale. Augmenter les pouvoirs du Parlement pourrait donc conduire à accroître pour une part ceux de la seconde Assemblée. Or celle-ci, élue au suffrage universel indirect, selon un mode de scrutin peu équitable, est plutôt conservatrice et a toutes les raisons de le rester longtemps. Changer l'équilibre des forces entre l'exécutif – que la gauche peut occuper – et le législatif – où la seconde Chambre lui échappe – ne serait pas, de mon point de vue, faire le choix du mouvement et du progrès.

Il faut l'admettre : le mécanisme électoral présidentiel a orienté la Constitution dans un sens et cela de façon irréversible. L'opinion ne s'y est pas trompée. Dans la révélatrice élection présidentielle de 1969 qui a conduit à l'élection de Georges Pompidou, elle a à la fois refusé Alain Poher et écarté – à vrai dire sans ambages – le « ticket » Defferre-Mendès France. Alain Poher parce que, pour être élu, le Président doit avoir la trempe d'un chef incontesté de l'exécutif et s'être engagé personnellement sur tous les problèmes de la vie nationale. Le couple Gaston Defferre-Pierre Mendès France, parce qu'il avait pour effet d'introduire une ambiguïté sur la lecture de la Constitution et les rôles respectifs du président de la République et du Premier ministre.

C'est de cette réalité que toute réflexion réformatrice doit partir. Le maintien ou non de l'élection au suffrage universel du président de la République n'étant pas en fait une alternative, il n'y a pas de place pour un véritable contrat de législature renforçant le Premier ministre face au Président. Il n'est pas possible en effet de substituer le contrat politique avec le Parlement au contrat électif avec le peuple. En droit, par le jeu de ses articles, la Constitution ne peut fonctionner avec un Premier ministre fort et un Président faible, sinon ce dernier ne serait pas élu ou alors c'est qu'il renierait ses engagements électifs.

La seule voie de réforme possible – si celle-ci doit être engagée un jour – me paraît donc être celle d'un régime présidentiel à la française. Dans cette perspective, l'Assemblée aurait des pouvoirs accrus, notamment financiers, mais elle ne pourrait empêcher le Cabinet de mettre en œuvre sa politique sous l'autorité du Président. Elle ne saurait s'ériger en contre-pouvoir par la constitution de commissions ou de délégations permanentes, afin qu'elle ne génère pas, par son propre exécutif, un mécanisme de confusion des pouvoirs (à l'instar des comités révolutionnaires de 1793). Elle n'aurait pas l'initiative de la politique menée, notamment pas la maîtrise de l'ordre du jour et l'initiative générale des lois; les lois doivent rester l'assise nécessaire de la politique gouvernementale. Le Parlement ne doit pas concevoir ni mettre en œuvre mais corriger et, le cas échéant, refuser. Le Président garderait le pouvoir de dissolution, pour éviter les blocages. Face à des désaccords circonstanciels ou limités, le Président aurait la ressource de s'incliner ou de différer ou de convaincre et de composer. En cas de refus frontal et de blocage, n'envisager comme seule solution que la démission présidentielle et une éventuelle réélection risquerait de mettre en danger la continuité de l'État. Le Président pourrait donc dissoudre l'Assemblée nationale.

Mais subsiste une question essentielle : le Président peut-il à lui tout seul et sans altérer ses responsabilités premières jouer le rôle de coordination de l'action gouvernementale ? En France, ce n'est nullement évident. Aux États-Unis, la structure fédérale de l'État permet de limiter le nombre et la capacité d'action des départements ministériels. Dans notre pays, en dépit des acquis de la décentralisation, il en va autrement.

La solution préconisée, celle d'un exécutif à une seule tête incarnée par le président de la République, pourrait impliquer que le secrétaire général de la présidence coordonne les modalités d'application de la politique du Président. À condition bien sûr de ne pas en refaire... un Premier ministre. Le Président assumerait pleinement la responsabilité de sa politique.

J'ai donné mon analyse. Mais rien n'autorise à croire qu'une réforme de la Constitution sera engagée en France à courte échéance. Il faudrait soit une grave crise et une forte secousse, soit la montée progressive d'un réel consensus pour qu'un tel événement se produise. Je pense pourtant qu'une telle réforme serait souhaitable, en particulier pour donner unicité et cohérence à l'exécutif, comme dans les autres démocraties. Ainsi, je reste fidèle à ce que j'écrivais, en avril 1985, dans un article donné au *Monde* à propos des institutions de la cinquième République : « Les respecter, oui; les défendre, non; les changer, si possible. »

CHAPITRE 4

MOUVEMENTS SUR LA SCÈNE POLITIQUE FRANÇAISE

Il y a, dans l'affirmation d'un malaise politique français, à la fois un effet de mode et une facilité de pensée : tout malaise ne relève pas du politique. Mais si l'on admet ce malaise et si l'on en cherche les raisons, celles-ci me paraissent d'abord résider dans les modifications profondes intervenues dans notre paysage politique.

Il y a à peine plus de dix ans, nous avions un parti communiste fort, un parti socialiste d'opposition, une droite installée; l'extrême droite et les écologistes n'existaient pas. Depuis, le PC s'est effondré, le PS est au pouvoir, la droite piétine sur son seuil, l'extrême droite prospère et les écologistes durent. Tout cela à travers des fractures, des affaissements, des érosions, des émergences qui ont modifié la topographie, brouillé les repères, interrompu des cheminements politiques auxquels les Français étaient habitués mais dont ils ont eux-mêmes provoqué ou admis le bouleversement.

Le premier bouleversement, et sans doute le plus lourd de conséquences, c'est l'effondrement du PC. Le parti communiste a dominé la gauche française pendant quarante ans, en gros depuis la chute du Front populaire jusqu'au milieu des années soixante-dix. Le plus fort électoralement, le plus puissant syndicalement (avec la CGT), très influent chez les intellectuels – des grands noms de plume, comme Aragon, Eluard, Sartre, Roger Vailland, Claude Roy jusqu'aux universitaires –, il combinait force sociale, certitudes idéologiques et souplesses tactiques. Le grand parti de la gauche, c'était lui ; la capacité de rassemblement militant, c'était lui ; pendant longtemps on parla de la gauche « non communiste », pour désigner pêle-mêle et par défaut un ensemble de formations de gauche – dont le parti socialiste – qui avaient perdu jusqu'à leur drapeau, jusqu'au droit d'arborer leur propre nom.

Le parti communiste ne marquait pas seulement la gauche. Il structurait plus largement la vie politique française. À droite, et notamment chez les gaullistes, il entraînait, suscitait une sorte de fascination : on admirait sa puissance, son organisation, son sérieux, son assurance. Il provoquait aussi la répulsion : on l'assimilait, malgré ses protestations et en raison de son alignement, au modèle politique installé en URSS, on l'utilisait comme un repoussoir dans les batailles électorales. On entretenait avec lui une connivence souvent secrète mais parfois ouverte. Dans les années cinquante et soixante, Malraux pouvait déclarer « qu'entre les communistes et nous, il n'y a rien » ; dans les années soixante-dix, c'est en se berçant de l'illusion que jamais les communistes ne laisseraient les socialistes gagner les élections et venir au pouvoir que Valéry Giscard d'Estaing et Jacques Chirac ont sous-estimé le risque de la défaite pour leur camp. Longtemps a perduré la vieille idée selon laquelle la droite gouvernait, cependant que le parti communiste régnait sur l'opposition et veillait sur la classe ouvrière.

Pendant de longues années en effet, avant que des événements de 1968 ne surgisse la critique gauchiste de l'« embourgeoisement » communiste ou de son alignement sur l'« ordre établi international » voulu par l'URSS, le parti communiste a représenté en France un immense espoir. Pas seulement pour les ouvriers et les catégories sociales populaires qu'il défendait effectivement dans la vie quotidienne, mais aussi pour nombre d'intellectuels qu'aurait dû rebuter son stalinisme dévot mais qu'entraînaient son prestige – notamment celui acquis dans la Résistance – et certaines de ses campagnes : contre la guerre, contre le colonialisme, contre la domination américaine. Vivait aussi, à travers lui, bien qu'assourdi par les avanies bureaucratiques et les oppressions à l'Est, l'écho à la fois lointain et proche de la révolution d'octobre 1917, elle-même écho, roulant à travers l'histoire, de la Révolution française, qui a tant marqué notre culture. L'absence d'un réformisme conséquent, les rapprochements de la SFIO avec les partis conservateurs, l'inexistence d'une perspective raisonnable d'exercice du pouvoir pour la gauche gardaient à cet espoir sa force et son pouvoir d'attraction.

De plus, le parti communiste était presque une « culture ». Il offrait – par ses mairies, ses cercles d'études marxistes, ses universités populaires, la vulgarisation (dans sa presse et ses brochures) de la pensée de ses intellectuels – une culture à ceux qui en étaient dépourvus, n'avaient pas fait d'études ou qui, en ayant fait, cherchaient contre les conformismes et les modes de pensée dominants une contre-culture dans une critique radicale dont ils ne percevaient pas toujours qu'elle était, elle aussi, une orthodoxie. Il épousait aussi une certaine culture populaire, née avant lui, façonnée par l'histoire, ouvrière et urbaine dans les grandes villes et leurs banlieues, paysanne et rurale dans certaines campagnes « rouges » de la France.

Le Paris des quartiers populaires, des métiers, des échoppes et des ouvriers qualifiés, ce Paris bariolé, ménagé encore par la spéculation immobilière et la flambée des loyers, familier et humain, ce Paris de Francis

Carco et de Léo Malet, chanté par Francis Lemarque ou Yves Montand, était particulièrement bien adapté par ses modes de vie et ses modes tout court, par ses sites et par son style, à ce populisme culturel – au bon sens du terme – du parti communiste. Dans cette France des années cinquante, ce parti des années cinquante était particulièrement à l'aise, il était aux couleurs du temps. On pouvait vivre presque toute sa vie – travail, militantisme, culture, loisir, amour, retraite et mort – en son sein. Il campait solidement dans la société, à l'écart et accepté.

Il savait aussi exprimer la protestation, les mouvements de colère, les poussées sociales, les motifs de crainte internationale de l'époque. Non seulement il mobilisait ses militants mais, à l'occasion de telle ou telle campagne – contre la vie chère, contre des expulsions, contre la guerre du Viêt-nam –, il entraînait plus largement des hommes et des femmes moins politisés, que leurs conditions d'existence précaires ou un brusque accès de colère rassemblaient autour de lui et même parfois, pour un temps, en son sein. Il encadrait, organisait, canalisait les mouvements d'une société qui n'avait pas encore vraiment commencé sa modernisation au vent du large. Pour avoir vécu cette période, connu la tentation de cet engagement-là – contrecarrée par quelques lectures, d'autres rencontres militantes et les premières révoltes à l'Est –, je suis bien placé pour en avoir goûté la force, le charme, les limites, et en éprouver parfois la nostalgie, en ces temps de mode uniforme et de sous-culture médiatique.

Ce parti communiste était une référence pour le nouveau parti socialiste en gestation à l'orée des années soixante-dix. Plusieurs d'entre nous se sentaient intellectuellement émancipés à son égard. Nous connaissions le stalinisme et le réprouvions. La réalité du goulag n'était plus ignorée. Nous avions mesuré la prudence du parti communiste au moment de la guerre d'Algérie – quand il avait soigneusement torpillé le mouvement des « rappelés » – et lors des événements de 1968. Mais derrière François Mitterrand, avec peut-être plus d'illusions, moins de maîtrise, plus d'enthousiasme, nous avions senti que nous ne pouvions reconstruire une force socialiste crédible sans nous confronter au parti communiste et à ses militants. Nous avions le sentiment, non seulement qu'il nous donnait de sa force, qu'il était indispensable électoralement pour gagner, mais plus profondément, de façon moins utilitaire, qu'il nous lestait, qu'il nous garantissait, qu'il nous apprenait quelque chose. Ce sentiment était si fort chez beaucoup de militants venus au PS pour l'union de la gauche et pour quelques-uns de nos dirigeants – par exemple au CERES – que certains ont même développé la thèse, lors des ruptures provoquées par le PC après l'élection présidentielle perdue de 1974 que, sans sa présence, nous allions « dévier » de notre route et « aller à droite ». Je n'étais pas de ceux-là.

C'est cet ensemble, cet empire, ce combiné de puissance organisationnelle, de capacités de mobilisation, de certitudes théoriques, de dévouements militants, d'enracinement social et électoral, qui va s'effondrer en dix ans.

Rendre Georges Marchais et le groupe dirigeant qui l'a entouré seuls responsables du déclin du parti communiste ne serait pas honnête. Des causes profondes y poussaient. Mais que la politique de la direction du PC l'ait transformé en débâcle, ait fait de ce tassement un effondrement, voilà qui ne peut être nié.

Les causes objectives de ce déclin sont connues. Elles tiennent d'abord à l'évolution de la France comme société développée. Les progrès économiques réalisés pendant les « trente glorieuses » de la croissance vont à la fois améliorer la situation relative du prolétariat et le modifier. La diminution de la proportion des ouvriers d'usine en raison du développement du secteur tertiaire, l'accroissement du nombre des employés, des techniciens, des ingénieurs et des cadres vont changer la composition du salariat et réduire le nombre de ceux que le parti communiste et la CGT encadrent ou influencent directement. Pour ces nouvelles couches, plus ouvertes, plus mobiles, moins disciplinées, avec de moindres traditions d'organisation, le langage économique du PC – très hexagonal alors que la France s'ouvre sur l'Europe – et son manichéisme social et international apparaissent sommaires et dépassés. Soit le discours du libéralisme qui se développe dans les milieux conservateurs les séduit, soit le langage du réformisme moderne les attire. Signe des temps et menace terrible : au début des années quatre-vingt, plus l'on descend dans les tranches jeunes de la population et moins l'influence du PC se fait sentir. Le PC est comme un chanteur qui vieillit avec son public de fidèles mais sans le renouveler.

A l'extérieur, l'évolution dans le tiers monde et à l'est de l'Europe le dessert.

Le « guérillerisme » s'effondre en Amérique latine sous les coups des dictatures puis devant la renaissance des démocraties. Le tiers-mondisme et l'anti-impérialisme, thèmes accompagnateurs du communisme, vacillent devant les despotismes et la corruption des dirigeants héritiers de la décolonisation.

Mais avant tout, c'est la crise même du communisme, en URSS et dans les pays satellites, qui va infliger au communisme français les coups les plus rudes. D'abord, rien ne semble bouger dans cet ensemble puissant. Au contraire, l'immobilité se fait plus pesante, avec l'orthodoxie paralysante du brejnévisme, ce gouvernement de vieillards, cette maladie de la pierre qui semble frapper le système, à l'instar de son premier dirigeant. Cette fossilisation, face à un capitalisme en pleine mutation, cette incapacité à entreprendre la moindre réforme sont, pour les observateurs les plus lucides, le signe d'une nécrose mortelle. Mais cette puissance immobile, ce hiératisme des comportements impressionnent encore. D'autant que, pour un temps, avec l'occupation de l'Afghanistan, avec telle influence gagnée en Afrique, avec les mésaventures des États-Unis devant l'Iran, avec la montée de la puissance militaire de l'URSS, le rapport de forces paraît, pour les esprits superficiels, évoluer en faveur de l'Est. Pendant cette phase, la perception de l'URSS au sein de la gauche, dans la jeunesse et en milieu populaire s'est modifiée. Les mythes liés à l'aventure révolutionnaire, à la victoire contre le fascisme se sont usés. L'image dictatoriale, répressive pour les oppositions internes, négatrice du droit des peuples, conservatrice dans l'ordre de la culture et de la création, progressivement, s'impose. Les héros, pour la jeunesse, ne sont plus Staline, Tito ou Castro, mais Walesa, Vaclav Havel et Sakharov.

Pendant cette phase de lent enlisement du système communiste et de retournement négatif de son image internationale, la direction du parti communiste français ne saura pas adopter une attitude conséquente. Tantôt elle niera ce qui crève les yeux, tantôt elle avouera les défaillances – mais du bout des lèvres –, tantôt elle semblera amorcer des ruptures ou prendre des distances mais pour opérer ensuite de subites retrouvailles. Jamais elle ne mènera jusqu'au bout une critique radicale du communisme soviétique pour tenter de définir ce que serait un communiste non stalinien, non totalitaire – en URSS, en Tchécoslovaquie ou en Pologne. Elle justifiera jusqu'au bout, c'est-à-dire jusqu'à ce que les événements et les dirigeants des pays de l'Est eux-mêmes lui donnent tort, le parti unique, les syndicats officiels, les élections manipulées, les libertés bafouées. Certes, pour notre pays, elle définissait d'autres perspectives, « aux couleurs de la France », elle signait le programme commun, elle acceptait de gouverner avec nous de 1981 à 1984. Mais ces prises de position ne pouvaient être totalement convaincantes, puisque la dénonciation de ce que l'on perpétrait au nom du communisme là où celui-ci régnait, n'était pas faite, puisque son bilan était jugé « globalement positif ».

On touche là aux responsabilités propres de la direction du parti communiste français, aux causes subjectives de son déclin brutal. Jamais, même aux lendemains de la Libération, et malgré la puissance que j'ai rappelée, le parti communiste français n'a eu l'enracinement social, le rayonnement culturel, la souplesse de comportement, en un mot la culture et l'intelligence politiques de son homologue italien. Son anti-intellectualisme, son ouvriérisme – qui n'était pas celui d'une certaine tradition de l'ouvrier français autodidacte, indépendant et un tantinet anarcho-syndicaliste –, sa méfiance à l'égard des personnalités trop fortes, trop brillantes, trop populaires auprès des militants ou trop exemplaires, singulièrement pour leur action dans la Résistance, bref, à l'égard de quiconque était susceptible de porter ombrage au tout-puissant secrétaire général, tout cela a conduit à des modes de sélection des cadres qui privilégiaient les tempéraments disciplinés, conformistes, obéissants, plutôt que les fortes têtes ou les pensées originales. En outre, c'est dans l'indéfectible fidélité à l'URSS plutôt que dans son enracinement national – pourtant réel – que le PC français a voulu forger sa marque de fabrique.

Il était pourtant au début des années soixante-dix, quand Waldeck-Rochet a voulu amorcer sa rénovation, la plus grande force de la gauche. Je ne sais si une auto-réforme du parti communiste était réellement concevable, s'il était possible de l'apurer de son stalinisme, c'est-à-dire d'abolir le centralisme démocratique, d'autoriser pleinement les libres discussions voire les tendances, de lui faire réanalyser sans tabou le réel et abandonner le dogme de l'infaillibilité de ses dirigeants. Il est difficile d'imaginer ce qu'aurait pu être, ce que serait aujourd'hui un parti ainsi rénové. Mais force est de constater que le mouvement de réforme s'est arrêté, que la maladie de Waldeck-Rochet et sa succession par Georges Marchais ont marqué l'enlisement du processus. Certes, le programme commun a été signé en 1972, la discipline républicaine a été généralisée aux élections législatives de 1973, une campagne commune a été menée derrière la candidature unique de François Mitterrand en 1974. Mais dès l'automne 1974, à l'issue d'élections partielles jugées trop favorables au parti socialiste, la polémique à l'égard de celui-ci a commencé. Et, ce qui à mes yeux est le plus important, la réforme de la vie interne et des modes de pensée du PC a été stoppée net.

Ce qui frappe, dans la chronique de la désunion entre le PC et le PS – chronique que j'ai à l'époque analysée de près –, c'est que jamais la direction du PC n'a été capable de se tenir à un cap, de choisir une stratégie. Tout au contraire, elle en a essayé successivement et parfois simultanément plusieurs, au point finalement de cumuler les inconvénients de chacune. En 1974, les communistes s'éloignent ; en 1975, ils rompent ; en 1977, ils reviennent pour préserver leurs mairies aux municipales ; en 1978, ils nous combattent mais bâclent un accord factice pour le deuxième tour des législatives; en 1981, à l'occasion de la présidentielle, ils nous déclarent « pires que la droite », pour virer à nouveau après le premier tour et la fuite de leur électorat, et faire élire François Mitterrand; ils viennent au gouvernement mais en partent en 1984. Dénonciations et ralliements, brouilles et réconciliations se succèdent, dans une démarche en zigzag, au milieu des contradictions que manifeste la différence des explications chaque fois avancées. Une telle attitude, outre qu'elle désorientera leurs militants et leurs électeurs, rendra peu crédibles les attaques, déjà en elles-mêmes excessives, portées contre le parti socialiste, dénoncé pour son intention de s'allier avec la droite, alors qu'il la critique constamment pendant la période des gouvernements Giscard-Chirac puis Barre.

Il est malaisé de faire la part de ce qui, dans cette attitude, relevait de la part du PC de l'opportunisme pur et simple – faire ce qui arrange à un moment donné sans souci de la lisibilité de l'ensemble – et de ce qui traduisait, en dépit d'un langage assuré voire arrogant, une incertitude sur ce qu'il convenait de faire par rapport à ce partenaire déroutant qu'était le parti socialiste. L'idée était de nous imposer une épreuve de force. Il s'agissait non seulement de procéder à notre dénonciation mais, en nous dérobant soudain la perspective du pouvoir, soit de nous amener à céder à ses exigences – ce qui nous aurait décrédibilisés –, soit de nous « casser », en provoquant en notre sein des divisions, puis des ralliements à la droite. Tout fonder sur une stratégie aussi simpliste était nous sous-estimer grandement. Nous savions que nous ne pouvions pas céder à ses exigences – nationalisations à la carte, octroi de postes décisifs au gouvernement, politique de défense neutraliste – car c'était perdre notre autonomie, notre crédit, et nous ôter toute chance de conquérir le pouvoir. Mais nous n'entendions en rien aller là où le PC nous accusait de vouloir tendre : l'alliance avec la droite. Car ni notre génération, instruite par l'expérience, ni François Mitterrand, qui avait accepté dès 1958, par conviction, d'être durablement éloigné du pouvoir, n'avaient la tentation de servir d'appoint à la droite. Notre objectif était de la remplacer.

Pour avoir une chance de gagner son pari, la direction du PC aurait dû avoir assez de détermination et de nerfs pour jouer son va-tout et pousser l'expérience jusqu'au bout, quels qu'en fussent les risques pour elle, afin qu'ils fussent plus grands encore pour nous. Cela, elle n'en était pas capable et nous avons été un certain nombre à le pressentir, malgré les hésitations de quelques-uns des nôtres et les espérances de la droite. Pour nous vaincre, plusieurs conditions étaient requises : que le PC ne s'efface pas derrière la candidature de François Mitterrand en 1974, qu'il accepte de perdre de nombreuses mairies en 1977 et de nombreux députés en 1978, qu'il provoque la défaite de François Mitterrand au second tour de l'élection présidentielle de 1981, même au prix de la défection de l'essentiel de son électorat. Sa direction, visiblement, ne le pouvait pas. Ou elle nous a gravement sous-estimés ou elle avait elle-même perdu toute confiance en son destin historique ou l'affaiblissement de la droite lui a fait penser qu'elle devait prendre quelques assurances de notre côté, dans l'hypothèse où nous gagnerions quand même. En tout état de cause, elle n'avait aucune chance de nous faire plier en jouant le « classe contre classe » pendant deux ans, et la « discipline républicaine » l'année d'après. Pendant toute la période qui s'étend depuis la guerre, il est frappant de voir que le PC français n'a jamais été jusqu'au bout d'aucune des logiques qui ont été successivement les siennes, qu'il n'a jamais été à la hauteur des circonstances historiques qui se présentaient à lui et parfois même qu'il avait forgées. A la Libération, il désarme ses partisans et rentre dans le rang. Plus tard, alors qu'il a bâti sa force dans l'opposition – et après nous avoir cruellement critiqués –, il accepte de venir au pouvoir avec nous en 1981. Enfin, alors qu'il a décidé de gouverner, il y renonce trois ans plus tard.

Ces volte-face du groupe dirigeant, l'indigence des explications théoriques proposées pour ces revirements successifs, la confiance naïve placée dans la capacité médiatique prêtée à son leader Georges Marchais, tous ces facteurs ont accentué la tendance au déclin qui affectait le parti communiste.

Il y a toute raison de penser que cette chute va se poursuivre. Non seulement parce que le système communiste est-européen s'est effondré et que l'Empire soviétique se fissure. À soi seule, une telle évolution est mortelle pour la crédibilité des perspectives historiques que le PCF peut offrir à ses militants. Il y a eu l'époque, désormais lointaine, où ceux-ci croyaient que le Parti ferait la révolution seul; il y eut celle des années soixante-dix où il leur a été dit qu'il exercerait le pouvoir avec nous et qu'il serait le plus fort. Il y eu le discours tenu aux militants entre 1984 et 1990, selon lequel le rapport de forces international penchait en faveur du camp communiste, ce qui ferait qu'à terme la victoire viendrait de l'extérieur. Un tel discours n'a plus de sens au moment où le monde communiste redécouvre le capitalisme.

Aujourd'hui, une fois de plus, aucun bilan n'est dressé, aucune analyse théorique n'est fournie par le PC. Il est étonnant de voir son leader affirmer à la télévision que l'URSS les a trompés sur la réalité, saisissant de lire dans *L'Humanité* des critiques « de gauche » sur les événements qui ont lieu en Pologne ou en Hongrie, confondant de voir le parti communiste se raccrocher à Fidel Castro comme à un dernier modèle, au moment où la référence à Gorbatchev se dérobe ou lui paraît incertaine.

Cette histoire d'un désastre n'a nulle raison de faire sourire. Et elle n'est pas sans conséquences sur notre vie politique actuelle. Certes, on ne doit pas regretter le reflux des thèses staliniennes, la fin de leur domination sur la gauche, le chemin ainsi dégagé pour sa victoire. Mais le PC, c'était aussi un formidable réservoir de militantisme, une représentation d'une bonne partie de la classe ouvrière, une volonté de lutter effectivement et efficacement contre l'exploitation et les injustices, la défense d'un certain nombre de valeurs, une organisation des milieux populaires. Le parti socialiste n'a souvent pas été capable de remplir ce rôle. Une référence s'est perdue, un vide s'est créé, l'expression de la protestation confuse mais exigeante des oubliés, des maltraités dans notre société s'est en partie tarie. À moins qu'elle ne s'exprime, comme on le constate dans nos banlieues, par la pure violence. C'est un élément de trouble pour notre vie politique, un espace laissé à d'autres, qui ne viennent pas du même horizon et ne se battent pas pour la même cause.

J'ai dit désastre : le mot n'est pas trop fort. Une réforme avortée ou remise, ce n'est pas si grave. On regrette, on attend, on espère. On reste dans le relatif. Mais un absolu profané, une religion politique trahie, un espoir présenté comme immense abandonné, c'est effectivement un désastre pour ceux qui y ont cru. Cela laisse chez eux un goût de cendre, une profonde désillusion, parfois du désespoir. C'est ce sentiment que l'on découvre chez beaucoup d'anciens communistes – et qui les rend peu disponibles pour autre chose, pour un autre recommencement –, c'est ce désarroi que l'on devine chez beaucoup de responsables ou de militants actuels, qui le taisent encore.

Le parti socialiste ou la modification

L'autre profond changement dans la vie politique française concerne le parti socialiste. Il s'agit là d'analyser une véritable « modification ». Schématiquement, on peut distinguer trois phases dans l'histoire du PS depuis vingt ans : l'affirmation, la révision, l'immobilisation.

L'affirmation

La première phase, celle de l'affirmation, est presque entièrement positive. Non que l'expansion socialiste ait été automatique ou irrésistible. Je souris en voyant des observateurs décrire, rétrospectivement, comme inéluctablement triomphale la voie qui a conduit François Mitterrand, en dix ans, du congrès fondateur d'Épinay à la victoire présidentielle de 1981. Je pourrais rappeler à certains de ces commentateurs ce qu'ils écrivaient à notre propos, à la veille de 1981, notamment quand nous avons choisi comme candidat à la présidence François Mitterrand plutôt que Michel Rocard. Je n'ai pas oublié les portraits de « Coluche candidat » qu'affichaient certains hebdomadaires pour tourner, déjà, la politique en dérision. Et je peux témoigner de combien de doutes, de découragements, de désillusions, d'incrédulité nous avons été habités avant ce soir du 10 mai 1981 où le peuple français a choisi ce qu'il avait jusqu'alors refusé. Je sais bien que ce n'est pas par coquetterie qu'à certains moments de l'année 1980 – après ce si difficile et nécessaire congrès de Metz – François Mitterrand déclarait se battre non point tant pour la victoire à l'élection présidentielle que pour la poursuite de l'aventure engagée autour de lui par le parti socialiste. Nous aurions pu perdre. Mais le mouvement qui nous entraîna pendant ces dix ans fut, je l'ai dit, presque toujours positif. Il naissait d'un changement important du paysage politique. Dans le champ où végétait une SFIO fidèle à une vieille et belle tradition mais stagnante, déconsidérée, sans dynamisme interne et sans perspective, se développait un parti, petit encore, hétéroclite dans ses composantes, mais vivant, débattant, intéressant les médias, réveillant des énergies, conquérant des couches nouvelles et croquant à belles dents un espace plus grand.

C'était un changement mais il était attendu. Il y avait une exception, une sorte d'anormalité par rapport aux démocraties de l'Ouest et du Nord dans le cas français, avec ce parti socialiste si faible et ce PC si fort. Cela devait bouger. D'autant que beaucoup d'hommes et de femmes, de militants, de cadres et d'élus potentiels étaient dans l'attente, disponibles pour un engagement. Certains étaient à la SFIO, d'autres au PSU ou dans des petits groupes comme la Convention des institutions républicaines; certains avaient été au PC, d'autres dans des groupes gauchistes, d'autres encore avaient été syndicalistes ou combattants anonymes des luttes de la gauche – contre la guerre d'Algérie, la guerre du Viêt-nam, pour la laïcité en 1958-1959, dans les mouvements de 1968 –, une partie venait de milieux chrétiens qui découvraient le progressisme. Vétérans ou néophytes, ils avaient besoin d'une cause, d'un cadre et d'un leader pour agir. Ils étaient apparemment tous neufs mais en réalité expérimentés, sincères, mi-idéalistes, mi-réalistes. Ils supportaient de perdre – cela avait toujours été leur cas – mais ils espéraient gagner et étaient prêts à s'en donner les moyens.

Pendant dix ans, nous avons fait beaucoup de choses autour de François Mitterrand. Lui qui n'avait jusque-là jamais milité que dans de petites formations politiques (l'UDSR, la CIR) a rassemblé les socialistes. Quelques uns sont partis, c'est vrai, aux élections de 1971 et 1973 parce qu'ils n'acceptaient pas la stratégie d'union de la gauche et la rupture qu'elle leur imposait avec leurs alliances, le plus souvent municipales, de « troisième force » (Alduy, Max Lejeune...), et ceux-là sont en général restés à droite. C'était le prix à payer et le signe symbolique qu'il fallait donner pour la rupture avec le passé. Mais tous les autres, qui venaient d'histoires ou de structures différentes, ont su apprendre à vivre ensemble. Le rôle fédérateur de François Mitterrand, sa patience, sa souplesse, mais en même temps sa détermination à ne pas se laisser détourner de sa voie furent alors irremplaçables.

Avec ces socialistes divers et de nouveaux militants, nous avons rebâti une organisation nationale. La SFIO n'était restée puissante que dans ses bastions régionaux (le Nord-Pas-de-Calais, le Midi méditerranéen par exemple), mais elle était absente de zones entières (l'Ouest et l'Est, Paris) et ailleurs, bien souvent, sa présence était réduite à des notables ou à un appareil. Ses sections ne vivaient guère, la moyenne d'âge de ses adhérents était élevée, elle était incapable de rassembler dans les meetings, de tenir une manifestation ou de mener des campagnes dignes de ce nom. Nous avons progressivement changé tout cela, imposé dans les rues et sur les murs notre sigle « le poing et la rose », construit un centre d'impulsion nationale avec de nouveaux responsables (Sarre, Chevènement, Motchane, Joxe, Mermaz, Estier, M.T. Eyquem, Taddei, Pronteau, Bérégovoy, moi-même, d'autres encore...) rejoignant des anciens (Mauroy, Jaquet, Gazier, Pontillon, Fajardie...), formé des générations de nouveaux cadres fédéraux et locaux, élargi et renouvelé nos relations internationales. Nous faisions en effet progressivement admettre, dans l'Internationale socialiste, contre le scepticisme premier, notre originalité, notre stratégie si particulière d'alliance avec le parti communiste et notre prétention un peu étonnante à vouloir, un jour, gouverner ce pays compliqué, marqué par la révolution mais conservateur, qu'on appelle la France. À travers les liens amicaux noués avec Willy Brandt, Bruno Kreisky, Olof Palme, Felipe González, Mario Soares, Shimon Peres, Bettino Craxi, Léopold Senghor, Carlos Andrés Pérez..., – qui tous un jour ou l'autre furent au pouvoir dans leur propre pays –, le rôle de François Mitterrand dans cette reconnaissance internationale du PS fut là encore décisif.

Dans le même temps où nous nous dotions d'une véritable organisation, apte à mener des campagnes de masse, à rassembler plusieurs milliers de personnes, à assurer l'ordre dans des manifestations de rue, à avoir des sections et souvent des sièges dans chaque petite ville, nous commencions à animer un débat d'idées, à renouveler la vie politique française. Nous engagions une discussion sur les nationalisations, nous évoquions la « rupture avec le capitalisme », nous donnions une force évocatrice à des concepts comme l' « autogestion » ou le « front de classe », nous reparlions d'exploitation et de lutte des classes, d'impérialisme, nous condamnions la peine de mort, en somme nous labourions et semions dans le champ des idées, disputant le terrain au PC, aux gauchistes, à la droite, avec beaucoup d'éclectisme, des contradictions, une certaine emphase, mais avec conviction et un réel pouvoir de séduction.

La presse, les médias s'intéressaient à nous et à l'action de François Mitterrand. Ils suivaient ses conférences de presse, les propositions de ses « experts », celles de nos commissions et de nos colloques. Ils auscultaient nos débats internes, brodaient sur nos querelles (avec l'impertinent CERES, avec un séduisant et ambitieux nouveau venu, Michel Rocard), ils commentaient nos premiers grands succès dans les élections locales (1976, 1977, 1979), supputaient nos chances de remporter de telles victoires dans les élections pour le pouvoir central : législatives (deux échecs en 1973 et 1978) et présidentielle (une défaite de justesse en 1974). Ils se délectaient de nos démêlés avec le parti communiste, nous donnaient battus – fascinés qu'ils étaient souvent par le PC – mais admiraient notre résistance. Nous les irritions, les étonnions, les décevions – déjà! – mais ils ne pouvaient nous ignorer et certains nous aimaient bien. Nous avions imposé un style, militant et technicien, pragmatique et lyrique, collectif et présidentialiste, qui était bien fait pour contester la cinquième République essoufflée sous la droite tout en épousant ses règles. Nous avions su communiquer. Nous étions devenus « incontournables ». Sans doute même étions-nous à la mode.

La révision

Aussi importante et plus controversée est la deuxième phase, celle que j'appelle la « révision ».

En réalité, elle n'a pas commencé en 1981. Cette culture de la révision avait déjà marqué le nouveau parti socialiste sur deux points essentiels : l'acceptation des institutions de la cinquième République (malgré nos critiques et la volonté de les faire vivre autrement) et le ralliement à la dissuasion nucléaire. Sans doute y avait-il, dans ces abandons des positions initiales de François Mitterrand ou de la tradition de la SFIO des concessions à des réalités imposées et la volonté de lever des obstacles sur la route du pouvoir.

Mais justement, le pouvoir nous en imposa d'autres. Certes nous mîmes un point d'honneur à appliquer notre programme, c'est-à-dire les 110 propositions de François Mitterrand : nationalisations, décentralisation, mesures sociales, abolition de la peine de mort, etc. Mais rapidement, nous en donnâmes une interprétation purement comptable, comme si le fait de réaliser, en tant de mois, 70, 80, 100 propositions sur 110 pesait du même poids que notre changement de politique économique en 1983. Sur plusieurs points, nous avons dû changer sous le joug des nécessités. Celles-ci furent essentiellement économiques mais aussi européennes et internationales, liées aux faits mais aussi aux perceptions collectives de notre politique. A propos du débat économique et social entraîné par le « tournant de la rigueur », il a souvent été affirmé que Michel Rocard avait eu raison contre François Mitterrand et le courant majoritaire du parti socialiste avant 1981. Son seul tort aurait été d'avoir eu raison trop tôt et nous nous serions épargné beaucoup de déconvenues si nous avions voulu admettre qu'il avait vu juste sur le coût des nationalisations, le poids des premières mesures sociales, les contraintes de l'économie ouverte, les insuffisances de notre appareil de production et le réalisme à introduire dans notre abord des questions économiques. Quand on voit sur quelles bases Jacques Delors a conduit le tournant de la rigueur, quand on considère la politique économique et monétaire que mène Pierre Bérégovoy aujourd'hui, il est difficile de nier qu'il y ait du vrai dans cette affirmation. Même si je connais, sans la partager tout à fait, la thèse de Pierre Mauroy qui, en tant qu'ancien Premier ministre de l'époque, prétend que seules les grandes réformes et les mesures sociales du début du septennat ont permis de faire accepter ensuite le tournant de la politique d'austérité.

Économiquement, je ne trancherai pas ce débat : ne pouvions-nous réduire l'amplitude de ce flux et de ce reflux ? Moins de mesures sociales au début n'auraient-elles pas entraîné moins de rigueur ensuite ? Politiquement, il est sûr que les frustrations et les attentes en milieu populaire étaient telles en 1981 qu'il était difficile de ne pas y répondre immédiatement.

Il est évident qu'en matière de réformes, nous avons eu un problème de gestion du temps. Nous avions en tête cette fameuse « rupture avec le capitalisme » – dont on ne peut pas dire d'ailleurs, avec le recul, que nous l'ayons poussée au-delà d'un seuil très raisonnable. Nous étions marqués par plusieurs expériences historiques – dont celle du Front populaire –, lors desquelles la politique de réforme de la gauche s'était enlisée, avait été bloquée, voire brutalement interrompue. Confusément peut-être pensions-nous n'avoir pas beaucoup de temps devant nous. Ou alors n'étions-nous pas suffisamment confiants en notre propre détermination et doutions-nous d'être capables de faire plus tard ce que nous n'aurions pas fait dans les premiers mois de notre venue au pouvoir. On se souvient de déclarations de Jean-Pierre Chevènement mais aussi de Gaston Defferre ou de François Mitterrand sur la nécessité de faire l'essentiel, dans les cent premiers jours pour les uns, dans les six premiers mois pour les autres. Nous n'avions pas en tête l'idée d'une programmation progressive, d'une régulation dans le temps de nos réformes. Nous voulions tout de suite jeter l'essentiel de notre bois dans le feu, afin que la flambée soit haute et claire, pour qu'elle éclaire notre route et qu'elle montre à tous, en France, voire hors de France, à quel point nous agissions.

Avons-nous eu raison ou tort ? C'est difficile de trancher après coup. Assez tôt, nous nous sommes dit que beaucoup de nos réformes avaient eu moins d'impact pour avoir été réalisées en même temps, et que nous les aurions peut-être mieux fait valoir dans l'opinion, si nous en avions fractionné, distillé la mise en œuvre. Certaines personnalités conservatrices avaient su naguère se faire passer pour réformatrices à moindres frais, en faisant parler d'une réforme isolée pendant des mois. Avec nous au contraire, l'impact d'une réforme neutralisait l'effet d'une autre ; tout apparaissait comme un dû – en tout cas à l'opinion de gauche – et après cette phase généreuse l'arrêt des réformes fut plus fortement ressenti.

À l'inverse, certains tiennent que nombre des changements réalisés dans la période 1981-1983 n'auraient pu l'être dans la période 1984-1986 qui ne s'y prêtait ni par la conjoncture ni par le style du gouvernement. J'ai tiré pour moi-même des leçons de cette expérience, dans mon action au ministère de l'Éducation nationale, en m'efforçant d'intégrer cette notion du temps pour faire évoluer le système méthodiquement, progressivement et sans à-coup. Mais revenons au choix fait par le parti socialiste en faveur de François Mitterrand comme candidat à l'élection présidentielle en 1979-1980 au détriment de Michel Rocard, et subsidiairement à la question de savoir si Michel Rocard avait eu raison contre François Mitterrand. Les amitiés personnelles, les compagnonnages historiques, les appartenances de groupe ont naturellement pris leur part dans le choix fait à ce moment-là. François Mitterrand était l'homme qui avait redressé le parti socialiste ; il l'animait depuis huit ans, l'avait sillonné en tous sens, en connaissait presque tous les responsables. Il existait donc un lien d'appropriation réciproque très fort entre le parti socialiste et son premier secrétaire. Michel Rocard, qui nous avait rejoints après 1974, était encore perçu comme un « nouveau venu ». Il était certes considéré comme un socialiste d'origine, à cause de son engagement de jeunesse constamment maintenu, mais comme le socialiste d'un petit groupe voisin (le PSU en dilution) qui nous avait critiqués et qui avait récusé notre choix stratégique : revivifier la vieille SFIO et nous allier avec le parti communiste, au moment où la justesse de ce choix était rien moins que certaine. Nous l'avions accueilli avec plaisir dans nos rangs – malgré les réticences de certains. Le mouvement de la « deuxième gauche » vers nous parachevait notre politique de rassemblement des socialistes. Mais nous n'étions pas prêts à le voir nous représenter, en 1981, dans la confrontation de l'élection présidentielle. En tout cas si François Mitterrand était candidat. Celui-ci nous apparaissait plus mûr, mieux préparé, nationalement et internationalement, pour ce combat, davantage susceptible de convaincre, malgré la popularité plus grande dans les sondages de Michel Rocard. Et puis nous épousions ses principaux choix politiques que nous avions contribué à former avec lui, et nous approuvions la façon dont il les exprimait. Sa conception des nationalisations (à 100 % plutôt qu'à 51 %), son approche économique plus volontariste, où le politique primait l'économisme, où le social était considéré comme un atout pour l'économie plutôt que comme un frein ou une charge, et l'importance qu'il attachait au pouvoir de l'État contre la théorie à la mode de l'« occupation des pouvoirs » convenaient beaucoup mieux à nos convictions, peut-être à nos illusions, en tout cas à notre sensibilité de l'époque.

Une question fut décisive : celle de la stratégie politique. À tort ou à raison, nous suspections nos amis rocardiens d'être moins attachés que nous à la stratégie d'union de la gauche, de se résigner plus aisément à sa désagrégation, de tenir pour un fait accompli le refus du PC de revenir vers nous, de rêver d'une stratégie plus autonome du parti socialiste et, qui sait, d'autres alliances. Nous n'étions pas plus philo-communistes ni plus naïfs, ni plus faibles à l'égard du parti communiste. Nous l'avions suffisamment pratiqué et étudié pour savoir à quoi nous en tenir – je pense notamment aux différents « rapports sur les relations PS-PC » que j'avais rédigés. Mais nous nous sentions engagés – avec François Mitterrand – dans une partie très difficile, très subtile; nous commencions à pressentir qu'en ne cédant pas à ses pressions, mais en gardant précieusement en nos mains le « talisman » de l'union de la gauche, nous étions en train de placer la direction du PC dans une position intenable. J'imagine qu'aux yeux des observateurs lucides de l'époque, il devait apparaître que cette direction elle aussi jouait avec nous; mais les cartes les plus fortes commençaient à se grouper dans nos mains. Ce n'était pas le moment de voir le jeu bouleversé, de laisser introduire une incertitude sur la ligne – celle d'union de la gauche – que nous avions constamment maintenue, d'offrir un prétexte à la direction du PCF. Or nous savions tous – François Mitterrand et Georges Marchais les premiers – que François Mitterrand serait dans un deuxième tour beaucoup plus difficile à récuser et à combattre que Michel Rocard. Depuis 1971, et plus encore depuis la candidature unique de 1974, il était, pour l'électorat populaire, l'homme de l'union de la gauche.

Certains peuvent penser que Valéry Giscard d'Estaing était de toute façon usé, que les divisions de la droite et les arrière-pensées de Jacques Chirac auraient en toute hypothèse joué leur rôle et qu'en 1981 Michel Rocard aurait, comme François Mitterrand, gagné l'élection présidentielle. Je ne suis pas de ceux-là. Il fallait d'abord rassembler les socialistes, puis rassembler la gauche – c'est-à-dire rendre impossible le jeu de la direction communiste – pour battre la droite en 1981. Michel Rocard n'était sans doute pas en situation de le réaliser; François Mitterrand l'était.

Dès lors, à la question de savoir qui des deux hommes, avait ou a eu raison, je réponds, au-delà des préférences personnelles, de la façon suivante : à considérer la politique économique et sociale que nous avons suivie à partir de 1983 et plus encore entre 1984 et 1986, puis celle que conduit depuis 1988 Pierre Bérégovoy, sous l'autorité de Michel Rocard puis d'Édith Cresson, il faut admettre que Michel Rocard a eu raison, avant nous, sur plusieurs points économiques essentiels. Pour mieux dire, nous lui avons donné raison, après coup, sur ces mêmes points. Ce n'est pas qu'il ne reste rien, si on les actualise, des débats et des différends qui, dans l'ordre économique et social, ont opposé dans les années 1980 ce qu'on a appelé le « rocardisme » et le « mitterrandisme ». Des écarts et des nuances subsistent qui sont comme le prolongement d'anciennes discussions passionnées. Mais force est de constater que c'est aujourd'hui peu de chose. À moins que nous ne soyons capables, dans la situation nouvelle où nous sommes et en des termes actuels, de retrouver ce qui fit la force et l'originalité du message économique et politique du socialisme mitterrandien du début des années quatre-vingt. Est-il impossible de le concevoir ? Je n'en suis pas sûr. J'aurai l'occasion d'y revenir dans ce livre. Mais tant que nous ne saurons ni le forger ni le mettre en pratique, n'affirmons pas des différences qui ne sont plus, pour simplement se montrer fidèles à un passé !

En revanche, et pour conclure sur ce point, je suis intimement convaincu qu'avec l'approche économique, politique et stratégique qui était celle de Michel Rocard et de ses amis en 1979-1980, nous n'aurions pas gagné en 1981, car nous n'aurions pas pu rassembler la gauche. En 1981, le politique a pris le pas sur l'économique. On sait que l'économie s'est vengée depuis.

En tout cas, cette phase de considérable révision a eu, pour la gauche socialiste, des conséquences culturelles et politiques extrêmement importantes.

La France et plus encore la gauche française sont à l'intersection de deux influences : celle de la Révolution, celle de la religion catholique. La culture révolutionnaire héritée de 1789-1793, des ruptures et des soubresauts du

XIXe siècle, réactualisée par le prestige d'octobre 1917 et le discours communiste a imprégné toute la gauche française, bien au-delà du PC et des groupes d'extrême gauche. Il faut voir avec quelles précautions de langage, avec quels dégradés théoriques, les réformistes français ont assumé, dans les années vingt et trente, leur rupture avec la voie bolchevique, leur acceptation du réformisme, leur ralliement à ce que, à l'époque de Bernstein, on appelait le « révisionnisme ». En 1936, Léon Blum parlait encore de « dictature du prolétariat », même s'il en modifiait le sens. En 1971, dans la déclaration de principe héritée de la SFIO, le parti socialiste était encore défini comme parti « révolutionnaire ». Certes, dans la pratique, il en allait différemment mais il fallait nier dans le langage ce que l'on concédait à la réalité, d'où ce double discours qui caractérisait les textes socialistes.

Dans une telle conception, la référence au communisme restait décisive, même s'il s'agissait de s'en éloigner ou de s'en défendre. La voie réformiste était elle-même marquée par la méthodologie révolutionnaire. On l'a vu à propos de la conception du temps en politique et de cette idée selon laquelle il fallait agir très vite et fort si l'on voulait changer quelque chose. La vision prévalait, même dans le réformisme, d'une rupture à accomplir, d'une césure qui devait se manifester dans l'histoire, d'un mouvement brusque et rapide – seule garantie contre la tentation de l'immobilisme ou du renoncement. Nous avons abandonné cette conception, quand nous avons fait, concrètement, cette expérience qu'aucun de nos devanciers français n'avaient connue : quand, au lieu de quitter le pouvoir très vite, nous nous sommes succédé à nous-mêmes. Alors nous avons compris que nous étions désormais entrés dans la durée. Jusque-là, le temps qui nous était donné était bref, et le temps long était donné aux autres. Nos instruments de mesure, nos critères de jugement étaient faits pour des rythmes rapides, pour des passages éphémères. Il a fallu changer cela.

À cette culture révolutionnaire s'accordait très bien, paradoxalement, l'imprégnation catholique de notre société.

Dans l'idée de révolution, il y a toujours l'idée de la trahison potentielle de la révolution, la croyance en un idéal dont il est presque impossible de se montrer digne. La révolution « dévore ses enfants », la révolution a forcément son « thermidor », la révolution a ses héros, ses martyrs et ses traîtres. L'équivalent chrétien de la trahison révolutionnaire, c'est la faute qui crée la culpabilité.

Pour la religion, surtout catholique et dans sa version la plus simple, l'homme est un homme déchu. Chassé originellement du paradis, il agit, mais il reste sur terre un coupable dont le salut n'est jamais certain. On voit comment une telle conception, très prégnante chez beaucoup de militants chrétiens ayant rejoint la gauche, proches du PC, ralliés au PS ou agissant dans le syndicalisme, pouvait venir à l'appui de la culture révolutionnaire. L'idée qu'on ne peut gouverner innocemment, que le pouvoir corrompt (et cela arrive), le sentiment d'un décalage profond et décevant entre l'action politique réelle et l'absolu du « paradis perdu » ou de la « révolution rêvée » ont longtemps dominé la psychologie d'une certaine gauche française. L'historien Philippe Robrieux, à travers les portraits qu'il a tracés d'un certain nombre de dirigeants communistes d'obédience stalinienne, a montré que plusieurs d'entre eux – à commencer par Staline – avaient eu une imprégnation religieuse précoce. De même que bon nombre de catholiques ont transposé leur religiosité et leur soif d'absolu dans l'engagement au parti communiste, tel qu'il était pratiqué dans les années cinquante.

Tout autre est la tradition anglo-saxonne ou nordique des pays où le protestantisme domine, où la social-démocratie est forte, où le pouvoir est relativisé plutôt que sacralisé, où le réformisme est revendiqué et non honteux. Le propre du révolutionnaire, c'est de préparer ou de faire la révolution. Comment agir quand la révolution n'est plus ou n'est pas à faire ? Introduire la dimension de la faute, du péché en politique, alors que le problème est de fixer les règles d'une éthique de l'action dans une démocratie où la responsabilité des gouvernants peut être mise en cause, est une attitude régressive. C'est une bonne chose, à mon sens, que la gauche socialiste se soit émancipée de ces deux influences. Encore faut-il, cependant, qu'un tel affranchissement ne la conduise pas à l'immobilisme, à l'absence d'exigences et de perspectives.

L'immobilisation

Et c'est là qu'il faut se demander si les socialistes ne sont pas parvenus à un troisième stade qu'il faut souhaiter provisoire : celui de l'immobilisation.

La phase de révision n'était pas négative. Elle alimentait controverses et débats. Il reste de cette période le souvenir d'une recherche et d'un questionnement.

Il n'est pas certain qu'il en aille de même depuis 1988. Pendant un temps, la victoire nous a suffi. Elle était si peu certaine en 1986, quand commença la cohabitation, que la façon tranquille, irrécusable, avec laquelle au bout de deux ans, fut réélu François Mitterrand nous a réconfortés, étonnés aussi. Dans l'instant, le processus paraissait naturel, mais le ressort des motivations de notre peuple restait tout de même un peu mystérieux. Nous ayant élus, aimés, puis rejetés et battus, pourquoi voulait-il à nouveau du premier d'entre nous ? L'examen de la période de cohabitation – un peu plus tard dans ce récit – nous aidera peut-être à démêler ce mystère. En tout cas, dans un premier temps, nous nous sommes contentés de goûter notre retour au pouvoir dans un climat de discrète euphorie, comme si étaient venus des temps apaisés. Nous nous sommes mis au travail, chacun dans notre sphère de compétence. Et le parti socialiste, choisissant Pierre Mauroy plutôt que Laurent Fabius dans son comité directeur de mai 1988, a cru faire au prix de légers froissements le choix le plus raisonnable pour presque tous.

Le fait de gérer, même positivement, le fait d'avoir eu en même temps au pouvoir pendant trois ans, dans les deux grandes fonctions de l'exécutif, les deux hommes qui avaient incarné les « deux cultures » du socialisme récent ne s'est pas révélésuffisant pour satisfaire la gauche et l'opinion en général. On attendait autre chose de nous que d'être un parti de pouvoir. Nous restions investis d'une mission imprécise de transformation, de changement, que ni la réussite calédonienne, ni la mise en place du revenu minimal garanti, ni les hausses ponctuelles de salaires consenties à la suite de conflits, ni la maîtrise des prix, ni les efforts et les réformes accomplis dans l'enseignement ne suffisaient à satisfaire. Beaucoup dès 1989 nous trouvaient immobiles, enfermés dans la gestion, trop orthodoxes en matière économique.

C'est dans ce contexte que s'est ouverte, préparée et conclue la période dite du congrès de Rennes. Elle aurait pu être utile pour le parti socialiste et par ricochet pour le gouvernement, si elle avait conduit à un débat réaliste, mené sans arrière-pensée, sur la période dans laquelle nous étions, à la mobilisation derrière l'action gouvernementale et à des suggestions pour l'action future. Au lieu du débat d'idées et du renouvellement souhaités, nous avons eu une bataille de pouvoir et une véritable régression dans nos modes de fonctionnement. D'idées, de propositions, point, mais une vétilleuse chasse aux mandats et la systématisation de mœurs politiques détestables. Pour les responsables comme pour les militants, le congrès de Rennes restera l'un de nos plus mauvais moments.

Je me suis longuement interrogé sur ce que je devais faire dans ce congrès. Devais-je m'y inscrire comme un protagoniste, entrer dans la confrontation ou me tenir à l'écart, me contentant de conduire mon action ministérielle, déjà assez lourde en soi ?

La tentation fut pour moi d'adopter la seconde attitude. Pour plusieurs raisons. J'ai eu très vite l'intuition que ce congrès serait fort désagréable à vivre : plein de faux-semblants, sans vraies divergences pour fonder les séparations, mais susceptible d'écorner de vieux compagnonnages; or, je n'ai jamais pu vivre le militantisme sans une certaine fraternité. J'ai donc été très tenté de m'épargner cette épreuve, de ne pas m'y engager, réservant mon investissement dans le débat du parti socialiste pour une autre période.

J'avais d'ailleurs beaucoup à y perdre. D'abord une certaine qualité de relations avec François Mitterrand. Bien qu'indépendant de nature, j'avais noué avec le Président une relation politique et personnelle que je considérais comme très précieuse. Il m'avait appelé à la direction du parti socialiste, il m'avait choisi comme son numéro deux (secrétaire à la coordination) pour remplacer Pierre Mauroy, lors de l'opposition avec celui-ci et Michel Rocard en 1979 au moment du congrès de Metz. J'avais donc été un des responsables les plus proches de lui au sein du parti socialiste. Il m'avait appris beaucoup, je m'étais formé aux responsabilités à ses côtés ; par des cheminements parfois différents en raison de nos personnalités et de nos histoires singulières, nous arrivions souvent à des conclusions proches sur les problèmes politiques. En 1981, quand il avait été désigné comme candidat du parti socialiste à l'élection présidentielle, il avait souhaité que je lui succède à la tête du PS. J'avais accepté, et le comité directeur m'avait élu à l'unanimité. Pendant les sept années de son premier septennat, avec toutes ses phases – victoire, état de grâce, tournant, reflux, défaite de 1986, cohabitation, nouvelle victoire présidentielle –, nous étions restés très proches, dans une profonde connivence politique.

En 1985, quand le Premier ministre avait voulu diriger la campagne du PS pour les législatives, peut-être le Président s'était-il déjà interrogé sur les motivations et l'intensité de ma résistance à cette volonté ?

Il s'agissait pour moi en premier lieu de défendre une certaine conception du parti : celui-ci, dans le cadre des institutions si particulières de la cinquième République, ne pouvait rester lui-même, comme parti démocratique, que s'il était conduit, en toutes circonstances et particulièrement en campagne électorale, par ses responsables élus. La théorie du Premier ministre « chef de la majorité » forgée dans la phase gaulliste – et qui n'était déjà plus vraie à l'époque de Jacques Chaban-Delmas et de Jacques Chirac –, ne pouvait s'appliquer telle quelle au parti socialiste. D'abord parce qu'il m'apparaissait que le chef de la majorité était en réalité le président de la République – puisque le régime n'est pas vraiment parlementaire, ensuite parce que s'il était guidé de l'extérieur et non par ses dirigeants, dans le moment essentiel d'une campagne, alors il cessait d'être une force autonome.

Certes il se devait d'être loyal et solidaire du gouvernement (et du Président), par conviction commune et par réalisme politique, mais son principe impliquait qu'il se déterminât librement. On pouvait éventuellement faire vivre les institutions autrement, s'inspirer par exemple de la tradition en vigueur dans les autres démocraties européennes selon laquelle le Premier ministre désigné est le leader de la formation politique majoritaire, le Premier ministre ainsi choisi étant aussi le leader de la majorité. Puisque l'on avait choisi la logique de la séparation des fonctions de parti et de gouvernement – selon la pratique suivie jusque-là dans la cinquième République –, alors il ne fallait pas rompre avec cette logique et aboutir à la confusion des fonctions, le Premier ministre venant appuyer le parti majoritaire au moment des élections.

Je proposais donc que le gouvernement et le parti mènent campagne côte à côte, le président de la République donnant, parce qu'il le voulait, sa propre impulsion en s'engageant personnellement dans la campagne. Ce qui fut fait. Et c'est ainsi qu'en 1986 nous avons limité les dégâts.

Il y avait aussi dans ma détermination une dimension personnelle. J'avais accepté ce que m'avait proposé François Mitterrand en 1981, dans l'hypothèse où il serait élu président de la République : ne pas assumer de fonctions gouvernementales mais exercer les responsabilités de premier secrétaire du parti socialiste en étant pleinement associé aux responsabilités.

Ce dispositif et cet engagement réciproque furent respectés pendant tout le septennat. Au cours des cinq années de la législature socialiste, j'ai rencontré une ou plusieurs fois par semaine le président de la République : soit avec d'autres, soit avec le Premier ministre jusqu'à la cohabitation, soit seul, quand cela était nécessaire. Pendant le gouvernement Chirac, mes rendez-vous avec le Président restèrent réguliers, et furent le plus souvent consacrés à l'analyse en commun de cette très subtile période de la cohabitation. D'ailleurs, dès le mois de septembre 1987, alors que la candidature de François Mitterrand n'était pas encore connue, nous reprîmes la coutume du rendez-vous hebdomadaire, afin de préparer de façon ordonnée la confrontation présidentielle.

Je fus associé aux grandes décisions du septennat : tournant de la rigueur et maintien dans le système monétaire européen, reprise des livraisons d'armes à l'Irak, engagement direct au Liban, création de chaînes privées de télévision, abandon du projet Savary, choix de Jacques Chirac comme Premier ministre, décisions de ne pas signer les ordonnances sur les privatisations, annonce de la nouvelle candidature, etc. Tout ce qui pouvait concerner le parti socialiste, l'obliger à réagir, justifiait aux yeux de François Mitterrand que le premier secrétaire fût informé. C'était là, me semble-t-il, un fonctionnement original dans nos institutions mais que justifiait la nature du parti socialiste, son besoin de comprendre pour suivre et soutenir. Ce qui était aussi mon cas.

Ce rôle particulier de premier secrétaire du parti socialiste pendant le septennat – et donc en l'occurrence le mien – fut souvent deviné, mais pas toujours décrit. Pour une raison essentielle : j'en ai très peu parlé moi-même. François Mitterrand était irrité des « bavardages », des « confidences » aux journalistes que pratiquaient nombre de responsables socialistes, y compris ses proches, et je suis moi-même, par tempérament ou par éthique, éloigné de ces comportements. D'autant que j'avais vite compris que cette capacité à garder un secret ou simplement à être discret était la condition de ces conversations totalement franches que j'avais avec le Président.

C'est ainsi que je n'ai jamais dit, avant que ce ne fût raconté par d'autres, que c'est ensemble – avec la seule présence et le conseil de Michel Charasse – qu'il fût décidé de renoncer au projet Savary afin de résoudre le conflit de l'école privée qui risquait, par l'ampleur de ses développements, d'emporter le septennat de François Mitterrand. Malgré, ou peut-être à cause de la force de mes sentiments laïques, j'étais convaincu de la nécessité de ce tournant-là et je l'avais d'ailleurs suggéré dès le mois de février 1984 (la décision fut prise en juillet). Je pensais que la conjonction de la droite, de l'Église et d'un mouvement populaire plus ou moins sincère pour la « liberté » était susceptible de créer à notre encontre une situation incontrôlable. Je préférais un compromis, même déplaisant, au risque de tout perdre. Et je n'ai jamais eu de regret depuis : ce fut une de nos retraites les plus sages.

Un autre exemple, mal connu, de cette relation exceptionnelle a trait à la préparaiton de la deuxième élection présidentielle. On sait que dès juillet 1987 il confia à quelques-uns d'entre nous venus le rejoindre à Latche que nous pouvions considérer comme une hypothèse sérieuse le fait qu'il serait à nouveau candidat. Sa décision personnelle n'était pas prise, nous dit-il, mais nous pouvions, politiquement, « faire comme si » elle l'était. Après le départ de ces quelques amis, je suis resté avec le Président pour évoquer les questions concrètes que j'avais à résoudre dès cet instant en tant que premier secrétaire du parti socialiste. Il fallait arrêter les lieux et les dates des grands meetings de la campagne, qu'il les fasse lui-même ou non. Il me fallait aussi le nom d'un interlocuteur habilité à examiner tout cela avec moi en son nom : ce fut Jean Glavany. Il était essentiel de savoir aussi qui serait le publicitaire de la campagne, car les panneaux devaient être retenus très vite et le compte à rebours de la conception, de l'élaboration et de la mise en œuvre de la communication du futur candidat commençait. Le choix de François Mitterrand se porta à nouveau sur Jacques Séguéla assisté notamment de Jacques Pilhan.

Dès septembre, nous nous mîmes au travail. Chaque semaine, Jacques Séguéla, Jacques Pilhan, Henri Emmanuelli, André Laignel et moi-même (plus quelques collaborateurs des uns et des autres), nous nous rencontrâmes pour discuter des concepts, des slogans, des délais et des moyens. Tout cela dans le secret – y compris à l'égard de la direction du PS que nous représentions à trois – parce que François Mitterrand voulait, à juste titre être candidat le plus tard possible. C'est dans ces réunions que furent décidées les campagnes « Tonton, laisse pas béton », examiné le slogan « Génération Mitterrand », chacune des décisions les plus importantes étant naturellement soumise au futur candidat. Quand, le moment venu, ces décisions furent présentées et discutées en « conseil de campagne du parti socialiste » – que j'avais créé auprès de moi –, elles étaient largement engagées alors qu'officiellement François Mitterrand n'était toujours pas candidat. Ainsi ai-je fait moi-même – à chaque fois avec un responsable différent du PS – la première partie de la liste des grands meetings dans ce qu'on a appelé la « campagne sans candidat ». C'est lors de ces meetings que j'ai préparé progressivement l'annonce de son entrée en lice.

Je ne dis pas que pendant ces sept années j'ai été d'accord avec toutes les décisions auxquelles j'ai été associé. Je ne le fus pas, par exemple, par les livraisons d'armes à l'Irak, la création d'une cinquième chaîne privée ou, avant cela, l'amnistie dite des généraux (liés au putsch en Algérie). Mais à chaque fois, j'ai été entendu – sinon écouté –, j'ai pu faire valoir ce qui me paraissait le sentiment du parti socialiste et j'ai informé la direction de celui-ci de ce qui était envisagé, de la position que je défendais, et de ce qui finalement était décidé. J'ai fait connaître ma position à l'extérieur ou je l'ai tue, selon ce que je croyais juste et utile de faire. Mais je ne me suis pas désolidarisé des décisions prises, car aucune d'entre elles n'allait à l'encontre du sens même de mon engagement politique. Si cela avait été le cas, je m'y serais opposé et j'aurais, s'il l'avait fallu, renoncé à mes fonctions, afin de rester en accord avec moi-même.

J'ajoute que pendant le premier septennat de François Mitterrand et mon mandat de premier secrétaire, le Président a totalement respecté ma responsabilité. Il m'a aidé dans ma tâche, prodigué ses conseils – surtout lorsque je les lui demandais –, dit ses désaccords sur telle ou telle de nos décisions. Ils furent peu nombreux. Combien de fois ai-je lu dans les portraits de François Mitterrand qu'il était « florentin », qu'il divisait pour régner, qu'il jouait les uns contre les autres ! Je peux – et je veux – témoigner ici qu'il adopta avec moi une attitude d'une clarté et d'une rectitude absolues. J'étais le premier secrétaire, il discutait avec moi, me disait ce qu'il avait à me dire. Mais il ne se servait pas de l'influence considérable qui était la sienne dans le parti socialiste – en particulier pendant les premières années. Ce dialogue entre lui et moi supposait évidemment une réelle connivence, mais il ne tourna jamais au monologue autoritaire d'une part, à l'allégeance automatique de l'autre.

Revenons pour finir sur le congrès de Rennes. Outre le risque de compromettre ma relation avec François Mitterrand, un autre motif me retenait de m'engager dans la confrontation qui s'annonçait. C'était le rôle que j'avais eu dans le parti socialiste pendant sept ans. Comme premier secrétaire, j'avais rassemblé, aidé les traditionnels courants à vivre ensemble, respecté chacun, arbitré les différends, tout en étant l'animateur d'un courant « mitterrandiste » majoritaire. J'avais acquis le respect des militants; ils avaient, et l'opinion avec eux, une certaine image de moi. C'était ce « capital », cette position politique que j'allais risquer de malmener dans un congrès dur.

Mais par rapport à beaucoup d'amis, de responsables, de militants, qui eux allaient s'engager dans cette confrontation interne – puisqu'une bataille pour le poste de premier secrétaire avait été décidée – pouvais-je me situer au-dessus de la mêlée ou dans un « ailleurs » gouvernemental ? N'était-ce pas adopter une attitude aristocratique, les abandonner en chemin, les décevoir ? Il n'y avait donc pas de bonne solution. Ou j'acceptais passivement que soit conduite jusqu'au bout l'ardente et méthodique conquête du parti socialiste par un homme et par un groupe. Ou bien je m'y opposais, je m'engageais avec d'autres dans la confrontation du congrès et je devenais, à mon corps défendant, un acteur de la « bataille des chefs », bataille dont je me doutais qu'elle serait à la fois contée par le menu et sévèrement traitée par les médias, qu'elle troublerait les militants, – même si nombre d'entre eux y prendraient part – et ne tournerait pas à la gloire du parti socialiste. J'avais le choix entre deux inconvénients. J'ai opté pour celui qui me semblait impliquer le moins de conséquences. Nous en sommes tous, aujourd'hui en tout cas, à chercher comment « effacer Rennes ».

Dans la période actuelle, le risque qui menace le mouvement socialiste est celui de l'immobilisme. Le Président cherche, dans une situation internationale devenue plus complexe et incertaine, à trouver le meilleur cheminement pour la France et à conduire un second septennat, dont il sait par intuition et expérience qu'il est plus difficile à gérer; le premier gouvernement puis le second sont confrontés aux difficultés et moins clairement situés par l'opinion; le parti socialiste, unanimiste dans sa façade,est divisé et a perdu l'élément de cohérence et la colonne vertébrale que constituait l'existence d'un courant majoritaire : voilà plusieurs facteurs qui peuvent conduire à l'immobilité. Je ne parle pas en l'occurrence, des perspectives électorales. Un succès en 1993 n'est pas impossible, compte tenu de l'état des forces à droite. Mais comment rendre confiance aux nôtres et dissiper le malaise politique qui nous touche comme d'autres? Nous savons bien que la solution ne consiste pas à revenir au langage du passé. Le problème pour nous, socialistes, est de montrer en quoi l'avenir que nous préparons ne sera pas seulement la perpétuation du présent.

La droite : une force divisée

Ce qui frappe, à première vue, dans la droite française, c'est sa force. Ses bases sociales sont impressionnantes. Elles lui assurent l'assise matérielle, les moyens d'action, les certitudes et la confiance en soi que confère à beaucoup des siens la propriété de la terre, des usines, des banques, de la pierre, du capital. Il y a ce réseau naturel des notables qui irrigue, à son profit, la vie provinciale. Il y a une bonne partie de la paysannerie pour des raisons où la religion, la tradition, l'idéologie le disputent aux réalités ou aux illusions de la possession terrienne. Il y a beaucoup de privilégiés de notre société. Il y a aussi une fraction conséquente du salariat, souvent la plus élevée, parfois aussi la plus humble, la plus inquiète, et qui peut être séduite par les propositions, le discours, la vision du monde de la droite.

Ses idées sont actuellement dominantes. En revanche

le Plan, l'interventionnisme étatique, le sens du service public, la redistribution des richesses, le goût du collectif, tout cela n'est guère à la mode aujourd'hui. Profit personnel, rentabilité, compétition, ouverture des frontières, orthodoxie monétaire, ascensions individuelles, tel est le credo du moment. Et ces valeurs sont, à l'origine, plus de droite que de gauche, même si la gauche s'en approprie une partie. Mais quand elle le fait, les conquiert-elle ou est-elle aspirée par elles ? Ce débat agite la gauche. Pour la droite, point de débat sur ce plan, mais un paradoxe qui en déconcerte plus d'un : les idées de droite dominent la cité mais c'est la gauche qui est au pouvoir.

Et puis, comme toujours, la droite épouse mieux les peurs du siècle. Il y a dans la gauche quelque chose d'optimiste, un goût du rationnel, une inclination pour le progrès, une confiance dans la nature humaine – ébranlée pourtant par les glaciations du totalitarisme – qui la prédispose mal à se situer sur le terrain de la peur. Quand il s'agit de sentir l'irrationnel, d'épouser le pessimisme, de faire écho aux fantasmes collectifs – l'hostilité à l'étranger, la crainte des changements trop rapides, la menace des grandes épidémies, etc. –, la droite est d'instinct plus experte. Il est évident que ces pulsions d'hostilité, ces réactions de peur et de repli sont présentes dans la France des années 1980-1990. Elles desservent la gauche et nourrissent la droite.

On mesure d'ailleurs à quel point son influence électorale est considérable. Avec l'extrême droite, elle est majoritaire. Et même sans l'appoint de l'extrême droite, par l'addition du RPR, de l'UDF et de ses élus non inscrits dans les partis, elle tend à précéder la gauche, du moins si celle-ci est bornée à l'addition des forces du PS et du PC.

Mais cette puissance sociale, politique, idéologique, électorale ne se concrétise pas pleinement. Cette force ne suffit pas à assurer à la droite la victoire en toutes circonstances. Elle a gagné les élections législatives de 1986. Mais elle a perdu deux fois les élections présidentielles en 1981 et 1988. Le faîte du pouvoir lui a échappé pour quinze ans. Et elle n'est pas assurée d'y revenir en 1995.

Reste à comprendre pourquoi. L'explication souvent

avancée est l'existence de l'extrême droite. Arithmétiquement, l'extrême droite donne la majorité à la droite; algébriquement, elle la lui retire. La droite ne peut pas gagner sans elle, et donc elle la courtise. Mais elle ne peut pas non plus gagner avec elle – parce qu'une partie de son électorat refuse cette alliance et dérobe ses voix – et donc elle la récuse. La montée de l'extrême droite a rendu la gauche minoritaire en voix. Mais elle n'assure pas sa défaite. Ce dilemme, cette situation pour le moment sans issue, conduisent nombre d'hommes politiques conservateurs et un certain nombre d'observateurs à accuser la gauche – et notamment le pouvoir en place – de jouer avec l'extrême droite. Je récuse ce procès d'intention.

Il y a dans les difficultés récentes de la droite, dans son impossibilité à concrétiser sa domination, des raisons qui lui sont intrinsèques. Les unes sont profondes et relèvent de sa structuration même. Les autres sont plus conjoncturelles : elles tiennent aux spécificités des leaders qui la représentent et qui sont ses candidats à l'élection présidentielle.

La droite française paye rudement aujourd'hui son incapacité à se recomposer. Comparons-la à la gauche. Celle-ci vit depuis longtemps avec deux courants principaux : l'un socialiste, l'autre communiste. Personne ne peut les confondre. Chacun a son identité. Par leurs valeurs, leur mode d'organisation, leurs références historiques, leur vision du changement, ils sont distincts, bien qu'appartenant à la même « famille » d'origine. Ils proposent des modèles différents, ils assurent des formes d'appartenance et des sources d'identité non substituables. Quand on choisit l'un, on ne choisit pas l'autre. Quand on vote pour l'un, on ne vote pas pour l'autre, sauf au second tour. Chacun sait fidéliser ses supporters, même si naturellement il n'y a pas fixité absolue des engagements et si les choses peuvent, avec le temps, bouger. Les divergences qui opposent ces deux formations, les débats qu'elles nourrissent ne sont ni fictifs ni oiseux. Ils offraient aux hommes et aux femmes qui se reconnaissent dans ce versant-là de la vie publique des choix réels, et non d'apparence.

La droite française avait tous les éléments pour connaître une situation du même ordre. Elle a toujours, en France, eu deux courants : l'un plus populaire, plus autoritaire, plus nationaliste ; l'autre plus « notabiliste », plus libéral, plus ouvert. Sans doute pendant les premières années de la cinquième République, avec le triomphe du Général Président, le gaullisme a tendu à tout emporter, à effacer les frontières traditionnelles de la droite, à amalgamer ses sensibilités, à concilier ses tempéraments. La démocratie chrétienne s'est étiolée, les Indépendants Paysans se sont marginalisés. Le conservatisme ne savait plus ce qu'il était, s'il savait bien, au demeurant, où il était.

Avec l'élection de Valery Giscard d'Estaing à la présidence de la République, en 1974, les choses ont commencé à changer. Une différenciation, une recomposition étaient possibles. Le nouvel élu l'a compris et les a ébauchées. Il a lancé des thèmes, y compris idéologiques, qui lui étaient propres. Il s'est démarqué du gaullisme, pour proposer à une partie de la droite française une nouvelle lecture politique, une identité plus moderne d'aspect – mais n'étaient-elles pas un retour aux sources ? Libéralisme, centrisme, réformisme (de façade) ont fourni des concepts pour cette évolution. Valery Giscard d'Estaing a même tenté de construire une nouvelle force politique, un parti du Président, non gaulliste cette fois, fédérant des courants épars. Ce fut l'UDF. Mais il n'alla pas jusqu'au bout de sa démarche. Respectant son pacte de 1974 avec Jacques Chirac, il commit l'erreur de ne pas dissoudre l'Assemblée nationale pour tenter de gagner des législatives sur son nom et construire une force politique conservatrice structurée et militante. Il se contenta d'assembler une constellation de notables, qui ne fit pas le poids devant le RPR. Peut-être se rendit-il compte plus tard de son erreur mais n'osa-t-il pas forcer le destin ? Sans doute s'illusionna-t-il aussi sur sa capacité à lui, sans parti majoritaire, de gagner quand même l'élection présidentielle de 1981. En tout cas, son septennat ne lui servit pas à forger un outil politique cohérent ayant sa physionomie propre. Il termina brouillé avec les leaders de l'ancien parti gaulliste, sans les avoir affaiblis, et donc restant sous leur menace.

Le premier septennat de François Mitterrand fournissait d'autres opportunités pour mieux structurer la droite française. Elles ne furent pas saisies. Au lieu de se différencier l'un de l'autre, le RPR et l'UDF firent mouvement l'un vers l'autre. Analysant superficiellement les raisons de leur échec en 1981 et le mettant sur le compte de leur seule division, ils confièrent à la recherche (même factice) de l'union la seule chance de leur réussite. Et ils crurent avoir eu raison en 1986. Jacques Chirac avait entraîné le RPR loin des rivages du gaullisme. Il avait édulcoré son message social, libéralisé son discours économique, gommé les thèmes de l'indépendance nationale, ceux pourtant qu'il avait dressés contre Valery Giscard d'Estaing à la fin de son septennat. Dans le même temps, celui-ci et les nouvelles têtes de l'UDF – François Léotard, Gérard Longuet, Alain Madelin, Hervé de Charette – en rajoutaient dans la démagogie sécuritaire, le durcissement à l'égard de l'immigration, le discours d'ordre. La dilution des différences, l'affadissement de l'originalité politique de chaque courant furent sans doute considérés par eux comme accroissant leurs chances. Ce fut le contraire qui se produisit. Aux yeux de leurs électeurs traditionnels et de la droite tout entière, le RPR et l'UDF étaient devenus ressemblants, deux partis attrape-tout, et de force égale. C'est dire qu'aucun ne pouvait entraîner les hésitants de son côté en promettant plus sûrement la victoire. À gauche au contraire, le PS avait désormais dominé électoralement le PC et montrait par où pouvait passer le succès. Faute d'être enracinés dans des traditions, des modèles ou des références bien typés, les deux rassemblements conservateurs, RPR et UDF, étaient devenus plus instables. Et parce qu'ils ne fidélisaient plus leurs électeurs, ils offraient soudain des espaces en pâture à une extrême droite dynamique et attractive, dont ils avaient eux-mêmes légitimé les thèses. Avaient-ils, au moins, gagné sur le terrain de l'union ce qu'ils avaient perdu en identité ? L'élection présidentielle de 1988 montra que non. Les oppositions d'idées s'étaient réduites mais les oppositions d'hommes s'étaient accrues. Or les combats d'hommes blessent plus sûrement et laissent des traces plus amères que les combats d'idées. Trois ans après la nouvelle défaite de 1988, la droite n'en est pas encore vraiment sortie. La gauche ferait bien de méditer ce constat.

Quant à la droite, elle devra choisir : soit bien différencier ses deux courants, soit faire un seul grand parti conservateur. Son autre handicap réside dans ses candidats à l'élection présidentielle, passés et futurs. Non qu'elle manque d'hommes et de femmes de talent. Mais aucun ne semble assuré de s'imposer au plus haut niveau.

Raymond Barre ou l'occasion manquée

Raymond Barre est, semble-t-il, celui qui appartient le plus au passé, en tout cas dans la perspective présidentielle. Pourtant, c'est peut-être celui qui avait le plus d'atouts pour battre François Mitterrand en 1988. En ce sens, et quelle que soit l'importance des fonctions qu'il a déjà occupées, ces dernières années sont pour lui celles d'un destin non réalisé. Un an avant l'élection présidentielle, il était clair que si François Mitterrand était à nouveau candidat, Jacques Chirac ne serait sans doute pas en mesure de le battre. Ce n'était pas du tout le cas pour Raymond Barre. En revanche, on était sûr que Jacques Chirac existerait encore politiquement même s'il était une fois de plus défait, tandis qu'on pouvait penser que Raymond Barre serait marginalisé s'il ne gagnait pas. Pour lui, les termes de l'alternative étaient tranchés. Ou bien il gagnait tout à partir de presque rien – puisqu'il était un homme seul ne disposant d'aucune force politique organisée –, ou bien ne resterait de lui que le souvenir du second Premier ministre de Giscard d'Estaing et d'une personnalité politique originale, atypique et finalement presque marginale.

Raymond Barre avait de solides atouts pour battre François Mitterrand. Il ne s'était pas engagé dans la cohabitation et ne risquait pas d'apparaître, au contraire de Jacques Chirac, comme le second, même antagoniste, du président de la République. Les Français, qui avaient désavoué les socialistes en 1986 mais qui n'étaient pas enthousiasmés par la gestion de Jacques Chirac, pouvaient sans se déjuger voter pour un troisième homme. En outre, il avait un excellent profil de candidat à la présidence. Seul, il apparaissait comme au-dessus des partis. Il n'était pas « compromis » par la cohabitation et il avait parfois porté des jugements positifs sur la politique suivie dans la dernière période par les socialistes; on ne pouvait donc lui reprocher un excès de passion ou de dogmatisme. Il plaisait aux modérés et pouvait donc espérer recueillir des voix hors de son camp traditionnel, mais il avait eu aussi l'habileté de ne pas déplaire à Le Pen sans pour autant sembler faire preuve de complaisance à son égard (on murmurait pourtant, sans preuve, qu'il l'avait rencontré). Les milieux économiques et financiers lui étaient favorables, à cause de sa réputation d'économiste et d'un profil rassurant et assuré, fort habilement ciselé. Il était connu, sur le plan international, des hommes d'État et des grands experts – même hors de Davos. Et il pouvait être populaire, ainsi que certaines de ses prestations télévisées l'avaient montré, par ce mélange de compétence technocratique, de franc-parler réaliste, de classicisme professoral et de baroquisme calculé dans certaines de ses expressions dont il avait su faire un style. D'ailleurs, avant de gagner les suffrages, il avait su déjà fasciner les journalistes.

Politiquement et humainement, la question est de savoir pourquoi tout cela n'a pas abouti. Je sais qu'une des réponses les plus classiques est de dire que Raymond Barre était un très bon candidat de second tour, mais un mauvais candidat de premier tour. Il était bon au second tour parce qu'il avait le profil d'un rassembleur, moins bon au premier parce qu'il était mal armé pour les batailles partisanes. Ces distinctions toutes faites dispensent de réfléchir. C'est un peu comme si l'on disait d'un étudiant qu'il serait sûrement premier à l'agrégation, tant il est bon à l'oral, si toutefois il était capable de passer l'écrit. Comment peut-on dire de quelqu'un qu'il est un rassembleur, s'il n'est même pas en mesure, au premier tour, de rassembler assez pour être présent au second! Le propre d'un bon candidat à l'élection présidentielle, c'est de savoir réunir et doser des exigences contradictoires : mobiliser ses partisans sans décourager par avance les hésitants, voire les adversaires, qu'il devra ensuite rallier. C'est pourquoi il faut distinguer premier et second tour, mais non les opposer.

L'explication de l'échec de Raymond Barre n'est pas là. Elle réside, à mon sens, dans un mélange de données politiques et psychologiques qu'il est intéressant de démêler.

Une première cause est en Raymond Barre lui-même. Elle tient à l'ambivalence de son attitude à l'égard de l'élection présidentielle elle-même, et sans doute de la politique en général. L'ancien Premier ministre a surestimé la position qui était la sienne, cédant à une certaine griserie que ses premiers succès – dans les prestations télévisées ou dans les sondages – lui avaient procurée. Il a sous-estimé Jacques Chirac et l'atout que représentait le fonctionnement de la machine du RPR. Il n'a pas apprécié à leur juste réalité les réticences qui existaient à son endroit au sein de l'UDF, dont il était censé être le champion. Or certains (Valéry Giscard d'Estaing ou François Léotard par exemple) craignaient moins sa défaite que sa victoire. Il a cru que ceux-ci et quelques autres, faute d'avoir une autre solution pour battre le candidat du RPR puis François Mitterrand, feraient campagne pour lui sans restriction et aux conditions qui étaient les siennes. C'est là où la formation et les traits de personnalité de Raymond Barre l'ont desservi. Professeur d'université de renom, haut fonctionnaire européen à Bruxelles, Premier ministre désigné hors du sérail, il n'avait jamais été un militant ou un responsable politique. Avoir été formé aux joutes politiques, avoir dû convaincre pour emporter une décision, avoir été défait quelquefois par plus fort ou plus assuré que soi, et parfois même par plus faible, avoir vécu la vie réelle d'une formation politique l'auraient prévenu. Le vrai professionnel de la politique, même orgueilleux, est humble ou à tout le moins prudent dans ses propos. Ne s'étant pas assez gardé de ses amis, Raymond Barre a été frustré du grand combat qu'il escomptait avec son adversaire.

Face aux difficultés, aux « couacs » évidents du début

de sa campagne, Raymond Barre ne s'est pas ressaisi, il n'a pas changé de rythme, ni provoqué les mises au point nécessaires. On s'est beaucoup interrogé sur les raisons de cet immobilisme, sur cette persistance dans un style qui ne semblait pas emporter l'adhésion. Et on a mis en cause – au moins après coup – une obstination, une difficulté à reconnaître ses erreurs qui seraient dans le caractère du député lyonnais. Peut-être. Mais n'y a-t-il pas à cela une raison plus profonde ? Ici ressurgit son ambivalence. Il y a dans l'attitude de Raymond Barre à l'égard de la politique quelque chose qui relève de la fascination et du léger mépris. D'un côté, il a envie de montrer qu'un « amateur éclairé » comme lui, pour peu qu'il le veuille, peut réussir mieux qu'un autre. De l'autre, il a la tentation de « tout envoyer paître », si la réalité lui résiste. Avec, en arrière-plan, cette proclamation implicite : « Prenez-moi comme je suis », « Si vous ne voulez pas de moi, je peux faire autre chose ». Prêt à assumer les plus hautes fonctions – celle de Premier ministre, celle de Président – et assuré qu'il en serait capable, Raymond Barre dispose en même temps de toutes les ressources de l'intelligence, du tempérament et de l'affect pour justifier qu'il s'en dispense. Il y a chez cette personnalité si assurée – et si respectable – trop de détachement. D'où peut-être une erreur de timing et un jeu à contre-emploi.

Je me souviens de conversations avec François Mitterrand en 1987, lequel ne sous-estimait pas du tout Raymond Barre, et qui s'étonnait que celui-ci tardât tant à commencer sa campagne. Cette situation se perpétuant, il se mit à penser d'abord que Raymond Barre compromettait ses chances puis, le temps passant encore, qu'il les avait déjà perdues, face à Jacques Chirac. Je n'étais pas sûr de bien deviner d'où venait cette assurance. En réalité, François Mitterrand avait compris que le candidat de l'UDF se projetait au second tour avant d'y avoir assuré sa participation. Le premier tour, contre Jacques Chirac et Le Pen, irritait Raymond Barre. Ce n'était pas là, pour lui, combat qui vaille. Il devait entrer en scène face au seul protagoniste digne de l'affronter : le président de la République. En cela, il imitait François

Mitterrand qui retardait au maximum l'annonce de sa candidature et donc le moment de faire campagne. Mais il omettait un point décisif : François Mitterrand était Président ; lui avait à le devenir. En forçant le trait, on peut avancer que Raymond Barre non seulement sautait par-dessus le premier tour mais par là même éludait le second. D'où une campagne tardive, confortable et au bout du compte languissante. Raymond Barre a perdu une bataille qu'il n'a finalement jamais livrée.

L'autre erreur, moins grave peut-être mais grosse de conséquences, a été de méthode et de style. Raymond Barre aurait pu jouer l'homme seul, au-dessus des partis – et c'était certainement son intention –, ou au contraire, du moins au premier tour, s'affirmer comme le chef de bataille d'un courant politique différent du RPR et préservé par l'attitude de son leader des contradictions de la « cohabitation ». Il n'a su – ou pu – choisir aucune de ces attitudes et en a cumulé les inconvénients. Il n'a pas été seul mais isolé ; il n'a pas été aidé par un parti mais encombré par lui. Faute d'avoir su créer une dynamique, suscité une espérance de la victoire qui auraient balayé réticences et arrière-pensées, d'avoir consenti les efforts de psychologie et de relations humaines nécessaires ou encore d'avoir eu l'audace de s'affranchir pleinement des contraintes de parti, il s'est empêtré dans l'UDF sans l'empoigner et il a perdu sur les deux tableaux.

Il y a dans le rapport que Raymond Barre noua avec l'échéance présidentielle quelque chose qui relève de l'occasion manquée. Il est sans doute celui qui, potentiellement, avait le plus de chance de devenir Président ou d'être l'adversaire le plus difficile pour François Mitterrand. Mais tout cela est resté à l'état virtuel. L'homme politique Raymond Barre est respecté, voire, en certaines occasions, écouté. Mais il a cessé de peser sur la vie politique de notre pays. Il a repris dans le paysage politique son rôle de témoin, encore classique mais déjà un peu baroque.

Plus simple en apparence mais aussi instructive est la mésaventure présidentielle de Jacques Chirac.

À beaucoup d'égards, le candidat du RPR était à l'opposé de Raymond Barre. Il avait choisi délibérément la cohabitation en étant le Premier ministre de François Mitterrand. Chez lui, pas de distance vis-à-vis de la politique, pas de retour possible aux « chères études », pas de rapport complexe à la vie publique, mais un engagement entier, du moins à l'époque. Il avait un parti discipliné à sa disposition, une aptitude à la vie militante, une stratégie claire : utiliser sa force et sa vigueur pour déborder le héraut de l'UDF au premier tour, s'appuyer sur la puissance de la droite au second tour pour battre un Président isolé à l'Élysée, coupé par le gouvernement des réseaux politico-administratifs influents, réduit à la défensive par deux ans d'une politique clairement orientée à droite. L'objectif était de retrouver la majorité, droite plus extrême droite, qui avait défait la gauche en 1986.

Gouverner pour la seconde fois sous un Président qu'on aspirait à remplacer avait paru supportable au maire de Paris, d'une part parce qu'il n'avait que deux ans à patienter, d'autre part parce que ce Président était de gauche : c'était un adversaire et on ne pouvait être accusé, en l'attaquant, de trahir son camp. Ce scénario simple, suivi avec énergie, n'a pourtant pas conduit Jacques Chirac au succès. Pourquoi ? Selon moi, les choses commencent à se jouer très tôt, autour de deux erreurs potentielles : l'une fut évitée, l'autre commise.

La première fut évitée par nous : elle eût été de ne pas nommer Jacques Chirac Premier ministre. Le choix, par le président de la République, du Premier ministre de la cohabitation n'allait pas de soi. François Mitterrand l'a considéré à juste titre comme un choix important, pouvant peser sur l'avenir proche et à propos duquel il était essentiel de ne pas se tromper. Certes, il savait ne pas être aussi libre qu'il l'avait été pour la nomination de Pierre Mauroy ou de Laurent Fabius. La personnalité choisie devait être de l'ancienne opposition devenue majoritaire.

Sous cette contrainte première, François Mitterrand souhaitait faire le choix le plus opportun – parmi ceux qui étaient prêts à être candidats naturellement, mais ils ne manquaient pas – et aussi le plus libre, afin qu'il restât bien clair que c'était le Président qui nommait le Premier ministre.

Comme souvent quand il mûrit une décision importante, François Mitterrand souhaita consulter ses amis. Peu nombreux étaient ceux qui lui conseillaient de prendre Jacques Chirac. Ils craignaient son énergie, sa détermination à isoler et à combattre le Président, la volonté et la capacité de ses proches à mettre la main sur l'appareil d'État. Ils ne souhaitaient pas qu'on lui fournisse ce tremplin gouvernemental pour son ambition présidentielle. D'autres suggestions étaient donc faites soit pour des hommes ou des femmes supposés plus accommodants – Jacques Chaban-Delmas ou Simone Veil par exemple – soit pour des adversaires du leader RPR – comme Valery Giscard d'Estaing – susceptibles de contrecarrer son ambition.

François Mitterrand a su très vite, à mon sens, qu'il choisirait Jacques Chirac mais il a laissé la discussion se développer quelques heures entre nous sans dire ses intentions. Mon sentiment, partagé par quelques autres, était qu'il devait choisir l'ancien Premier ministre. Celui-ci l'avait emporté sur l'UDF dans l'élection législative : c'était ainsi mieux suivre la tradition parlementaire. Ensuite, il valait mieux jouer la partie telle qu'elle se présentait – avec Chirac, vainqueur de l'élection, comme chef du gouvernement – plutôt que de paraître biaiser. Enfin et surtout, la seule façon pour le président de la République de prouver qu'il avait la liberté de nommer, de son plein gré, le Premier ministre était de faire de lui-même le choix qui lui était logiquement imposé. Il était clair que Jacques Chirac et le RPR « empêcheraient » au Parlement tout chef de gouvernement qui n'aurait pas leur aval et donc, puisqu'ils avaient décidé que le maire de Paris devait tenter l'aventure, tout autre chef de gouvernement. La façon dont ils commençaient à agiter indirectement l'UDF – elle-même travaillée par les thèses anti-cohabitationnistes de Raymond Barre –, l'accueil très froid qu'avait reçu à l'Hôtel de Ville Jacques Chaban-Delmas venu dire qu'il était tenté étaient à cet égard éclairants. À nommer un autre que le leader du RPR, le président de la République s'exposait au risque de voir son « candidat » barré au Parlement par le refus de son investiture. Il risquait donc, après quelques jours de « crise » et de blocage institutionnel, de se voir imposé par Jacques Chirac de le choisir. Une telle perspective aurait ouvert la cohabitation par une défaite du Président et le sort de cette période aurait sans doute été scellé d'entrée de jeu. Paradoxalement, la seule façon pour le président de la République d'exercer sa liberté était d'épouser un déterminisme. François Mitterrand a très bien senti cette nécessité, ce qui nous permit de commencer la sixième année du septennat sans commettre une funeste erreur.

Tel ne fut pas le cas de Jacques Chirac. Lui aussi avait des choix à faire : non pas d'hommes mais d'orientation. Il avait devant lui deux approches, deux styles politiques possibles, également conformes à sa personnalité et à son histoire.

Il pouvait jouer les « sabreurs », appliquer à la lettre la plate-forme RPR-UDF, combattre rudement la politique menée antérieurement par les socialistes, épouser sans nuance le courant de droite (nourri par l'extrême droite) qui avait effectivement saisi l'opinion française en 1986.

Il pouvait au contraire surprendre, après sa victoire. Se souvenir qu'il avait été en Corrèze l'héritier du « petit père Queuille », laisser parler sa nature radicale et, une fois arrivé au gouvernement, mener une politique beaucoup plus modérée que sa campagne électorale ne le laissait prévoir.

J'ai senti tout de suite l'importance de ce choix initial pour la suite de la cohabitation. Ainsi écrivais-je – on me pardonnera de me citer –, dans un article pour *Le Monde* du 27 mai 1986 les lignes suivantes : « L'horizon politique de M. Chirac est court : au plus loin 1988. Et l'on voit bien que son gouvernement a, les premières semaines, hésité dans son approche des problèmes, soit par véritable interrogation, soir par tactique.

« Il pouvait revenir au style des gestionnaires de droite raisonnables, dire : allez ! Nous sommes de retour. Oubliez la gauche et sa parenthèse; mais oubliez aussi nos fantaisies idéologiques libérales ou nos démagogies sécuritaires. Au gouvernement, nous allons gouverner sérieusement. Jacques Chirac n'a pas fait ce choix. »

Prendre la première option était assez logique de sa part. L'électorat avait été chauffé à blanc contre la politique socialiste, son inclination à droite semblait irrésistible, la tentation de se gagner l'indulgence donc l'appoint de l'extrême droite était si grande qu'il pouvait paraître dangereux de prendre tout cela à rebours, pour soudain agir avec modération. Il aurait fallu du caractère. Or Jacques Chirac est plus malléable que son ardeur et son ton ne peuvent le laisser croire : c'est un homme qui n'aime pas dire non. Il aurait fallu aussi ne pas se contenter de regarder la surface des choses mais savoir examiner la situation en profondeur. À l'évidence, Jacques Chirac s'interrogea peu.

Il est clair que l'autre choix, celui d'une politique plus mesurée, aurait mieux servi les intérêts de la nouvelle majorité et rendu l'issue de la période de cohabitation plus incertaine. D'abord, elle aurait permis d'éviter le premier accident de parcours du nouveau gouvernement : celui du choc avec les jeunes en décembre 1986.

Heurter de front la jeunesse estudiantine et lycéenne en ressortant l'« épouvantail » de la sélection à l'Université témoigne d'une formidable erreur d'analyse. Pas seulement parce que ces projets ne pouvaient pas être acceptés par les jeunes – ils ne furent d'ailleurs ni discutés ni négociés mais imposés –, mais aussi par la façon dont toute cette affaire fut menée. À quoi servait-il en effet que ces mesures fussent populaires à droite, ravissent l'UNI et les conseillers de Jacques Chirac, voire qu'elles fussent comprises par la fameuse « majorité silencieuse », si ceux à qui elles s'appliquaient – étudiants et lycéens – les refusaient en bloc ? Dans une société complexe et fragmentée, il ne suffit pas d'avoir une majorité au Parlement et de la supposer dans l'opinion pour faire aboutir un projet. Il faut aussi ne pas rassembler une majorité contre soi au sein du milieu où la mesure s'applique. Le consentement global ne garantit rien ; il faut obtenir un acquiescement particulier.

Les responsables ministériels de l'époque – Alain Devaquet, vite déchiré paraît-il, René Monory, opiniâtre et peu familier du milieu, Yves Durand, conseiller à l'Éducation auprès de Jacques Chirac, emporté par la passion idéologique, la hargne politique, et largement responsable en cette affaire – ont d'abord cru qu'ils pourraient marginaliser les opposants (de l'UNEF ou des coordinations étudiantes et lycéennes) en s'appuyant sur les organisations dites « modérées » mais en réalité de droite, la masse des jeunes étant supposée refluer devant la fermeté.

Quand ce mode de raisonnement eut démontré sa vanité, puisque des centaines de milliers de jeunes descendaient dans la rue autant pour protester contre la violence qui leur était faite – et dont le symbole tragique fut la mort de Malik Oussekine – que contre les projets eux-mêmes, le gouvernement refusa d'y renoncer. Pis, il s'efforça de transposer ce raisonnement hors du milieu universitaire. N'ayant pu trouver une majorité chez les étudiants contre ses opposants, il chercha à en trouver une chez les Français et dans l'opinion contre les étudiants et les jeunes. Jacques Chirac et Charles Pasqua tentèrent de dresser l'opinion contre la protestation de la rue, en jouant de façon appuyée sur le clavier de notre mémoire collective et en s'appuyant sur ce qu'ils avaient retenu des événements de 1968 : la peur, l'incertitude puis la victoire triomphale de l' « ordre » sur la « chienlit ».

La réponse ne fut pas conforme à leur attente : ils croyaient obtenir le « oui » des électeurs de droite ; ils trouvèrent le « non » de parents inquiets pour les études de leurs enfants et qui, face aux matraques et aux grenades lacrymogènes, voulaient les protéger. Charles Pasqua, sans doute par tempérament personnel, aussi parce qu'il pressentait – en politique intuitif – les conséquences néfastes d'un recul pour le gouvernement, proposa clairement de sortir de cette crise par la surenchère, en affrontant plus brutalement encore le mouvement des jeunes, afin de casser son côté sage et rassembleur, de provoquer un durcissement et des divisions internes, et de susciter enfin dans l'opinion ce réflexe d'ordre qui tardait tant à venir. Peut être aussi craignait-il que la cohabitation avec le Président – qui avait laissé entendre sa compréhension pour le mouvement étudiant – ne se refermât comme un piège sur Jacques Chirac. Le ministre de l'Intérieur voulait, par une épreuve de force politique globale, renvoyer chacun à son camp, interdire le recul au Premier ministre, imposer le renoncement ou la défaite au Président. Mener la politique du pire était risqué mais non dénué de chances de succès. Je me souviens fort bien – par mes contacts directs et discrets avec certains des responsables étudiants de l'époque – que ceux-ci n'étaient nullement assurés de l'issue, en cas de poursuite de l'épreuve de force imposée par le gouvernement.

Le Premier ministre Jacques Chirac choisit finalement la sagesse et renonça au projet Devaquet. Du point de vue de la paix publique, il eut raison de ne pas choisir la voie suggérée par Charles Pasqua. Du point de vue de son intérêt politique direct, ce projet impopulaire auprès des jeunes puis ce recul furent dommageables. Il n'avait eu ni la lucidité d'éviter la colère étudiante, ni l'audace d'aller au bout de l'épreuve de force et de la gagner. La défaite du gouvernement pesa lourdement sur son sort. Car il avait en quelques jours rendu courage à ses adversaires, déçu ses partisans, divisé ses partenaires, et inquiété l'opinion.

Au-delà de cet accident, le choix par la nouvelle majorité d'une politique très à droite se révéla désastreux pour une raison fondamentale qu'un politique plus profond que le leader du RPR aurait peut-être pressentie. En donnant cette orientation à la politique gouvernementale, il ouvrait un espace au président de la République ; il lui permettait de devenir, subtilement, son opposant tout en rassurant les inquiets et en séduisant les tièdes au nom de sa fonction arbitrale. En se campant à droite, le futur candidat à la présidentielle laissait le centre au Président, c'est-à-dire l'espoir de la victoire. S'il avait fait un choix différent, il aurait été plus difficile à François Mitterrand de trouver matière à s'opposer, à rassurer et à reconquérir.

À partir du moment où chacun avait choisi son espace et sa partition, le reste dépendait du talent des interprètes. Et là, Jacques Chirac ne fut pas de force. L'art de François Mitterrand, pendant les deux ans de la cohabitation, où tout fut politique, a été de jouer de tous les registres. Quand il s'agissait d'être Président – dans les sommets ou rencontres internationales, dans les cérémonies intérieures de la République –, pour montrer qu'il avait le premier rang, il l'était pleinement, utilisant toutes les ressources y compris celles, si symboliques, des protocoles de l'État. En même temps, il menait une politique internationale dont le Premier ministre ne pouvait pas se distancier. Ainsi à l'extérieur l'exécutif parlait-il d'une seule voix – mais c'était la voix de François Mitterrand; quand le Premier ministre avait l'initiative, quand il appliquait sa politique, appuyé par sa majorité au Parlement, François Mitterrand s'effaçait, même s'il s'agissait du démantèlement d'un dispositif qu'il avait mis en place de 1981 à 1986. Il veillait simplement à indiquer, par quelque commentaire ou « confidence », que cette politique n'était pas la sienne et qu'elle ne l'engageait pas. Ainsi n'était-il en rien compromis, notamment aux yeux des électeurs de gauche, par des décisions qu'il devait souvent formellement contresigner.

En revanche, dès qu'une mesure touchait à ce qu'il jugeait essentiel – privatisation d'entreprises nationalisées en 1945, droits individuels des citoyens ou des étrangers sur notre sol, etc. –, alors il combattait, refusait son aval, par exemple ne signait pas une ordonnance et obligeait le Premier ministre à obtenir un vote de sa majorité au Parlement. Non qu'il ait pensé par là empêcher ou même retarder significativement la mise en œuvre de ces mesures. Mais parce que ainsi, sur des sujets de fond, où l'opinion et parfois même une partie de la majorité hésitaient sur le choix à faire, il les interpellait, les obligeait à s'interroger, les faisait douter. Et cela d'autant plus qu'il motivait ses refus ou ses prises de distance, non par un choix partisan mais par une référence à « une certaine idée de la France » ou à l'idée qu'il se faisait de ses propres rapports avec les Français. Au bout du compte, il cédait bien sûr, mais il était clair pour tout le monde qu'il y était contraint et que le choix fait par le gouvernement n'était pas, à ses yeux, le bon.

Sur une ou deux questions bien choisies et qui entraient strictement dans ses attributions de président de la République, il ne céda point et obligea le gouvernement à s'aligner sur ses positions. Ainsi en alla-t-il du débat sur la loi de programmation militaire et de plusieurs décisions de principe touchant à la stratégie militaire de la France. Jacques Chirac était favorable au dispositif américain SDS dit « guerre des étoiles », à la construction en France d'un missile mobile, au concept d'armes nucléaires tactiques là où François Mitterrand préférait parler d'armes préstratégiques liées à la dissuasion. Sur ces différents points, le Premier ministre prit le risque de s'opposer au président de la République avec la volonté ou l'espoir de lui forcer la main. Il eut la surprise de voir celui-ci assumer tranquillement la possibilité d'un conflit et rester ferme sur ses positions – plus proches, il faut bien le dire, de la tradition gaulliste en ce domaine et sans doute de la sensibilité des Français que celles défendues par Jacques Chirac. Cette fois-ci encore, comme devant les étudiants, le Premier ministre recula, abandonnant son ministre de la Défense en rase campagne, surprenant une partie de sa majorité et faisant surtout la démonstration que, sur des points essentiels pour la politique de la France, le Président pouvait l'emporter sur son Premier ministre.

La cohabitation entraînait aussi la confrontation de deux hommes : l'une ouverte et symbolique devant l'opinion ; l'autre secrète et psychologique, faisant son chemin dans la conscience de chacun d'eux, sous l'œil de témoins peu nombreux mais importants. À mon sens, la seconde ne pesa pas moins que la première. Et les deux établirent la suzeraineté du Président sur son Premier ministre. Après deux ans d'une bataille où chacun était tendu vers le même but – battre l'autre – où chacun utilisa à fond ses atouts et s'efforça de minimiser ou de dissimuler ses handicaps, François Mitterrand l'emporta clairement sur Jacques Chirac, avant même que l'élection présidentielle n'eût commencé.

L'homme de l'intériorisation, l'apparent temporisateur, le politique cultivé issu de la quatrième République, celui qu'on disait si souple mais qui se tint si ferme sur ses convictions, allait dominer le personnage plus extérieur, l'homme pressé, le technocrate expert produit par la cinquième République et devenu « bête politique », l'homme qu'on disait carré mais qui se montra si changeant. Au bout de deux ans d'une action patiente et subtile, le premier avait affirmé son ascendant; le second s'était consumé de l'intérieur. Il arrivait à la bataille vaincu même si, comme d'habitude, il se battit bravement. Le 8 mai 1988 au matin, à l'Arc de triomphe, alors que les Français commençaient tout juste à voter, quand les télévisions montrèrent, pour les cérémonies de la victoire, Jacques Chirac trois pas derrière François Mitterrand, chacun put voir en ces images un symbole de la cohabitation et de l'issue de l'élection.

Depuis ce jour, le leader du RPR n'a pas recouvré ses forces. Battu pour la seconde fois, au deuxième tour mais nettement, contesté au sein de son propre mouvement politique, défié par Charles Pasqua, le lieutenant, qui a perdu confiance en l'avenir de son chef et qui a la tentation de travailler pour lui-même, Jacques Chirac visiblement s'interroge et, pour de multiples raisons, n'a plus le même rapport ardent et oublieux de soi avec la politique. Il existe, il garde finalement le contrôle d'une formation politique significative à droite, il n'est pas replié ou marginalisé comme l'est Raymond Barre. Il faudra compter encore avec lui. Mais les milieux économiques et financiers dirigeants ont, semble-t-il, perdu confiance dans sa capacité à s'imposer pour la magistrature suprême. Quant à l'opinion, elle l'a vu deux fois ne pas dépasser 20 % au premier tour de l'élection présidentielle. Jacques Chirac reste incontournable, mais représente-t-il une espérance ?

Valery Giscard d'Estaing ou l'impossible recommencement

Valery Giscard d'Estaing est le troisième homme de la droite et l'un de ses candidats les plus sérieux à la prochaine élection présidentielle. En tout cas, il y prétend et il s'y prépare.

Il a pour cela des atouts réels. Un premier, qu'il est seul à posséder dans son camp : il n'a pas à prouver qu'il peut être président de la République, il l'a été. Certes, il a été battu en 1981, en raison de la force de son challenger, parce qu'il y a eu un divorce entre lui et les Français. Ceux-ci à l'époque aspiraient au changement et s'étaient faits à la perspective de le trouver du côté de la gauche. Mais il a été battu politiquement et non écarté pour incapacité.

Son second atout réside dans la faiblesse des autres. Raymond Barre semble hors de course. Jacques Chirac paraît plafonner. Quant à François Léotard, Michel Noir ou d'autres, ils doivent mûrir et, en attendant, ... attendre. D'ailleurs, en France, du moins jusqu'ici, la présidentielle semble être une affaire pour coureurs de fond, une épreuve qui impose la patience et l'endurance. De Gaulle y est parvenu tard, Georges Pompidou n'était pas un nouveau venu. François Mitterrand a été candidat deux fois avant de gagner. Michel Rocard l'a été, il y a plus de vingt ans, et a dû s'effacer à deux reprises devant un autre. En France, on aime les jeunes mais on choisit les vieux, en tout cas les personnalités mûres, pour ce genre de charge. L'âge de Giscard d'Estaing n'est pas en soi un handicap. Après tout, peut-être même avait-il été élu bien jeune...!

Autres atouts enfin : ses qualités personnelles. Il est intelligent, froid, méthodique, très professionnel, sachant agir seul mais aussi diriger un groupe ou encore manœuvrer dans un parti (surtout s'il est de notables), connaissant l'État, pouvant maîtriser une campagne. S'il décide d'être candidat, il ne laissera rien au hasard et conduira son affaire avec force et organisation, pour gagner. Il peut donc inspirer confiance et dévouement à ses supporters. C'est un candidat fiable, sur lequel milieux d'affaires, bourgeoisie conservatrice, notables, plus largement tous ceux qui voudraient bien s'épargner une troisième présidence socialiste, peuvent miser avec raison. Il n'est ni léger ni fragile. Comme candidat, il ne devrait pas décevoir.

Mais peut-il gagner ? C'est là la question que beaucoup se posent, y compris Valery Giscard d'Estaing lui-même. D'abord, pourquoi a-t-il perdu en 1981 ? Il avait tout pour conserver sa charge. J'ai dit que les Français avaient envie de changer. Peut-être. Mais combien de fois ont-ils eu envie de changer sans le faire ? La gauche était divisée, le parti communiste décidé à faire perdre le concurrent socialiste. François Mitterrand avait semblé laisser passer sa chance sept ans avant, quand il était candidat de la gauche unie. Depuis, il était « challengé » dans son propre parti. Et d'ailleurs les sondages, quelques mois avant l'élection, le laissaient loin en arrière. Alors, que s'est-il passé ? Pourquoi cet effritement soudain, ce raté dans la machine si bien huilée, cette faille dans la relation avec l'opinion ? Comme si cette aisance, cette façon de manier l'outil médiatique, cette manie de faire de chaque apparition un cours magistral à l'usage des Français, cette spontanéité si bien mise en scène, ce rien de trop sûr, ces réponses à tout, ces quant-à-soi aristocratiques, après avoir impressionné, avaient réveillé chez les Français un réflexe républicain et une envie d'en « faire rabattre » à Valery Giscard d'Estaing, laquelle avait finalement pris la proportion d'un rejet. Rejet d'un homme autant que d'un conservatisme.

Mais ce Giscard d'Estaing-là a-t-il été effacé ? Il le voudrait bien et s'y emploie. Est-il sincère ou non ? Il est difficile d'en décider. En tout cas, il ne manque aucune occasion de dire aux Français qu'il a souffert, qu'il a appris, qu'il a changé. Il leur a parlé de son « veuvage » vécu puis dépassé. Il leur a montré qu'il repartait en bas, comme un élu local, avant de remonter vers les hauteurs nationales, puis européennes. Mais lui sera-t-il possible de changer son image politique ?

La chance éventuelle de M. Giscard d'Estaing, s'il était le candidat de la droite à l'élection présidentielle, résiderait, comme pour tout autre, dans le rapport de forces entre la gauche et la droite, dans les données multiples de la situation politique du moment. Mais elle se nouera au bout du compte ou se défera dans sa relation avec les Français. Élire le leader de l'UDF, ce ne serait pas choisir un nouveau président de la République mais réélire l'ancien, se réinscrire d'une certaine façon dans ce que fut le septennat de 1974 à 1981, dans le style de rapport aux Français qui fut alors celui de Valery Giscard d'Estaing. Il n'est pas sûr que ceux-ci voudront accomplir cet acte, s'ils le ressentent comme un retour en arrière. Il est d'ailleurs significatif de voir que, malgré son échec à la dernière présidentielle et ses évidents problèmes actuels, Jacques Chirac précède largement son concurrent comme meilleur candidat potentiel de la droite. Il est également frappant de constater que, malgré les efforts déployés pour changer son image, malgré les succès politiques qu'il a obtenus (à l'UDF ou dans les européennes), l'ancien Président suscite toujours autant de réserves, y compris dans son propre camp. Dans la perspective de 1995, le parcours de M. Giscard d'Estaing pourrait bien être l'histoire d'un impossible recommencement.

Des trois personnalités qui viennent d'être évoquées, aucune ne s'impose face aux deux autres et n'inspire totalement confiance à son camp pour l'élection présidentielle. Derrière eux, il y a bien des candidats plus jeunes ou plus récents, qui peuvent troubler le jeu mais non point le mener. Là se situe, comme je l'ai dit plus haut, une grave difficulté pour la droite.

À cela s'ajoute le risque que fait peser dans l'élection l'extrême droite : au premier tour par son candidat, au deuxième par ses voix. Compte tenu du score réalisé par Jean-Marie Le Pen au premier tour de l'élection présidentielle de 1988 et de la possibilité d'avoir à droite deux candidats d'égale force, nul ne pourrait mathématiquement exclure – même si c'est politiquement peu vraisemblable – que le premier devance les deux autres dans la prochaine compétition. Ce serait une véritable catastrophe politique pour les partis conservateurs et un camouflet pour notre pays. Quant au second tour, à supposer que le candidat conservateur y soit effectivement présent, c'est le problème du soutien de l'extrême droite qu'il aura à affronter. S'il ne l'a pas, il risque de perdre. S'il l'a, on craindra de le voir gagner. Le problème de l'extrême droite est avant tout celui de la droite. Nous n'avons pas besoin d'en jouer pour qu'il lui soit posé.

Afin de conjurer sa division et d'éviter la menace de l'extrême droite, la droite conservatrice a inventé un mécanisme et des procédures : les primaires. Reste à savoir si une telle mesure suffit à suppléer l'absence de politique. Ce dispositif, inspiré des primaires américaines, est supposé régler le problème de la concurrence des droites, trancher leur rivalité par un vote et maîtriser l'approche du premier tour en dégageant un seul candidat, face au candidat socialiste et à celui de l'extrême droite.

Notons pourtant que la référence aux primaires américaines est assez formelle. Celles-ci, aux États-Unis, sont faites pour départager des candidats appartenant au même parti – démocrate ou républicain – et non à des partis différents – le RPR et l'UDF. La différence n'est pas mince. Choisir un candidat à l'intérieur d'une même formation politique relève d'un simple mécanisme de sélection interne, même s'il est très formalisé. Départager des candidats appartenant à des partis différents, c'est justement le rôle d'une élection. Vouloir mêler les deux logiques, sélectionner et élire, mélanger les militants et les citoyens ne sera pas forcément très aisé. Comment faire en sorte d'avoir des corps électoraux comparables et fiables, comment veiller à la régularité des opérations de vote, surtout comment s'assurer que le résultat sera respecté par les militants frustrés ? Je suis assez sceptique sur cette procédure et sur sa chance de se dérouler jusqu'au bout selon les prévisions théoriques. Pour le moment, nous sommes dans les proclamations d'intention, mélange de ruses et d'espérances. Quand arrivera le moment de passer à l'acte viendra le temps des hésitations et peut-être des ruptures.

Le conservatisme français doit se recomposer ou trouver une personnalité en mesure de le rassembler. Je ne crois pas qu'il résoudra ces deux problèmes par un mécanisme de primaire compliqué et aléatoire.

Le centre introuvable

On a longtemps reproché à la vie politique française son excessive bipolarisation, ses formes dures, son vocabulaire guerrier. Gestes inspirés de la mémoire révolutionnaire d'un côté, mépris gaullien de ceux qui gagnent à tout coup et qui n'ont pas à craindre l'alternance de l'autre. Je me souviens de l'époque où François Mitterrand arrivant à Moscou pour rencontrer Brejnev (quelques mois après avoir eu presque autant de voix que Giscard à l'élection présidentielle) ne trouvait même pas l'ambassadeur de France pour l'accueillir. Ou de ce contraste entre les délégations françaises et italiennes à l'enterrement de Tito. Du côté français, représentants du gouvernement (Raymond Barre Premier ministre) et leaders de l'opposition (François Mitterrand et Georges Marchais) s'ignoraient ; côté italien, tout le monde – socialistes, communistes, démocrates-chrétiens, etc. – était venu dans l'avion du Président Pertini et vivait la cérémonie de concert. Ces jours-là, on sentait physiquement à quel point nous étions loin en France de la culture parlementaire et peut-être de la tradition démocratique.

L'une des raisons qui fut donnée à ce syndrome de l'affrontement, on pourrait presque dire à cette absence de courtoisie, est, outre la nature des institutions et le rejet des habitudes du parlementarisme, l'absence d'un centre dans la vie politique française, depuis le début de la cinquième République. Non qu'il n'ait existé sous forme d'ébauche ou comme une nostalgie. Les politiques n'ont pas oublié les tentatives symétriques et différentes de Gaston Defferre ou de Jean Lecanuet dans les années soixante. Mais ces démarches ont soit avorté (l'opération « monsieur X » de 1963), soit échoué (le score du maire de Marseille à l'élection présidentielle de 1969), soit abouti à l'absorption et à la dilution (le ralliement de Jean Lecanuet à Georges Pompidou en 1969). Jusqu'à ces dernières années, le centre a été un souvenir ou un désir, non une réalité.

Depuis l'élection présidentielle de 1988, la question du centre est à nouveau d'actualité dans notre pays. Le caractère différent de la campagne de François Mitterrand (par rapport à celle de 1981), les variations sur le thème de la « France unie », le ralliement de quelques personnalités centristes, leur entrée dans le gouvernement de Michel Rocard et le maintien de certaines d'entre elles dans celui d'Édith Cresson, la création d'un groupe centriste à l'Assemblée nationale et les tentatives de séduction dont il est l'objet de la part du gouvernement comme de l'opposition : tout cela laisse penser que le centre est à nouveau désiré.

Il est vrai que dans toutes les démocraties occidentales, en tout cas quand leur vie est paisible, la politique ressemble à une course au centre. Le centre est indispensable. Felipe Gonzalez marginalise la droite espagnole parce qu'il rallie les nouvelles couches salariées et de nombreux électeurs modérés à l'idée que c'est avec le PSOE que peuvent se faire la démocratisation et la modernisation de l'Espagne. Le parti travailliste britannique perd dans les années quatre-vingt des élections qu'il aurait pu gagner grâce à la politique très à droite de Mme Thatcher, parce qu'il laisse se faire à ses dépens une scission centriste (dite « social-démocrate ») et qu'il rejette un électorat disponible par ses proclamations de « renoncement unilatéral » à l'arme nucléaire en matière de défense. Il vient d'ailleurs d'opérer sur ce plan une révision de ses positions. M. Kohl l'emporte sur le SPD – avant même que l'unité allemande réalisée ne lui donne une seconde chance historique – parce qu'il peut s'allier avec les libéraux et s'attirer l'électorat modéré. Déjà, à l'époque de la Révolution française, la question était posée de savoir qui, de la Gironde ou de la Montagne, rallierait la Plaine. Au risque aussi, c'est vrai, de voir le Marais l'emporter...

Cette nécessité de gagner des voix au centre marque aussi la cinquième République et nos élections présidentielles. Pour gagner, chaque camp doit drainer vers lui ce qui lui manque et ce gain potentiel passe par le centre. Sont réputés bons candidats pour une élection présidentielle non seulement ceux à qui l'on prête certaines qualités d'homme d'État mais ceux dont l'image dans les sondages est forte, parce qu'ils séduisent aussi en dehors de leur « camp ». Il est vrai que François Mitterrand, avant l'élection présidentielle de 1981, n'était pas le favori des sondages parce qu'il n'avait guère de soutien dans le « camp » adverse. Il gagna pourtant. Au premier tour de 1981, il n'obtint que 25 % des suffrages. En 1988, avant de rassembler largement au second tour, il ne fit au premier que 34 % des voix, soit 2 % de plus que le score socialiste lors de l'élection législative de 1986 : il faut donc relativiser cette définition de ce que devrait être un « présidentiable ».

Pour gagner une élection présidentielle, voire des élections législatives – dans une élection à deux tours –, il faut, après avoir rassemblé les siens, convaincre plus largement. D'où l'importance de l'électorat modéré. Si François Mitterrand l'a emporté plus largement en 1988 qu'en 1981, c'est qu'il a rallié à lui un certain nombre de Français qui ne s'étaient pas jusque-là reconnus dans la gauche.

Mais c'est ici que naît le paradoxe du centre, et sa malédiction. Dans notre système politique, le « centre » est plus aux marges qu'au centre. Certes, il occupe une position médiane sur l'échiquier des opinions, mais il n'est pas un centre politique, un lieu de rassemblement, d'impulsion, autour duquel les choses s'organisent. Dans d'autres systèmes, plus parlementaires, où existe par exemple la proportionnelle, où les forces sont plus éparpillées, où les extrêmes sont maintenus à distance, ou lorsqu'il existe un parti interclassiste – comme la démocratie chrétienne en Italie –, il est parfois possible de faire du centre un pivot ou, à tout le moins, un élément indispensable du système.

En France, avec le système présidentiel, une telle option n'existe pas. Les politiques suivies par la droite où par la gauche peuvent devenir plus « centristes » mais le centre, en tant que force, a du mal à exister. Il est quelque chose qu'on recherche à titre de supplément. Il n'est pas ce autour de quoi on se rassemble. En fait, on pourrait presque dire que le centre existe dans la mesure même de son aptitude à disparaître, à se fondre dans un autre ensemble – de gauche ou de droite.

D'abord joue la polarisation présidentielle. Dans l'intervalle entre deux élections, si s'essoufflent un peu les discours partisans, si les Français se lassent des querelles, la cité du centre respire, s'installe et espère. On reprend un honnête commerce, on se fréquente entre voisins, on s'invite parfois l'un chez l'autre. Les frontières s'effacent. Les radicaux se retrouvent, les démocrates discutent, les chrétiens communient, même si les uns sont dans la majorité présidentielle ou tout près et les autres dans l'opposition mais pas loin. Colloques, rencontres, clubs, journées d'étude fleurissent. Mais que vienne l'élection présidentielle et tout change. Les grands partis, de gauche ou de droite, se mettent en branle, les candidats choisis veulent des bataillons disciplinés, des alliés sûrs, des ralliés sans état d'âme. Chacun doit choisir son côté, ou sa cause, prendre sa part dans la bataille. La cité du centre est coupée en deux. Ceux qui se fréquentaient se séparent et même parfois s'apostrophent. Ils s'en excusent en privé mais ne peuvent s'y soustraire en public. Le centre, en tant qu'unité constituée, où des personnalités de la gauche et de la droite viennent vivre ensemble en se dépouillant de leurs uniformes, est une concrétion en forme d'île que vient balayer tous les sept ans la grande marée présidentielle.

La difficulté du centre tient aussi à ses problèmes d'identité. Dans l'histoire française, et au cours des débats politiques des dernières années, on a vu émerger des courants de socialisme tempéré ou de conservatisme éclairé, rarement une vraie pensée du centre, apte à organiser le système politique, à ordonner les partis, à rassembler les citoyens. Peut-être y a-t-il là une question de personnalités ? Mitterrand a trouvé sa voie à gauche, Giscard d'Estaing ou Barre venaient de la droite et y sont restés, Simone Veil a été empêchée d'être autre chose qu'une personnalité populaire. Il ne s'est pas trouvé de grande personnalité, campée au centre, décidée à y rester, prête à prendre tous les risques pour cela et donc susceptible de réorganiser le système politique français – un peu comme François Mitterrand qui a persisté quinze ans dans la voie de l'union de la gauche.

Rien ne laisse pressentir qu'au centre une telle personnalité existe. Ni qu'elle puisse créer autour d'elle, à partir d'un parti existant ou de groupes épars, une force centriste susceptible de peser sur la vie politique. Ce qui étonne chez les personnalités du centre – dont plusieurs, sur le versant gauche comme sur le versant droite, ont du talent, des convictions, une expérience –, c'est la modestie de leur ambition et le caractère hésitant de leur démarche. Et cela pour des raisons essentiellement politiques : la peur de quitter un camp, la gêne d'en rallier un autre, l'absence d'une réelle confiance en la possibilité d'en créer un troisième qui, justement, serait celui du centre. Le rêve, c'est un centre fort; la pratique le voue à servir de force d'appoint à la droite ou à la gauche.

Ce qui frappe en effet, dans le champ des idées, c'est la faiblesse d'une « idéologie » du centre, l'absence de véritable identité politique. Quand on lit Jean-François Kahn – qui d'une certaine façon s'est proposé, en journaliste plus qu'en politique, pour ce rôle de théoricien du centre –, on voit, quelle que soit l'aisance de plume de l'auteur, à quel point son approche est négative, je devrais dire négatrice. Il critique les thèses et les mythes de gauche, les thèmes et les préjugés de droite, il affirme que le centre n'est ni l'un ni l'autre, mais il le définit par ce qu'il n'est pas, rarement par ce qu'il devait être. Dans sa bouche, le centre s'oppose, il ne se pose pas. Et le discours s'essouffle là où s'arrête la polémique – où excelle notre journaliste – et où devraient commencer la proposition, la construction positive.

Intéressante, à cet égard, est la tentative faite par Thomas Ferenczi dans son livre *Défense du consensus* [1]. Celui-ci constitue une réflexion sur l'état de notre société et sur l'évolution récente de notre vie politique destinée à réhabiliter la notion de compromis. Mais il s'agit d'un compromis entre des forces opposées qui tempèrent leur antagonisme et non d'une doctrine centriste et centrale

1. Thomas Ferenczi, *Défense du consensus,* Flammarion, 1989.

portée par une force politique recomposant l'échiquier autour d'elle. On trouve dans ce livre l'analyse intelligente d'une méthode, celle du « consensus », pour faire fonctionner la démocratie. Mais la question du consensus ne se confond pas avec le problème du centre.

Le centre en France est censé apaiser la force des autres, atténuer leur ardeur idéologique. Il tient, en quelque sorte, le rôle d'une gomme qui efface les dessins trop abrupts : il n'a pu jusqu'ici servir de plume pour tracer un dessein politique. Or, et c'est un autre paradoxe, ce fonctionnement par défaut du centrisme devient plus malaisé quand les oppositions se font moins fortes. Comment se différencier de la gauche et de la droite quand celles-ci se distinguent moins ? Lorsque les politiques se font plus centristes, c'est le centre qui en souffre le plus. Lui qui vivait des dégradés, des teintes plus pâles, voilà que sa tonalité s'efface quand tout s'estompe. Il n'est plus une nostalgie, et pas même un désir.

Est-ce à dire qu'il faut négliger le centre, faire peu de cas de ceux, divers, qui l'incarnent, l'éliminer de nos raisonnements politiques ? Sûrement pas. Le centre garde ce qui, dans notre actuel système politique, est sa fonction essentielle : servir de force d'appoint à l'un des deux camps dans les confrontations politiques et électorales. Dans ce sens, que soient venues vers nous des personnalités qui avaient appartenu à l'ancienne majorité (tels Michel Durafour, Jean-Pierre Soisson, Jacques Pelletier, etc.) est un signe « météorologique ». C'était l'indication que le mouvement, que la dynamique allait dans notre sens. Ces responsables, il nous faut les accueillir et les entendre. Cela suppose qu'ils aient une place à nos côtés, un espace à occuper, une personnalité particulière à exprimer. Dans ce sens, les socialistes n'ont certainement pas intérêt à vouloir tout dominer ni à adopter le ton de la condescendance. Ils doivent respecter ceux qui deviennent leurs partenaires. Le reste ne dépend pas d'eux, mais du centre lui-même.

Qu'il y ait en France un courant d'extrême droite politique ne devrait pas nous surprendre. Depuis la Révolution française, il a toujours existé. Parce qu'il est né et a vécu, pour bonne part, contre la Révolution française et son héritage.

Sous la Révolution française et juste après, on parle moins d'une extrême droite que de courants de « contre-révolution » ou de « réaction » à la Révolution. Très vite, face à la droite conservatrice ou au monarchisme « orléaniste » – qui est prêt à accepter certains acquis de la Révolution française – se dresse un courant de droite « réactionnaire », « légitimiste », parce qu'il veut restaurer l'ordre royal ancien, et « contre-révolutionnaire », parce qu'il se livre à une critique théorique radicale des idées de la Révolution (avec des hommes comme Joseph de Maistre, Louis de Bonald et, avant eux, Rivarol). À travers l'hostilité de ce courant à la Révolution française se fonde un corps de doctrine qui prône la tradition contre la raison, la singularité contre l'abstraction, l'enracinement contre l'universalisme, le divin et la providence contre l'irréligion et l'émancipation, l'ordre contre le progrès, la société contre l'individu, le pouvoir du monarque contre la souveraineté du peuple et la hiérarchie contre l'égalité. Hostile aux Juifs, aux protestants, favorable à l'esclavagisme, justifiant l'Inquisition, ses prises de position dans les problèmes du temps sont révélatrices d'une pensée et d'un tempérament.

Cette hostilité à la Révolution court pendant tout le XIXe siècle et se mue en hostilité à la république porteuse des mêmes valeurs. Barrès et Maurras, dans la sphère des idées comme dans le champ politique, chacun à sa façon, plus moderne chez le premier, plus traditionaliste chez le second, prolongent, et en même temps modernisent, la pensée de la droite réactionnaire. Ce sont eux en particulier qui théorisent la récupération, au profit de la droite extrême, de l'idée nationale, transformée en nationalisme, au moment où une bonne partie de la gauche découvre l'internationalisme et le pacifisme.

Les années trente, avec la montée des fascismes et des totalitarismes, voient une radicalisation de la droite extrême, traduisant contradictoirement une permanence et une mutation de ses thèmes traditionnels. Dans le racisme, l'antisémitisme, le culte du chef, l'autoritarisme, les thèses inégalitaires, un certain corporatisme, la haine du parlementarisme, on trouve l'exacerbation de thèmes anciens. Mais dans le romantisme de l'action ou du style, dans la centralisation à outrance, dans la phraséologie socialiste, dans la sacralisation de l'État, on constate une sorte de rupture avec le traditionalisme antérieur.

Il est vrai que les fascismes ou les régimes autoritaires dérivés ne prospéreront que dans des pays – Allemagne, Italie, Europe centrale, Japon – où la démocratie n'avait pas eu le temps de s'implanter et où les convulsions économiques et sociales furent plus fortes qu'ailleurs. La France démocratique se verra bien imposer un régime dit de « restauration nationale », celui de Vichy, non point de l'intérieur, par le trop faible fascisme français, mais à la faveur de la guerre et de la défaite devant l'Allemagne nazie.

La permanence d'un courant de droite extrême en France est attestée par les poussées électorales et les mouvements de violence qui se produisent lorsque notre pays connaît une crise sociale (c'est le poujadisme en 1955-1956) ou nationale (c'est la révolte OAS et la candidature Tixier-Vignancour au début des années soixante autour de la question algérienne). Alors, l'hostilité à la république, surtout parlementaire, à la gauche, aux intellectuels, refleurit. Ce n'est donc pas l'existence d'une extrême droite qui surprend aujourd'hui, mais l'ampleur de son score.

À qui la faute?

Le grand jeu, chez les commentateurs, est de rechercher qui de la gauche ou de la droite en est responsable.

Comme s'il fallait à ce phénomène qui provoque un sentiment de honte, trouver plus un coupable qu'une explication.

Une telle recherche n'a pas d'intérêt. Certains accusent la gauche, puisqu'il y a coïncidence dans le temps (le Front national s'étant développé sous la gauche), d'avoir offert à ce mouvement une présence au Parlement grâce à l'instauration de la proportionnelle en 1986 et d'avoir, par son discours sur l'immigration, exacerbé les peurs sans résoudre pour autant les problèmes.

On trouvera tout autant de bonnes raisons d'affirmer la responsabilité de la droite. On dira que ce n'est pas en 1981 (arrivée de la gauche), mais en 1983 (soit deux ans plus tard), que l'extrême droite a réalisé sa poussée électorale. Et qu'il y a à cela des raisons fort précises. Le RPR et l'UDF ont utilisé – pour la première fois en France depuis la guerre – les thèmes de l'immigration et de l'insécurité dans la polémique politique contre le gouvernement en place. Du coup, l'opinion s'est enflammée, le non-dit est devenu proclamé et donc licite, et le Front national – qui se faisait le propagateur jusque-là inefficace des mots d'ordre anti-immigrés – a soudain été justifié Dans certaines couches de la population, ce parti est devenu populaire. Les partis conservateurs ont même banalisé l'extrême droite en passant, dans des élections significatives, des accords électoraux avec elle ou en ne la combattant qu'avec prudence dans le débat politique.

Ces accusations réciproques peuvent être répétées à l'infini sans faire en rien progresser les choses. L'important n'est pas d'accuser mais de comprendre : pourquoi ce bond en avant de l'extrême droite ? Quels sont ses effets ? Comment agir ?

Le succès de la peur

Les explications des succès du Front national sont plurielles. Elles ne tiennent pas fondamentalement aux qualités de son leader. Non qu'il en soit dépourvu, pour ceux qui aiment le genre. De la faconde, de la présence sur une scène, de la licence dans l'expression – face à des politiques rendus prudents par l'exercice ou l'espoir des responsabilités –, une certaine capacité à amalgamer thèmes anciens et thèmes nouveaux de la pensée réactionnaire, un usage de la violence jusqu'ici réservé au verbe, une faculté à épouser les peurs du temps – immigration, troubles internationaux, chômage, insécurité, malaise urbain, sida –, voilà l'essentiel des atouts sur lesquels Jean-Marie Le Pen fonde sa douteuse, marginale et réelle popularité. Rien là d'exceptionnel chez un démagogue d'extrême droite : c'est toujours le même type d'homme et les mêmes thèmes que l'on retrouve, ajustés au goût du jour. Aucune transfiguration chez le leader lui-même depuis l'époque où avec les mêmes « qualités » il appartenait à une formation politique squelettique et se traînait dans les élections. Ce sont les données politiques qui se sont modifiées. Marginal il fut, marginal il redeviendra. Le problème est de savoir quand et à travers quelles vicissitudes.

L'extrême droite s'est toujours nourrie de la peur. Elle affectionne le style bravache et le langage guerrier, elle adore la pose virile, elle a le culte des héros, elle ne déteste pas faire peur, ni se montrer violente. Mais c'est là l'apparence, le masque, l'idée qu'elle veut donner d'elle-même. La réalité est tout autre. L'extrême droite ne domine pas le temps qui vient, elle le craint. Elle méprise la raison, elle se méfie du progrès, elle soupçonne les techniques nouvelles. Le monde s'ouvre, elle souhaite le repli. Les civilisations se rencontrent, elle méprise l'autre, l'étranger, le différent. Ni les intellectuels, ni les créateurs, ni les capitaines d'industrie, ni les prolétaires organisés et syndiqués, ni les femmes – quand elles revendiquent leurs droits –, ni les jeunes épris de liberté ne trouvent grâce à ses yeux. Ses soutiens politiques, elle les cherche dans les groupes sociaux déclassés ou menacés par l'évolution économique et sociale.

En 1945, avec l'effondrement du nazisme, le monde découvrait avec stupeur, horreur et mépris la vraie nature de ceux qui l'avaient fait trembler, les personnalités pitoyables – ratés, pervers, psychopathes, médiocres – de ceux qui s'étaient proclamés des surhommes. Encore maintenant, dans des circonstances heureusement moins tragiques, dans des systèmes politiques plus résistants, les portraits psychologiques des responsables d'extrême droite sont loin de révéler des personnalités construites ou fortes. La violence physique est rarement chez eux synonyme de courage. Groupes d'extrême droite étudiante, nervis de service d'ordre ou skinheads : la tradition est chez tous celle de l'agression en surnombre. Ces héros sont lâches. De même le goût, chez les leaders, de l'image ou de l'insulte à connotation sexuelle traduit les fantasmes, l'impuissance. Ce courant qui révère la force, la grandeur, qui prône la supériorité de certains, est souvent animé ou suivi par des faibles, par des craintifs, qui se sentent en réalité inférieurs à d'autres dans un monde qu'ils ne comprennent pas. C'est ce décalage entre ce qu'on est et ce qu'on voudrait être qui nourrit la frustration et le désir de violence.

Or la France, l'Europe, le monde sont à l'évidence saisis depuis plusieurs années par des mutations, des évolutions rapides qui sont loin d'être maîtrisées. Ni la pauvreté, ni le chômage, ni les incertitudes internationales, ni l'immigration, ni les grandes maladies (qui se sont nommées tuberculose ou syphilis) ni les mutations technologiques ne sont certes choses nouvelles. Or dans les décennies cinquante, soixante et même pour partie soixante-dix, plusieurs de ces réalités semblaient avoir disparu ou étaient perçues différemment. Le chômage, plaie du XIXe et du début du XXe siècle, paraissait conjuré. La croissance économique sécrétait bien sûr des inégalités mais procurait en même temps plus de bien-être matériel pour tous. L'inflation, qui l'accompagnait, rendait moins visibles et donc moins douloureux les ajustements des revenus, car tous étaient orientés à la hausse, au moins nominalement. L'immigration restait forte et même s'était accélérée, mais le travail ne manquant pas, c'était là un prix raisonnable à payer pour la croissance. Les tensions Est-Ouest étaient rudes, l'accumulation des armements de part et d'autre faisait parfois passer un frisson sur l'échine, mais chaque camp était fermement tenu. Quant à la société, elle était bien structurée – par les syndicats, par les partis, par les Églises ou les notables – et baignait dans des valeurs communes : progrès, croissance et républicanisme. C'est tout cela qui a été remis en cause dans les années quatre-vingt : la montée des incertitudes a provoqué comme une sorte de « retour du refoulé ».

On croyait en avoir fini avec le chômage, il revenait en force et durait. On avait cru les immigrés de passage ; on les découvrait installés durablement. Les salariés avaient pris l'habitude de voir leurs salaires progresser chaque année – pour partie réellement, pour partie de façon apparente –, ils faisaient l'expérience de politiques salariales plus rigoureuses. On avait brodé pendant des années sur le thème de l' « abondance » ou de la « société de consommation », et l'on voyait resurgir des îlots de grande pauvreté. L'idée de passer de la campagne à la ville avait été perçue comme un progrès, comme une façon d'échapper à des vies difficiles et étroites, la réalité urbaine, non maîtrisée, se révélait, particulièrement dans certaines banlieues, celle de l'isolement, de l'artificiel, des solidarités rompues. On croyait au progrès indéfini, à l'efficacité du système productif, à l'énergie disponible et bon marché, et l'on constatait les nuisances, les pollutions, l'effondrement d'industries traditionnellement puissantes et de régions entières. Des institutions respectées, anciennes, comme l'École, l'Armée, la Magistrature, l'Église, devenaient l'objet de contestations internes ou de novations déconcertantes. Tout était réuni pour une crise d'identité, pour une crispation traditionaliste, pour une mise en cause de la modernité au moment même où celle-ci s'affichait plus que jamais, mais avec de moindres succès. À ce malaise, il manquait la touche de morbidité, de « langage de mort », qui feraient mieux « prendre » encore la vieille mixture d'extrême droite. L'épidémie du sida est venue fournir cet élément de plus. Maladie exotique, maladie d'homosexuels, maladie de drogués – du moins dans sa première définition –, elle permettait d'amalgamer, dans une peur et une hostilité irrationnelles, les étrangers et les déviants. L'impuissance à enrayer la maladie – en tout cas au stade actuel –, le caractère un peu mystérieux de sa « soudaine » apparition, le prétexte qu'elle fournissait non seulement à tenir un discours d'« ordre moral » mais aussi à proposer un contrôle systématique de la population (sous prétexte de lutter contre l'épidémie), l'idée qu'elle suggérait que le progrès médical était sans effet : tout cela fournissait à l'extrême droite et à son leader une formidable opportunité. Elle a été saisie.

Le retour du refoulé

Une des raisons les plus sûres des progrès des idées d'extrême droite est liée à la remise en cause des tabous et interdits de l'après-guerre.

Quand la guerre s'achève sur la capitulation du Reich allemand et du Japon ; peu nombreux sont en France les hommes classés à l'extrême droite – maurrassiens, Croix-de-Feu, etc. – qui ont, par vieille tradition patriotique, choisi la Résistance. Pour l'essentiel, les intellectuels, les mouvements, les dirigeants liés à l'extrême droite ont approuvé le régime de Vichy, applaudi à la chute de la troisième République, voire sont entrés ouvertement dans la collaboration. Au lendemain de la libération du pays, ces mêmes hommes seront réprouvés, jugés et totalement marginalisés : les idées qu'ils ont défendues inspirent la répulsion.

Les soubresauts de la décolonisation donneront à l'extrême droite française les premiers prétextes à une rentrée en scène. L'Indochine, l'Afrique noire, le Maghreb revendiquent l'indépendance ou au moins une évolution du statut colonial. Devant le refus de la métropole, des conflits commencent, guerriers ou politiques, qui, pendant quinze ans, créeront de grands troubles dans l'opinion française et occuperont la première place dans les préoccupations des Français et dans la vie d'une quatrième République lancée par ailleurs dans la reconstruction puis la modernisation du pays.

Un renversement de positions s'opère, qui va entraîner un premier brouillage des repères hérités de la guerre. L'attachement au vieil empire colonial français, la peur d'affaiblir le pays, la vision abstraite d'une certaine mission universaliste de la France, la sensibilité à certains groupes de pression, une forme de paternalisme à l'égard des peuples coloniaux vont conduire beaucoup de responsables français au refus de l'évolution, de la négociation, et à la justification de la guerre, des emprisonnements, voire des exécutions sommaires et de la torture. D'ailleurs, en face, les méthodes utilisées – terrorisme aveugle, massacres de population, liquidation d'opposants, refus des méthodes démocratiques – fournissent les prétextes à une condamnation en bloc des luttes d'émancipation nationale. Mais l'on voit du coup, chez les gaullistes, les démocrates-chrétiens du MRP, les socialistes, des hommes engagés dans les luttes et l'idéal de la Résistance refuser à d'autres le droit de se réclamer des valeurs qu'ils ont eux-mêmes défendues. Certains vont même tolérer ou justifier l'utilisation de méthodes contre lesquelles ils s'étaient battus. Occasion de trouble et de confusion.

L'extrême droite au contraire trouve dans les conflits de la décolonisation l'occasion de se refaire une vertu nationale, de récupérer une tradition et des thèmes qui lui étaient chers, et de renouer des liens politiques avec une partie de la population. Grandeur de la France, défense de son intégrité et de son identité, haine de l'étranger qui nous nie et nous résiste, danger de la décadence, dénonciation de la trahison – de ceux qui cherchent une solution politique et négociée aux conflits en cours –, critique de l'impuissance du régime politique parlementaire : quel meilleur composé pour l'extrême droite qui cherche à récupérer espace et légitimation !

Elle y réussira partiellement. Elle trouve un certain écho populaire chez les nostalgiques de l'Empire, dans certains milieux d'anciens combattants, dans une France pétainiste qui sort de son silence. L'extrême droite cherche aussi à lancer des ponts vers des catégories sociales que menace l'évolution ou la conjoncture économique. Un flirt s'ébauche entre Le Pen, engagé à sa façon dans les aventures coloniales – en Indochine comme « journaliste », à Suez comme croque-mort, en Algérie comme spécialiste des interrogatoires –, et le mouvement poujadiste issu de la révolte des petits commerçants contre le fisc, la concentration commerciale, la montée et la puissance du salariat. Le Pen et une partie des députés poujadistes aux élections législatives de 1956, l'avocat Tixier-Vignancour lors de l'élection présidentielle de 1965 montreront que la droite extrême française peut, en certaines circonstances, sortir de la confidentialité pour obtenir des succès électoraux ou un score de témoignage réduit mais significatif.

Cela ne dure pas. Une fois réglé le problème colonial, la cinquième République naissante se lance dans la construction européenne, obéit à l'« impératif industriel », continue à vivre des années de croissance. L'extrême droite semble ne plus avoir d'espace face à un gaullisme qui, après s'être tacitement et provisoirement appuyé sur la gauche pour mettre un terme à la guerre d'Algérie et casser l'aile factieuse de l'armée, s'épanouit dans le conservatisme. La contestation institutionnelle et populaire est solidement incarnée par le parti communiste, alors que la SFIO, convoitée, cherche à sortir de sa sclérose. Si une vigoureuse mise en cause de l'ordre existant et de la société politique est engagée, notamment à l'occasion des événements de 1968, par des forces extraparlementaires, celle-ci vient de l'autre bord du spectre, c'est-à-dire de l'extrême gauche. Ce sont des groupes trotskistes ou maoïstes, recrutant largement dans la jeunesse, notamment étudiante, qui, pendant quelques années, attirent l'attention, polarisent le débat politique, essaient dans une critique du PCF et de l'Union soviétique, de restaurer l'idée révolutionnaire. Ce développement des groupes dits « gauchistes » provoque bien une poussée réactive du côté de l'extrême droite. Mais elle est limitée à des cercles très étroits – Ordre nouveau, Jeune Nation, Fédération des étudiants nationalistes, Occident – et reste, pour la grande opinion, quasiment confidentielle. C'est au sein de cet univers restreint et sans perspectives sérieuses que végète Jean-Marie Le Pen. L'étudiant en droit batailleur, l'ancien député poujadiste, semble avoir été oublié par l'histoire. Mais elle va se ressaisir de lui, vingt ans plus tard, pour incarner la renaissance d'un courant d'extrême droite populaire, avec un effet de surgissement d'autant plus spectaculaire qu'il était peu attendu.

Il est clair que la montée électorale du Front national est liée aux phénomènes du chômage, de l'immigration, de la vie urbaine mal maîtrisée, à la difficulté de réguler l'économie, à l'interrogation sur la place et les chances de la France dans le monde, un monde lui-même plus incertain où les peuples étrangers sont à la fois plus nombreux, plus misérables et plus présents. Il est logique que les premières victoires du Front national se soient produites à l'occasion d'élections partielles dans des villes où le phénomène de l'immigration avait été placé, y compris par la droite classique elle-même, au centre des joutes électorales. Des sujets qui jusqu'ici étaient tabous à cause d'un antiracisme consensuel, né du souvenir des horreurs de l'antisémitisme étaient donc offerts en pâture aux démagogues de tout poil.

Quarante ans après la Seconde Guerre mondiale, l'écroulement du nazisme, la révélation de l'Holocauste, les sentiments obscurs, les pensées enfouies, les théories inavouables tapies chez des individus ou dans le corps social mais confinées aux marges de la « cité » sont débattus et professés d'abord dans des « clubs de pensée » ayant pignon sur rue, puis dans le débat public. Et ce n'est pas non plus par hasard si les thèses dites « révisionnistes », c'est-à-dire tendant à nier l'existence historique du génocide des Juifs par les nazis, trouvent un accueil complaisant dans la presse du Front national. L'hostilité aux étrangers, aux immigrés, est le thème central de l'apport lepéniste à la politique, même s'il est formulé de façon plus habile, moins brutale à travers le thème de la « préférence nationale ».

D'ailleurs, dans le composé politique que représente cette nouvelle extrême droite, il y a des permanences mais aussi des inflexions, voire des novations. Les leçons du passé ont été tirées. Dans le lepénisme aussi, il y a un modernisme.

Les habits neufs du lepénisme

Les permanences, on les connaît. Je les ai rappelées plus haut. Mais les inflexions sont intéressantes. On continue à aimer les uniformes, les défilés, à cultiver les services d'ordre musclés, à laisser planer la menace de la violence. On n'est pas mécontent quand des militants zélés brutalisent des colleurs d'affiches d'un parti politique rival ou quelque immigré isolé – quitte à les désavouer s'ils se font prendre. Mais jusqu'ici, la violence est avant tout verbale. Elle a une fonction évocatrice, symbolique. Elle est faite pour galvaniser et pour combler ceux qui la goûtent, non pour agir ni atteindre des buts politiques. À cela il y a sans doute plusieurs raisons, mais l'une des plus manifestes est que le leader d'extrême droite sait que nous avons médité les leçons de l'histoire. Nous avons vu ce qu'il en a coûté à l'Italie, à l'Allemagne, puis à l'Europe d'avoir laissé impunément quelques petits groupes manier l'intimidation, la violence physique puis au bout du compte la terreur contre des individus, des mouvements, des communautés et finalement la société tout entière. Le Pen et les dirigeants du Front national n'ignorent pas que, s'ils laissaient leurs responsables et leurs membres concrétiser leur langage de violence, passer systématiquement à l'acte brutal, la rigueur de la loi pèserait sur eux très vite et une large partie de leurs supporters se détournerait de leurs thèses. De temps à l'autre, face à une interdiction, à une sanction, ou à propos de la revendication d'un mode de scrutin qui leur assure une représentation (par exemple à l'Assemblée), ils laissent planer l'idée qu'ils pourraient utiliser la violence dans la rue si d'autres voies leur étaient fermées. Mais, pour le moment, il s'agit de provocations rhétoriques et non de recours à l'action directe. Il y a, sur un fond de vraie violence, des idées et des mots, une parade, un simulacre, pour ce qui concerne les actes. Le leader du Front national préfère jouer la carte de la « respectabilisation » de son courant politique. Pour cela, il dispose de plusieurs atouts.

Déjà, une partie de la droite classique chasse sur les mêmes terres électorales que lui et se sert souvent, bien que de façon plus modérée, des mêmes thèmes politiques que lui – immigration, insécurité, identité nationale menacée, etc. –, banalisant ainsi des arguments politiques qui, à une autre époque, n'auraient pas eu droit de cité dans le débat politique. D'ailleurs, à un niveau local, des responsables conservateurs ont passé des accords avec le Front national. Ces ententes sont en principe condamnées par les directions nationales de l'UDF et du RPR, mais si timidement qu'elles continuent. Au reste, elles concernent parfois, comme dans la région Provence-Alpes-Côte d'Azur ou la région Languedoc-Roussillon, des personnalités importantes de l'opposition. Forte de ces complicités acquises, l'extrême droite accroît la pression qu'elle exerce sur les partis conservateurs afin de les persuader d'aller plus loin, de systématiser les alliances, de passer des accords politiques.

Une autre façon d'agir est plus subtile, plus perverse. Elle consiste pour le Front national à se poser en victime. D'un côté, il provoque ses adversaires par des positions inacceptables, par exemple à propos de l'antisémitisme ou du racisme, en pratiquant l'insulte directe et personnelle; de l'autre, il utilise les réactions de ceux qu'il a provoqués – leurs manifestations contre lui, leurs refus de prêter une salle de réunion, leurs recours en justice – pour se poser en victime aux yeux de l'opinion. Il affirme être l'objet d'un ostracisme ou d'une vindicte et s'efforce de retourner en sa faveur l'argument du respect des opinions et du pluralisme.

Trouver la réaction juste à ce double langage, à ces alternances de passion extrémiste et de temporisation tactique, à ce jeu de rôle et de masque, n'est pas aisé. Cela pose à la fois des problèmes d'analyse de ce qu'est le mouvement lepéniste – est-ce un fascisme ? est-ce une droite réactionnaire ? – et aussi de réactions opportunes à ces comportements. Sur ces questions, il y a débat à gauche et à droite.

De nombreux observateurs ont cru que les « dérapages » commis par Jean-Marie Le Pen, de façon régulière, étaient des maladresses de comportement, des fautes politiques. Je crois à une autre hypothèse. Les allusions aux patronymes juifs de journalistes, le génocide des Juifs considéré comme un « détail » de l'histoire, le jeu de mots sur le nom d'un ministre et sur les « fours crématoires », tout cela n'est pas l'effet du hasard, pas plus que ne l'est la position à contre-courant mais en réalité cohérente adoptée par Le Pen à propos de la crise du Golfe. Il s'agit chaque fois, par un effet voulu de « dissonance », de montrer clairement que le Front national ne peut se confondre avec les autres partis politiques, qu'il est d'une autre nature, moins convenable, plus sulfureuse. Il sait parler plus bas, autrement, aux instincts et aux passions troubles. C'est pour certains Français et Françaises désorientés, fragilisés par l'évolution rapide du monde et, que les explications habituelles, même rationnelles, ne convainquent plus, que ce langage provocateur, plus ignoble mais aussi plus chaud, semble tenu. D'ailleurs, force est de constater que ces « bavures » successives n'ont pas entamé l'électorat du Front national. Elles durcissent les opposants, elles ne découragent pas les adeptes.

Le Pen ne doit pas négliger son noyau dur militant et électoral. Il n'a pas oublié l'époque où il était seul, en proie aux disputes groupusculaires, immergé au sein d'une extrême droite marginale qui ne voilait guère ses thèmes. Sans doute lui faut-il prendre des précautions de langage et de méthode pour ne pas effaroucher la masse de ceux qui sont venus grossir ses rangs et qui font son succès électoral. Mais cela ne doit pas être réalisé aux dépens des fidèles, de ceux qui sont réellement antisémites et racistes, vraiment hostiles au système démocratique, et qui voudraient bien passer des idées aux actes. Car ce sont eux les éléments solides, eux les cadres et les militants sûrs, eux qui sont capables de résister dans les périodes de reflux. La fonction de ces « erreurs » de Le Pen, de ces dérapages dans la caricature extrémiste, est d'adresser des messages, de rassurer ce noyau-là.

Mais ces messages, nous devons nous aussi les comprendre, car ils disent la vérité. Savoir si le lepénisme est un fascisme ou non n'est pas indifférent. Mais à la limite, une telle définition dépend moins des intentions des dirigeants que des circonstances économiques, politiques et sociales dans lesquelles ils agissent. Ce qui ne doit pas faire de doute, en revanche, c'est la détermination profonde de la plupart des dirigeants de l'extrême droite française. S'ils pouvaient chasser les immigrés par centaines de milliers, ils le feraient. S'ils pouvaient remettre en cause la Sécurité sociale ou l'idée d'un salaire minimal, ils le feraient. S'ils pouvaient recourir ouvertement à la violence et remettre en cause la démocratie, ils n'hésiteraient pas. C'est pourquoi, si nous devons prendre en compte les oripeaux de légalisme dont se pare le lepénisme, nous devons être sans illusion aucune sur ce que sont ses intentions profondes. Il faut le combattre avec discernement mais avec une absolue détermination.

L'hostilité aux étrangers, fondée sur le thème de la « préférence nationale », reste l'axe central, de la pensée politique du Front national. C'est là s'inscrire dans la continuité d'une vieille tradition de l'extrême droite française. « La France aux Français », l'hostilité aux « métèques », au « cosmopolitisme » étaient au cœur des slogans de ce courant politique pendant les années trente. Aujourd'hui, l'appartenance nationale est présentée comme le garant du statut social. Or cette approche non seulement est en contradiction avec la Déclaration des droits de l'homme et du citoyen qui postule que « les hommes naissent libres et égaux en droits », mais elle entre en contradiction avec les règles du droit et les réalités de la Communauté économique européenne. Le statut de citoyen d'un pays confère des droits politiques particuliers qui ne sont pas – sauf cas des élections locales dans certaines démocraties européennes – étendus aux étrangers. Mais les droits économiques et sociaux – par exemple le droit à l'éducation, à l'emploi ou à la protection sociale – sont accordés à tous ceux qui sont légalement admis dans le pays ou qui cotisent ou ont cotisé pour la protection sociale. C'est cette dissociation des droits que veut remettre en cause le Front national, en réservant les droits économiques et sociaux à ceux qui ont des droits politiques. C'est bien la philosophie des Lumières et de la Révolution française qui est ainsi battue en brèche.

Certes, la politique d'exclusion des étrangers que préconise le Front national est loin de rassembler une majorité d'opinions positives en France. Mais il ne faut pas se dissimuler l'attrait que représente le thème de la « préférence nationale » pour une minorité, à un moment où chômage et inégalités sont forts.

Là aussi l'extrême droite a modernisé son langage. Elle théorise autrement sa vieille xénophobie. Prêcher ouvertement l'inégalité des races, en un temps où se multiplient les interdépendances et les échanges internationaux, n'est pas très indiqué pour qui brigue des responsabilités. Dans l'affaire du Golfe, on voit même Le Pen faire semblant de tenir compte de l'opinion arabe Fonder sur des arguments biologiques sa croyance à l'inégalité – comme le fit le discours raciste puis antisémite aux XIXe et XXe siècles – serait trop brutal. L'opinion a gardé le souvenir des terrifiantes conclusions auxquelles cette pseudo-science a conduit certains.

C'est pourquoi l'argumentation est devenue plus habile. Elle n'est plus biologique, elle est culturelle. Elle n'est plus inégalitaire, elle est « différentialiste ». Elle feint de ne plus postuler la supériorité d'une race ou d'un peuple sur un autre, elle revendique leur différence. Et puisque les races, les peuples, les communautés sont différents, elle les veut « séparés ». Au bout du nouveau raisonnement, on retrouve la logique de l'« apartheid », mais autrement défendue. Ce qui crée, d'ailleurs, un autre débat et de nouvelles hésitations dans les rangs de la gauche.

Car, à gauche, la culture politique traditionnelle est universaliste. Or, c'est à partir d'une réflexion sur la décolonisation, puis sur l'immigration, qu'une critique de l'universalisme abstrait a été conduite. Venant de milieux tiers-mondistes, antiracistes, communautaires, cette critique a affirmé contre l'uniformité du droit, contre l'unicité du modèle – culturel, éducatif ou de mode de vie –, le « droit à la différence ». La diversité des peuples, des cultures, des expériences historiques, des modes de vie, des traditions et coutumes était telle qu'il devenait difficile d'affirmer la supériorité de certains d'entre eux sur tous les autres. Certains ont même avancé la proposition de faire vivre une « France pluriculturelle », additionnant plutôt qu'unifiant ses différents apports de population. Le débat qui en a découlé à gauche entre « universalistes » et

« différentialistes » ne serait pas devenu aussi vif, si l'extrême droite, à sa façon, ne s'en était pas saisie.

Certes le différentialisme du Club de l'horloge et du Front national ne peut se comparer à celui que professent certaines personnalités de gauche. Les premiers refusent l'intégration, veulent l'exclusion et la séparation, les seconds sont pour la cohabitation et l'enrichissement mutuel. Mais l'habileté du propos des premiers tient à ce qu'ils utilisent les même mots, à ce qu'ils opèrent un véritable retournement du discours des seconds. On ne dit plus que l'étranger ou l'immigré est inférieur, on dit qu'il est différent. On ne se prononce plus contre les étrangers, on se dit pour les Français. Le discours devient positif, affectif, protecteur et non agressif. On respecte l'autre puisqu'on admet sa « différence ». On demande seulement à ce qu'on admette, pour le Français aussi, un « droit à la différence ». On ne peut être en apparence plus raisonnable.

En réalité, cette théorisation nouvelle ne change ni les présupposés idéologiques ni les attitudes pratiques. Derrière le discours différentialiste de droite, on escamote la question de l'inégalité sans se rallier à la thèse de l'égalité entre les hommes. Ceux-ci sont différents, on peut donc se dispenser de dire qu'ils sont inégaux, et plus encore égaux. Il en va de même pour les dispositions pratiques. Expulsions massives, discrimination à l'école, au travail, devant la protection sociale restent bien la politique envisagée par l'extrême droite en ces matières. On voit donc que le « différentialisme » d'extrême droite n'a qu'une pure fonction idéologique. Il est conçu comme une communication plus adéquate pour mieux vendre la même marchandise.

Plus radicale est la révision opérée par l'extrême droite dans sa doctrine économique et sociale. L'extrême droite française était politiquement réactionnaire mais socialement ouverte; elle n'approuvait pas sans nuance le capitalisme. De Maistre, Montalembert, attachés au courant monarchiste hostile à la Révolution, sont en même temps les premiers penseurs d'un certain christianisme social. La réaction d'hostilité à la Révolution française n'est pas seulement nostalgique de l'ordre ancien ; elle se nourrit aussi d'une critique de la révolution industrielle, du règne de la bourgeoisie, avec son cortège de misères. C'est dans ce sens que Marx a pu inscrire parmi les « socialismes primitifs » ce qu'il a appelé le « socialisme aristocratique ». Dans les courants de la droite autoritaire française, bonapartiste ou boulangiste, on trouve une dimension plébéienne et une préoccupation sociale. D'où les rapports entre l'entourage de Napoléon III et certains cercles saint-simoniens. De la même manière, dans les ligues des années trente ou dans certaines fractions du fascisme, la critique anticapitaliste – même si elle est le plus souvent « antiploutocratique et xénophobe » –, la volonté d'organiser autrement l'économie et la société – moins sur la base du capitalisme libéral que sur celle du corporatisme – se mêlent pour distinguer radicalement l'extrême droite activiste et « révolutionnaire » des partis conservateurs traditionnels.

Il en va autrement pour le parti de M. Le Pen. Loin d'être anticapitaliste, il est ultra-capitaliste. Loin de préconiser un capitalisme populaire, il défend un capitalisme débridé, sans régulation. Dans la conception lepéniste, l'État est fort dans la sphère sociétale et privée, il doit peser sur les individus, les consciences et les mœurs. Le Front national nous promet en effet l'épuration de la Justice, de l'Enseignement, de la Fonction publique. Mais il est faible ou absent dans la sphère de la production, de la distribution, et face à l'argent. Lorsqu'on examine les propositions du Front national dans l'ordre économique et social, on est frappé de leur caractère libéral et antisocial. Libération totale des prix (et donc des loyers), suppression des subventions de l'État (comment vivrait l'agriculture ?), abolition du SMIC, durée du travail sans limites précises, systématisation des contrats à durée déterminée, limitation des droits des syndicats, tout cela va dans le sens du capitalisme sauvage. La doctrine du Front national s'apparente plus à celles qu'on a vu fleurir dans les dictatures latino-américaines des années soixante à soixante-dix – violence politique mais libéralisme économique et social, dérégulation à tous crins –, qu'à la tradition réactionnaire et sociale française. Les ouvriers, les employés, les petits agriculteurs, les personnes seules à faibles revenus, les retraités modestes, c'est-à-dire justement ceux qui craignent pour leur intégration, n'ont rien à attendre de Le Pen.

Droite et extrême droite

Le lepénisme pèse sur la vie politique française. Quand une force politique qui faisait 1 ou 2 % des voix aux élections en emporte 10 ou 15 %, elle les prend forcément sur les autres partis.

Les socialistes et la gauche ont été les premiers à y perdre. Le report, qui s'est opéré au profit du Front national après 1983, d'un électorat populaire peu politisé, traditionnellement influencé par le parti communiste mais rallié de fraîche date à nous, n'a jamais – sauf peut-être au second tour de l'élection présidentielle de 1988 – été vraiment résorbé.

La droite n'est pas dans une meilleure situation. Dans un premier temps, elle s'est certainement félicitée d'avoir utilisé contre nous des thèmes jusque-là réservés au Front national. Elle nous a battus en 1986 et a pensé qu'il lui suffisait de « droitiser » son discours pour ramener à elle les électeurs partis vers l'extrême droite. On a vu que ce calcul fut voué à l'échec. Depuis, la droite erre dans son positionnement à l'égard du Front national. Tantôt, elle espère qu'en empruntant les thèmes de ce dernier, en passant des accords locaux avec lui, elle pourra mieux le réduire électoralement. Mais une telle attitude trouble ses éléments les plus modérés et inquiète le centre. Tantôt, par exemple lorsque Jean-Marie Le Pen se laisse aller à une déclaration particulièrement provocatrice, elle s'effraie de son premier choix, récuse nationalement les alliances locales et déclare condamner sans nuance les thèses du Front national. Mais alors, elle indispose celui-ci, lequel menace, ce qui préoccupe une autre partie des siens. Le leader extrémiste joue habilement de ces atermoiements, de ces changements de cap. Il a beau jeu de prétendre que la droite conservatrice est timorée, hésitante, contradictoire, et qu'il représente, quant à lui, la seule force conséquente.

La conséquence la plus grave de la poussée de la droite extrême ne concerne pas seulement les partis, mais la société tout entière. Il y a dans le développement de thèmes xénophobes, d'allusions antisémistes, dans la pratique d'un vocabulaire politique à la fois sexuel et ordurier, comme un abaissement, une régression vers une période et des tentations que nous pensions révolues. La politique, quand elle est noble ou qu'elle aspire à l'être, consiste à faire de l'individu enfermé dans son particularisme, spectateur d'une réalité collective qui se forme en dehors de lui et sur laquelle il est sans prise, un citoyen, un acteur du jeu, le partenaire d'une régulation politique ou sociale maîtrisable. La politique – pour être digne d'être vécue et respectée – implique une rationalisation, une explication des enjeux et des règles, une lisibilité de la réalité nationale et internationale – même si elle est complexe, contradictoire, antagoniste –, qui justifie que chacun s'engage, chacun choisissant l'intensité et la nature de son engagement. Le lepénisme contredit et contrecarre cette recherche, même maladroite, d'un idéal de vie démocratique. Les thèmes de la violence, de la peur (notamment de l'étranger), de la décadence (française ou occidentale), de la perte d'identité (française ou européenne), de la mort (le sida par exemple) sont les moteurs de son action et de sa « pensée » politiques. Ils paralysent la pensée, l'analyse objective des phénomènes, la compréhension des intérêts et des forces sociales qui se confrontent dans la société française ou internationale pour leur substituer le mécanisme des passions, des émotions. Mais celles-ci sont toujours, avec Le Pen, régressives, négatives. Au moment où la France a besoin d'être audacieuse, constructive, ouverte et attentive au monde en même temps que lucide dans la défense de ses intérêts, le système d'interprétation de la réalité proposé par l'extrême droite la tire en arrière, l'enferme et l'aliène.

Mon propos n'est pas ici de prétendre détenir la recette pour réduire le lepénisme. Il est à peu près certain que s'il n'y avait pas de chômage, si les salaires bas et moyens pouvaient être régulièrement relevés, si tous les mal-logés trouvaient un logement décent, si notre vie urbaine était moins dure, si le tiers monde le plus proche de nous se développait à un rythme tel qu'il n'ait pas besoin d'immigrer, le Front national n'aurait pas cette audience. Mais personne ne nous a fait la démonstration qu'il était possible, dans les circonstances internationales et nationales actuelles et en quelques courtes années, de régler vite et radicalement ces problèmes.

Qu'on m'entende bien. Je n'ai pas l'intention de me résigner au chômage massif, à la désespérance urbaine, à la permanence des inégalités, ni d'ailleurs aux scores trop élevés du Front national. Je persiste à ne pas m'accommoder de la société telle qu'elle est. L'action pour la croissance et pour l'emploi, la politique de rénovation urbaine, de réduction des inégalités, d'amélioration des relations économiques internationales, d'association des citoyens à la vie politique continuent à s'imposer. Là doit être le cœur des politiques gouvernementales.

Mon propos est ici de donner mon sentiment sur la meilleure façon d'aborder politiquement le problème posé par le Front national. Il tient en deux mots : combattre mais relativiser.

Il n'est pas possible de parler de la même manière du Front national en 1983, au moment de sa première poussée électorale, et en 1991. Une fièvre, c'est une fièvre. Une maladie tenace, c'est autre chose. On peut, quand surgit un phénomène qu'on déteste et qui fait peur, utiliser le vocabulaire lyrique de la dramatisation, sonner le tocsin, en appeler à la démocratie menacée, culpabiliser ceux qui cèdent et apostropher les tièdes. Vouloir tenir le même discours huit ans plus tard n'a pas de sens. Condamner sans réserve les thèses du Front national, le combattre résolument, tant que celui-ci ne sera pas revenu à sa marginalité antérieure, dénoncer ceux qui passent des alliances avec lui sont choses nécessaires. Mais continuer à faire comme si sa seule présence menaçait chaque jour la démocratie, comme si la France vivait dans la crainte permanente du fascisme, utiliser le vocabulaire de l'angoisse, du paroxysme, c'est rater l'analyse du phénomène, tenir à l'opinion un discours non crédible – parce qu'elle ne ressent pas la situation comme telle – et, au bout du compte, risquer de se démoraliser soi-même en constatant que ce discours ne fonctionne pas, puisque le phénomène persiste. C'est enfin confondre les symptômes (idéologiques et politiques) avec les causes (sociales et économiques).

Le succès électoral du Front national en France – comme ceux d'autres mouvements du même type en Europe – n'est pas la conséquence d'un brusque déséquilibre, d'une désagrégation massive et brutale, du type de ceux que notre continent a connus en Italie et en Allemagne au lendemain de la Première Guerre mondiale. Il ne s'agit pas d'une réaction brutale à une situation elle-même exceptionnelle et dramatique. C'est pourquoi l'assimilation au fascisme ne me paraît pas opportune.

Je n'ai nulle illusion sur le « modérantisme » des dirigeants du Front national. Plusieurs responsables de ce mouvement, par leur origine et leur pensée politiques, sont indiscutablement des fascistes. Ce mouvement n'est pas fasciste, parce que la période ne l'est pas et que ne le sont pas non plus les méthodes d'action que ses dirigeants utilisent ou en tout cas sont contraints d'employer. Si la conjoncture changeait, peut être changeraient-ils et nous aurions nous-mêmes à adapter nos réactions. Mais nous ne sommes pas dans cette période de fascisation et ce serait une erreur politique que de nous y projeter par une construction théâtrale.

À travers l'apparition et le maintien d'une extrême droite européenne et française significative, notre continent n'est pas en train de rejouer – en les prenant par le début – les grandes scènes tragiques de l'histoire d'avant-guerre. C'est une autre histoire que nous sommes en train de vivre et nous ne devons pas l'aborder avec les mots, les attitudes et les symboles de la période précédente.

La leçon tragique du fascisme n'a pas été perdue par nos peuples. Nos démocraties sont solides, même si nos sociétés ont leurs zones de fragilité. L'extrême droite européenne n'a pas les moyens ni même sans doute vraiment la volonté de subvertir le système en place. Elle est un symptôme, une maladie du corps social et politique, mais d'un corps puissant, protégé par des anticorps sociaux et politiques qui n'existaient pas dans les années trente. Cette maladie doit être prise au sérieux. Vivre trop d'années avec ce taux de chômage (notamment chez les jeunes), ces quartiers dégradés, ces injustices étalées, ce système politique trop lointain, cette montée des égoïsmes, ce faux-semblant de la société du spectacle, cette multiplication des scandales, cette misère de masse non traitée aux portes de l'Occident européen comporte des risques tout à fait sérieux de rupture du « lien social », de perte des valeurs communes et du consensus démocratique. Dans un tel contexte, l'extrême droite joue ses cartes. Nous devons la combattre mais en utilisant les armes appropriées. Il ne s'agit pas de mimer, comme pour rejeter l'ennemi au loin dans la commodité d'anciennes références historiques, le combat démocratie contre fascisme. Il faut affronter l'adversaire au corps à corps sur le terrain, là où il est, comme il est.

Les peuples n'aiment pas que l'on joue faux. À exagérer le danger sans le vaincre, on le sert. À diaboliser un adversaire qu'il suffit de combattre, on crée, chez les hésitants, la tentation de relativiser ce qu'ils ressentent comme une charge excessive.

Disons les choses nettement. Tel qu'il se présente, le lepénisme n'est pas un fascisme. Il n'est pas une négation radicale de la démocratie mais une déviation de celle-ci, une version étroite, autoritaire, exclusive qui, si elle devait être mise en œuvre, la pervertirait, mais qui, pour le moment, se réclame de cette démocratie et même – paradoxe manipulatoire ! – nous la réclame, par exemple à propos de la proportionnelle. Dans ce sens, le plus sain, sur le plan politique, est de traiter le phénomène tel qu'il est. D'abord se dire qu'il est appelé à durer et que nous aurons à vivre pendant un certain nombre d'années avec lui. Admettre aussi, même si c'est désagréable intellectuellement, que des millions d'hommes et de femmes, nos concitoyens, votent et voteront Le Pen, sans pour autant être prêts à s'embarquer dans une aventure fasciste.

Une telle approche suppose d'opérer des distinctions dans les comportements. Tout ce qui relève de la violence ouverte – actes racistes, violence contre les personnes, tentatives d'intimidation, que ces actes soient d'ailleurs commis ou non par des adhérents du Front national – doit être implacablement réprimé. Il faut que cela coûte cher à ceux qui combinent la violence et la lâcheté. De même faut-il que soient jugés sévèrement ceux qui portent atteinte – comme dans le cas de la campagne contre le film de Martin Scorsese, *La Dernière Tentation du Christ* – à la liberté d'opinion ou de création.

Je suis moins convaincu, en revanche, de l'opportunité des mesures d'interdiction de réunion prises localement à l'encontre de Le Pen et du Front national. Naturellement, ce sont les maires qui sont juges et ils peuvent parfois invoquer à juste titre des risques de troubles pour l'ordre public. Le paradoxe, avec les mesures d'interdiction des meetings du Front national ou avec les manifestations organisées directement et physiquement contre ses réunions, c'est qu'elles retournent l'argument de l'atteinte à la liberté – la liberté de réunion étant un incontournable droit – contre ceux qui défendent les libertés et installe dans le rôle de victimes de l'intolérance ceux qui n'hésiteraient pas, s'ils le pouvaient, à prendre des libertés avec la liberté. Le Pen, naturellement, ne se fait pas faute de se poser en victime. La liberté ne se divise pas. Et c'est là le second argument, qui est de principe. Ou le Front national, par ses méthodes et ses thèmes, s'est mis hors la loi, mais il faut alors en tirer les conséquences et demander sa dissolution. Ou, quel que soit le danger de ses thèses, il respecte pour l'essentiel et pour le moment la légalité et il a droit lui aussi à ce que ses droits soient respectés.

Je sais qu'une telle approche peut choquer. Ceux qui aiment les « jeux de rôles » ou la surenchère dans la « lutte antifasciste », ou d'autres, plus nombreux, que leur dégoût pour les thèses de l'extrême droite, que leur désir d'agir pousseront à s'engager dans ces brefs exorcismes. Distinguons les situations : quand il y a à frapper, faisons-le avec toute la rigueur de la loi ; quand il y a à protester et à manifester, faisons-le avec force et en nous appuyant sur un mouvement spontané des citoyens autour de nous ; mais ne participons pas à des opérations minoritaires et isolées qui valorisent Le Pen plus qu'elles ne le desservent. Naturellement la lutte politique, la polémique contre les idées du Front national sont indispensables. J'ai été le premier homme politique à l'affronter durement dans un face-à-face sur une radio. Mais sachons que nous ne viendrons à bout de l'écho populaire du lepénisme qu'en faisant la démonstration que nous avons des réponses concrètes à donner à une partie de ceux qui suivent Le Pen, par désespérance, par peur, dans la confusion. Le Pen n'est qu'un symptôme. Traitons la maladie.

L'écologie ou l'« aillleurs » en politique

Le thème de la nature n'est pas neuf en politique. En Grande-Bretagne au XIXe siècle quand on a vu disparaître la *merry England*, en France aussi pendant la révolution industrielle, le thème de la destruction des paysages et des terroirs a été chanté, plus d'ailleurs par les censeurs aristocratiques de la révolution bourgeoise que par les théoriciens de la critique sociale, qui souvent épousaient le mouvement industrialiste. Dans les années vingt et trente, sous la république de Weimar ou dans les premières années du Troisième Reich, ce thème de la protection de la « nature », des « paysages », de la « forêt » fut également promu par des associations, des hommes politiques, des savants ou des poètes. Mais tout cela restait épars, ambiant, non formalisé.

L'irruption de l'écologie comme mouvement politique date en Europe de dix à quinze ans : jusque-là, l'écologie désignait avant tout une science. Certes, les cris d'alarme du Club de Rome datent du tout début des années soixante-dix. Mais ceux-ci n'ont pas dépassé le succès médiatique du moment, ont peu inspiré les politiques pratiques des gouvernements et ont été finalement étouffés. Néanmoins, c'est dans cette période initiale que des scientifiques, des groupes d'experts ont écrit des livres, peu connus encore du grand public, mais qui ont éveillé ou préparé des prises de conscience. La fin de l'euphorie de la croissance, le blocage du développement des pays du tiers monde, la conscience des nuisances et pollutions entraînées par l'expansion industrielle, urbaine ou touristique, la peur de la guerre nucléaire et même de certaincs formes de l'usage civil de l'atome, vont conduire en Europe et dans d'autres pays développés à la naissance de mouvements de protection de la nature, de défense de l'environnement, de revendication écologiste.

Pendant longtemps, en tout cas en France, ces mouvements resteront centrés sur des luttes particulières : le Larzac, Fessenheim, Creyss-Malville, Golfech... Des réseaux certes existent et une certaine capacité de mobilisation. Mais le mouvement n'est ni national ni clairement politique avant la candidature de René Dumont à l'élection présidentielle de 1974.

En France, le mouvement écologiste est longtemps resté en retard. Après quelques succès aux élections municipales de 1977, la poussée s'était arrêtée. Peut-être parce que justement la montée de la gauche, contenue en 1978 aux législatives mais victorieuse en 1981, occupait l'espace et cristallisait les espérances. De ce « retard écologique » français – en tout cas sur le terrain politique et électoral –, on peut donner d'autres raisons. Par exemple la relation existant entre écologisme et pacifisme. En France, la lutte pacifiste a été dirigée, dans les années soixante-dix et quatre-vingt, par le parti communiste. Or nombre d'écologistes ou de jeunes tentés par leurs thèses avaient peu envie de mêler leurs mots d'ordre ou leurs luttes à ceux du parti défenseur de Brejnev. D'autant que certains, mieux avertis que nous, commençaient à connaître les désastres écologiques en cours en URSS et dans les pays de l'Est.

Après cette phase de présence en pointillé dans la société, de condensations locales et sans lendemain, est venue celle de la cristallisation en un mouvement politique : celui des Verts. Leur présence systématique dans les élections, la montée de leur score national (au niveau de 10 %), leur expérience des premières gestions locales, le fait d'avoir à se poser des questions de pouvoir, y compris au niveau national, ou d'être interpellés sur leur stratégie et leurs alliances, attestent que l'écologie est vraiment devenue politique.

Il n'est pas question de nier aux écologistes le droit d'entrer en politique. Je me souviens de l'époque où la droite postulait, que nous n'étions pas faits pour occuper le pouvoir d'État; elle nous estimait bons, au mieux, à gérer les affaires locales. Nous n'allons pas, à notre tour, nous arroger, face aux écologistes, un droit particulier à la représentation, dont chacun, en démocratie, a constamment à se rendre digne.

D'autant qu'il y a dans la poussée écologiste récente une réponse à une réelle crise des partis traditionnels et à un certain échec du politique. Si une partie de la jeunesse ou de l'électorat potentiel de la gauche vote écologiste, c'est sans doute que les futurs équilibres de la planète et les pollutions locales les préoccupent, mais c'est aussi que ceux-là ne trouvent pas, dans l'image que nous donnons et dans l'action que nous conduisons, suffisamment de motifs de se reconnaître en nous.

Il est sûr que l'arrivée sur le terrain politique et électoral du mouvement écologiste a contribué à faire avancer les choses dans plusieurs domaines non négligeables.

La menace électorale a fortement activé la sensibilité à l'écologie dans les différents partis et souvent poussé les gouvernements ou les autorités locales à agir. Puisque l'on sait que les problèmes écologiques sont décisifs pour l'avenir et que les partis de droite ou de gauche ne les auraient pas abordés avec la même conviction sans cette pression extérieure, il faut avoir l'objectivité de reconnaître que l'irruption écologiste sur la scène électorale de nonbreux pays développés a été positive.

Le problème n'est donc plus de savoir si l'exigence écologiste retombera parmi les peuples. Là où la démocratie leur donne droit à la parole, elle ne retombera pas. La pollution des sols, des eaux et des mers, les effets de réchauffement de la planète, l'empoisonnement de l'air, le traitement des déchets, les risques d'épuisement de certaines ressources naturelles, l'explosion démographique dans quelques grands pays sont des problèmes suffisamment graves et de long terme pour qu'ils préoccupent longtemps l'humanité. Les négliger serait prendre de grands risques.

L'écologie sera désormais une préoccupation permanente. La question est seulement de savoir qui la portera ou l'intégrera : des partis politiques « polyvalents » ou un mouvement écologiste spécialisé ?

Aujourd'hui, l'irruption électorale du mouvement écologiste apporte un trouble politique : il pénètre un espace déjà occupé et, par là même, il dérange. Cela s'est déjà produit avec la montée socialiste et plus récemment avec la poussée lepéniste. Mais le problème n'est pas seulement limité au partage de l'espace politique. Il réside dans la nature même du mouvement écologiste, qui est spécifique.

L'ambiguïté de l'écologie : science et mouvement politique

Le caractère inédit de l'écologie tient à sa double nature. Elle est une science – celle qui « étudie les rapports entre les organismes et les milieux où ils vivent » – et elle est un mouvement politique. De là à ce que le parti écologiste et ses valeurs se parent des vertus de la science, il y a un pas qu'il est tentant de franchir. Seul un autre parti politique, le parti communiste, avait opéré cette confusion – mais dans l'autre sens – en arborant comme une doctrine scientifique le matérialisme dialectique. Il en tirait la prétention d'être le porteur de la vérité scientifique.

Ce n'est pas un hasard si les cadres et les militants écologistes sont souvent des scientifiques, des ingénieurs, des techniciens ou bien d'anciens militants issus de ces courants très idéologiques de l'extrême gauche. Pas un hasard s'ils affectionnent le jargon technique autant que le lyrisme de l'émotion. Mais il faut prendre garde aux mouvements politiques qui avancent bardés des certitudes de la science. Nous découvrons là cet élément de complexité qui fait du mouvement écologiste un produit de cette civilisation industrielle et productiviste qu'il critique mais dont il a intégré les savoirs.

Plus important encore est l'effet de focalisation des préoccupations qu'opère ce mouvement. Le propre des grands partis politiques que nous a légués l'ère de la démocratie, c'est qu'ils sont polyvalents. Ils traitent de tout, en tout cas de tout ce qui concerne la vie en société et les formes du pouvoir. Ils ne se distinguent pas les uns des autres par l'objet qu'ils traitent – car ils traitent de la même chose –, mais par la façon dont ils en parlent, par les solutions différentes qu'ils préconisent, par les moyens et par les fins qui sont les leurs. Ils sont conservateurs, radicaux, progressistes, socialistes, communistes, voire démocrates-chrétiens ou extrémistes, mais ils ne sont pas écologistes ou... féministes. Sous un certain angle, le mouvement écologiste peut se comparer au mouvement féministe. C'est un monomilitantisme, c'est un rassemblement autour d'une préoccupation particulière et exclusive. En ce sens, il offre une occasion d'échapper à la politique classique avec ses préoccupations très générales et sa prétention globale. On comprend la force et la simplicité de cet appel, surtout quand il se greffe sur le sentiment d'urgence de très réelles questions, que la politique trop souvent néglige. Mais par là même, c'est toute une partie essentielle du réel, de la vie des hommes en société qui est occultée ou traitée par omission ou avec négligence par ces mouvements particuliers.

L'action écologiste se présente comme un « ailleurs ». Reste à savoir si ce mouvement ne sera pas obligé, comme le mouvement féministe, et faute d'être en mesure de gagner seul, de choisir ou bien de persévérer dans l'isolement au prix de l'inefficacité ou bien d'accepter de voir ses exigences traduites par d'autres dans la réalité – parce que ceux-là sont au pouvoir. Mais alors il risque de perdre une partie de sa force d'attraction. Le parti des « Verts » en France est confronté à ce dilemme.

On comprend bien l'intérêt de l'ambiguïté politique pour les écologistes, l'avantage qu'ils ont à se situer dans cet « ailleurs », par rapport à la politique qu'ils disent traditionnelle. S'ils se laissent structurer par l'historique clivage droite-gauche, ils se marginalisent, ils deviennent un appoint, ils perdent leur spécificité et leur force. Car ils devraient alors renoncer à se présenter comme porteurs d'une nouvelle conception du monde. Il y a donc une logique dans l'obstination que mettent plusieurs de leurs leaders à refuser de se situer, à récuser la question du désistement dans les élections à deux tours, y compris quand la question leur est posée des conséquences de leur attitude, si reste en lice au second tour un représentant de l'extrême droite.

Cette crispation dans l'isolement se comprend d'autant mieux que les écologistes ne sont pas une nouvelle expression du centre. Pour la plupart, ils ne sont pas à égale distance de la droite et de la gauche. La vérité est que les socialistes et eux chassent sur les mêmes terres. Ce chassé-croisé socialiste-écologiste tient à des causes profondes : une certaine communauté de sensibilité – sur le désarmement, sur le nucléaire, sur le tiers monde, en tout cas au niveau des militants –, une parenté dans la sociologie des deux électorats – milieux de cadres, de techniciens, d'intellectuels. C'est pourquoi le trouble introduit par la percée des écologistes saisit au premier chef le parti socialiste.

Mais il est peu probable que le mouvement écologiste puisse durablement rester « ailleurs » en politique, pour des raisons qui tiennent à son propre développement. Tant qu'il était une force marginale, il pouvait se dispenser de répondre à certaines questions. Mais à partir du moment où il a des élus nationaux, par exemple au Parlement européen, il ne peut plus se dérober. Sur la politique agricole commune, sur la fiscalité, sur les luttes sociales, sur les problèmes du Golfe, sur l'action contre le chômage, il est, lui aussi, sommé de prendre position. Et là surgit un autre dilemme. S'il reste silencieux, les Français peuvent prendre conscience de ce que les Verts n'ont rien à dire sur certains grands problèmes et se mettre à douter de leur capacité à gouverner. Si les Verts sortent de leur spécificité, de cette sphère particulière de compétence qu'ils se sont donnée, s'ils doivent affronter aussi les autres problèmes dans leur diversité, alors ils cessent d'être une force politique « différente », ils doivent confronter leur discours à tout le champ du réel et ils peuvent être progressivement banalisés, rendus semblables aux autres formations politiques.

On voit bien que ces questions commencent à se poser au parti écologiste. Ce n'est pas un hasard si les premières oppositions internes et les débats les plus difficiles sont intervenus sur des problèmes extérieurs à l'écologie : attitude à l'égard du Front national, positionnement dans la crise du Golfe, etc. Il est également logique que des divisions se produisent sur la question de savoir si les dirigeants écologistes doivent laisser certains d'entre eux accepter des responsabilités dans des institutions afin de faire vivre leurs idées. C'est tout le sens du débat qui a agité le parti vert à propos de la direction de l'Agence de l'environnement et de la maîtrise de l'énergie proposée par Brice Lalonde à l'un d'entre eux.

La réflexion écologiste nous a rappelé que nous vivons dans un monde fini, dont les ressources ne sont pas inépuisables, un monde que nous pouvons non seulement souiller mais déséquilibrer profondément, peut-être même dévaster, et finalement perdre. Au sein de ce monde, il n'y a pas d'ailleurs. On peut certes envoyer quelques individus momentanément dans l'espace et des sondes vers des planètes. Mais l'humanité sait qu'elle n'a pas d'autre lieu que la Terre pour poursuivre son destin et que cet habitacle est fragile.

Or, pas plus qu'il n'existe d'ailleurs planétaire, il n'y a d'ailleurs dans la vie de la cité. Certes la vie des hommes n'est pas un tout indifférencié. Elle a ses sphères particulières d'activités : culturelles, spirituelles, sportives, économiques, sociales, domestiques et autres. Mais il serait étrange de faire de chacune d'elles l'objet d'un mouvement politique spécial.

Si l'on veut que les problèmes de la maîtrise des grands équilibres de la planète comme ceux de la protection de l'environnement de proximité soient pleinement traités par les autorités publiques et privées, par les gouvernements aussi bien que par les collectivités ou les entreprises, il ne faut pas que ces problèmes restent l'apanage de spécialistes – experts ou militants – jaloux de leur territoire. Cela suppose une double intégration de l'écologie : au sein de la politique et dans l'économie. Certains l'ont compris et passent à l'acte en ce domaine.

Il y a risque à segmenter la vie publique, par thème ou par catégorie sociale. Les syndicats, les associations, les groupements professionnels sont nécessaires à la vie économique et sociale, et donc politique. Ils sont force d'organisation, de défense, d'expression. Mais si, au nom de leur vérité particulière, ils entendaient se tailler chacun une place dans le champ électoral, c'est la vie publique elle-même qui serait menacée. Si dans nos élections nationales ou locales entraient en compétition des partis régionaux, des partis de femmes, de Juifs ou de « beurs », de jeunes ou du troisième âge, de petits commerçants ou de cadres, d'écologistes, de consommateurs, voire – et on l'a vu – de chasseurs, le sens de l'intérêt général serait perdu. Chacun serait attaché à sa revendication propre, étranger à l'autre, lui aussi enfermé dans son particularisme ou dans son corporatisme. L'idée même d'une Nation, d'une communauté politique, d'un forum où l'on peut se rencontrer, débattre, échanger, convaincre, disparaîtrait. C'est la vie politique démocratique qui est en cause, avec son souci de la chose publique, de la *res publica*.

Le risque n'est pas fictif. À un moment où la vie politique est en crise, où les partis sont contestés et souvent déchirés de l'intérieur, où nombre de nos concitoyens s'abstiennent, où comprendre et vivre la politique est malaisé, il peut être rassurant ou confortable de fuir la politique générale, complexe, globalisante, pour se contenter de militantismes particuliers. Or l'écologie est trop importante pour rester marginale. Il faut l'intégrer pleinement dans la politique, faire qu'elle soit l'affaire de tous.

Je ne sais s'il existera dans dix ans un mouvement écologiste puissant électoralement, nationalement structuré, avec des représentants au Parlement, mais ce dont on peut être sûr, c'est que l'on aura autant qu'aujourd'hui des problèmes d'environnement et d'écologie. Et, sauf à courir de sérieux risques, ces problèmes devront être traités, intégrés, traduits dans des politiques pratiques. Les responsables écologistes ne pourront donc rester durablement sur leur quant-à-soi, dans des certitudes à la fois supérieures et marginales. Il leur faudra transformer leur protestation en action et leurs rêves en projets aboutis.

Faute d'avoir une chance sérieuse d'accéder directement et seuls au pouvoir, il leur faudra trancher sur leurs relations avec ceux qui l'occupent ou peuvent l'occuper. Certes, en bonne logique, ils n'ont pas à limiter cette réflexion à la gauche. Si le problème du mouvement écologiste est de participer au pouvoir pour réaliser ses idées, il peut en principe le faire avec la droite comme avec la gauche. En réalité, si la gauche demeure durablement au pouvoir, elle entraînera les Verts de son côté. Si la droite y revient, l'électorat des Verts – qui est majoritairement de gauche – supportera mal une association prolongée avec les partis conservateurs. Quant à une alternance régulière entre la gauche et la droite, avec des cycles raisonnablement rapprochés, elle n'offrirait pas forcément une solution. Être tantôt d'un côté, tantôt de l'autre, désorienterait à coup sûr. On peut au plan local avoir, dans telle municipalité, des Verts avec la droite et dans telle autre des Verts avec la gauche. La distance atténue les contradictions. Mais pour un mouvement national, des oscillations successives créeraient vite un malaise.

Le mouvement écologiste sera donc amené à se poser le problème de ses rapports avec la gauche. Pour le moment, il écarte la question ou la tentation, en posant des préalables à la discussion : par exemple celui du rétablissement du scrutin proportionnel. Ce n'est pas une question facile à résoudre. Il est vrai que ce mode de scrutin existe déjà sous des formes différentes, à l'élection européenne, aux régionales et aux élections municipales. On pourrait envisager de l'étendre aux élections cantonales. Mais peut-on le faire aux législatives ? Sans doute, puisque nous l'avons fait en 1986. Mais n'oublions pas le reproche qui nous fut adressé : en offrant une tribune au Front national, nous aurions favorisé la propagation de ses idées et accru sa légitimité. Je ne suis pas convaincu par l'argument mais il existe. L'autre critique que nous pourrions encourir est la suivante : les socialistes ont changé le mode de scrutin en 1985, le droite l'a changé à son tour en 1987. Revenus au pouvoir, nous changerions à nouveau la règle ? Les modes de scrutin dans une démocratie sont faits pour être stables ou pour n'être changés qu'à de longs intervalles. Donner l'impression à nos concitoyens que chaque camp change la règle électorale pour rechercher son avantage risquerait d'entraîner une nouvelle critique de la vie politique. Avec ou sans proportionnelle, les Verts devront traiter avec nous des problèmes de fond, ceux de la société tout entière. Que pouvons-nous faire ensemble ? Quels projets concrétiser ? Quels infléchissements apporter à l'actuel modèle de développement ? Tout cela devrait susciter des débats passionnants.

Les socialistes savent que les questions de l'écologie ne peuvent être éludées. Les initiatives prises par le parti socialiste quand j'étais premier secrétaire (colloque de 1988, « Gérer notre planète »), par le président de la République (colloque la « Planète Terre » en 1989), par le Premier ministre (conférence spatiale européenne de La Haye) en témoignent. Vont dans le même sens les nombreuses initiatives nationales ou internationales prises par la France, l'action menée par le gouvernement et notamment par le ministre de l'Environnement, Brice Lalonde.

Une autre exigence est d'intégrer l'écologie dans l'économie ou, si l'on préfère, d'imposer à l'économie des contraintes écologiques. Ne pas le faire serait condamner l'écologie à la proclamation marginale. Dans son dernier livre, *Économiser la planète* [1], Claude Allègre défend cette

1. Claude Allègre, *Économiser la planète,* Fayard, coll. « Le temps des sciences », 1990.

thèse que je crois juste. Ce raisonnement peut se conjuguer de deux façons. Négativement, en intégrant progressivement dans le calcul économique le coût des pollutions ou des atteintes au patrimoine naturel. L'activité économique ne serait plus seulement appréciée pour ce qu'elle produit ou ce qu'elle rapporte mais également pour ce qu'elle détruit ou ce qu'elle aggrave. L'autre dimension, positive celle-là, consiste à prendre conscience qu'un secteur puissant de développement de techniques et de procédés protecteurs de l'environnement peut très bien être source de travail, de salaires, de richesses.

Il me faut conclure sur ce tableau de l'évolution, voire de la décomposition du paysage politique français. Conclure justement sur la possibilité de le recomposer. Cela ne se fera pas en un jour, comme un coup de vent chasse des nuages et dégage le ciel. Trouver un nouvel équilibre politique suppose plusieurs conditions : le retour de l'extrême droite à la marginalité, le choix par le PCF d'un nouveau rôle politique, l'intégration dans l'action des gouvernements des idées du mouvement écologiste, une restructuration de la droite ou l'apparition d'un centre émancipé. Il y faudra aussi des changements dans les comportements de la part des responsables politiques, souvent de qualité, mais qui ne montrent pas toujours la meilleure part d'eux-mêmes. Le parti socialiste a un rôle essentiel à jouer. Face à la crise du parti communiste, à la maturation du mouvement écologiste, aux velléités du centre, il peut et doit apporter des réponses.

Cela suppose deux conditions. D'abord qu'il maîtrise sa propre crise. Car le PS est en crise, indiscutablement. Pas seulement à cause des difficultés de l'action gouvernementale. Ni même en raison du poids que fait peser sur lui, comme sur d'autres, l'exploitation politique et médiatique des « affaires ». Non, la crise est interne. Elle vient des comportements. François Mitterrand, réélu, prenant de la hauteur, à un autre stade de sa vie, accomplit sans défaillance sa fonction de chef d'État, particulièrement dans l'ordre de la vie internationale. Il est celui qui a conduit la renaissance du PS, il nous a amenés à la victoire, il est un Président respecté. Mais il a cessé d'agir comme notre leader politique direct. On lui prête des préférences, des distances à l'égard de tels ou tels au sein du parti socialiste. Mais surtout, il n'a plus voulu continuer à réunir, entraîner, rassembler le groupe d'hommes et de femmes qui ont dirigé avec lui le parti socialiste de 1971 à 1981 et participé au succès de son premier septennat. Il les a laissés se diviser, sans vouloir considérer que cela était dommageable. Il fut le rassembleur du parti socialiste. Il a visiblement perdu le goût de l'être. Peut-être parce qu'il estime avoir fait assez.

Michel Rocard n'a pas aujourd'hui pris sa suite dans cette fonction. Il a toujours, depuis sa jeunesse, été socialiste. Mais il n'a pas été de l'aventure mitterrandiste. Il a été au contraire un concurrent, un challenger. En outre le courant historique qu'il a représenté, le « rocardisme », dit de « deuxième gauche », est finalement plutôt minoritaire dans la sensibilité socialiste. Pour la prochaine élection présidentielle, chacun sait qu'il souhaitera être candidat et qu'il représentera une chance de victoire pour les socialistes, face aux candidats de la droite. Beaucoup de socialistes intègrent cette perspective, par conviction ou par réalisme. Ils n'ont pas tous pour autant fait de Michel Rocard leur leader, l'homme politique dans lequel ils se reconnaissent. La plupart, attentistes, observateurs, cherchent à mesurer ses chances, avant de s'engager plus avant.

Le parti socialiste reste, comme les autres grandes formations politiques, travaillé par la perspective présidentielle, mais dans des conditions à l'évidence moins favorables qu'auparavant. Autrefois, pour la grande majorité des socialistes, cette question était réglée. Le candidat espéré, puis le Président à réélire, c'était François Mitterrand. On pouvait donc s'occuper d'autre chose : du terrain, des militants, de la politique gouvernementale, de nos propositions, de nos débats internes, sans que la question présidentielle interférât trop. Aujourd'hui, il n'en est plus ainsi. Cette question est dans toutes les têtes.

Pourtant, la seule attitude raisonnable pour le parti socialiste, à court terme, est de mettre entre parenthèses la question de la future élection présidentielle. D'abord parce que François Mitterrand est là. Ensuite parce que nous n'avons pas encore les éléments de la solution à ce problème. Il est indispensable que les militants et les cadres socialistes imposent à leurs responsables de s'occuper en premier lieu du développement du parti socialiste, de ses liens avec les Français, de sa réponse aux problèmes posés au pays. Le reste viendra de soi.

Le critère doit être celui de l'unité. Le parti socialiste est redevenu à partir des années soixante-dix une grande force politique, pas seulement parce qu'il a eu la chance d'avoir un candidat capable de gagner l'élection présidentielle, mais parce qu'il a incarné une démarche de rassemblement : rassemblement de tous les socialistes et rassemblement de la gauche. Et c'est tout autant parce que le parti socialiste était rassemblé que son candidat a été capable de gagner.

Laisser s'accomplir un processus de fragmentation, de désunion des socialistes serait s'engager à rebours sur le chemin qui nous a conduits au succès, détruire ce que nous avons construit, redescendre les degrés que nous avons gravis et aller à l'échec. Le parti socialiste est une œuvre fragile, le résultat d'une volonté politique et d'une série de démarches humaines. Au contraire des grands partis sociaux-démocrates, son enracinement dans la société, sa masse et sa densité ne sont pas tels qu'il soit assuré dans sa permanence. Il y a vingt ans, il était menacé de marginalisation. Vingt ans d'histoire, c'est bref. Je ne serai pas de ceux qui accompagneraient passivement un tel processus de désagrégation. J'ai tiré les leçons du congrès de Rennes. Je ne serai pas une deuxième fois et de la même façon l'acteur de ce « théâtre homérique » à l'usage des militants. J'userai de mes forces et de mon influence pour persuader chacun que l'unité est la sauvegarde de l'intérêt de tous. Rien dans l'examen scrupuleux des positions politiques de tel ou tel de nos courants – si semblables finalement malgré les proclamations – n'autorise les socialistes à croire à nouveau à l'illusion selon laquelle la division serait un gage de clarification. Passée la phase des passions antagonistes et des luttes internes, nous nous retrouverions séparés, affaiblis, incapables de peser sur l'histoire de notre pays, contemplant avec nostalgie et amertume l'instrument brisé. C'est pourquoi ce risque doit être conjuré.

La seconde condition est que les socialistes soient capables d'y voir plus clair dans la situation actuelle et exposent de façon convaincante l'idée qu'ils se font de l'avenir. On sait qu'ils sont actuellement en train de réfléchir à leur Projet. C'est bien. Et je ne vais pas prétendre faire ici, seul, ce que nous cherchons à faire collectivement. Ma visée est plus personnelle et plus subjective. Elle est de donner quelques pistes pour aider à comprendre le malaise ambiant et à en sortir.

CHAPITRE 5

LA FRANCE ET SON IDENTITÉ

En France règne un malaise; en tout cas, l'idée d'un malaise. Les Français ne sont contents, dit-on, ni de leur justice, ni de leur école, ni de leurs syndicats, ni de leurs voisins européens, ni des perspectives internationales, ni de la société, ni de la gauche, ni de la droite, ni de leur État, ni, bien sûr, du gouvernement. Le temps est à l'insatisfaction, à l'humeur et au doute. Et d'abord à une suspicion généralisée à l'égard de la politique. Parmi les éditorialistes qui comptent, Alain Duhamel est un de ceux qui se refusent à ces hâtives condamnations et veulent réhabiliter la politique, voire les politiques. On le souhaiterait moins seul.

On serait tenté de relativiser cette morosité. Quand on pense aux restrictions et aux désordres que connaissent les nouvelles démocraties de l'Est européen, aux menaces qui assaillent l'Union soviétique, à l'état de drame chronique dans lequel vivent les pays du tiers monde, y compris les plus proches de nous, on peut trouver quelque peu indécente cette tendance générale à se plaindre. Parmi les pays développés, nous ne sommes pas si mal placés. Nous restons la quatrième puissance économique mondiale. Malgré la permanence de certaines inégalités, notre société est loin d'être la plus rude et la moins solidaire. Mais de tels arguments, pour rassurants qu'ils soient, ont peu de chance de convaincre. Les Français considèrent d'abord ce qui se passe chez eux.

Il vaut mieux chercher les causes du malaise, démêler le vrai du faux, reconnaître ce qui met en cause légitimement le politique, énoncer ce qui peut-être relève d'autre chose, pour placer chacun face à ses responsabilités.

Les raisons objectives du malaise

Il y a certes à ce malaise des raisons objectives et durables. Depuis plus de dix ans, le chômage dépasse les 2 millions de personnes, les salaires moyens et petits ont peu progressé en raison d'une conjoncture internationale – le besoin de compétitivité – et sociale – la faiblesse des syndicats – qui a favorisé la substitution du capital au travail. Le progrès du bien-être matériel s'est poursuivi, ainsi que le montre une série d'indices de consommation, par exemple en biens durables, mais les inégalités se sont en même temps creusées. En outre, ces inégalités, loin d'être dissimulées par pruderie ou précaution, comme elles l'étaient souvent par le passé, sont étalées, magnifiées, médiatisées, publicisées, ses bénéficiaires étant proposés au peuple comme des modèles sociaux ou culturels.

L'addition de mécontentements que provoquent la permanence du chômage et une politique salariale plus dure, le sentiment de dévalorisation sociale qu'entretient chez des catégories professionnelles socialement indispensables – agriculteurs, enseignants, ouvriers ou techniciens de la production, infirmières, etc. – la comparaison entre leurs revenus (qu'ils ont pourtant l'habitude de savoir modestes) et ceux que reçoivent ou s'attribuent des « agents économiques » a priori moins nécessaires à la société peuvent expliquer une bonne part des insatisfactions et frustrations actuelles. Avec cette singulière hiérarchie de salaires et de revenus, c'est aussi une échelle de valeurs qui se rompt et, pour beaucoup, une certaine image de soi.

On évoque aussi des éléments de conjoncture, comme la durée de la présence des socialistes au pouvoir. Je n'y crois pas.

L'argument « Dix ans, ça suffit ! » va servir. D'une part parce que c'est un thème journalistique commode, d'autre part parce qu'il sera historiquement tentant d'instaurer un parallèle avec les dix ans du gaullisme. Mais il y a des différences profondes entre ces deux décennies.

La première tient à l'opposition des deux arrivées au pouvoir. Le général de Gaulle est devenu Président en exploitant une situation préinsurrectionnelle (en tout cas en Algérie) à laquelle il sut donner un dénouement légalisé. François Mitterrand a été porté à la présidence de la République par le suffrage universel dans un processus totalement démocratique.

La seconde différence tient aux déroulements des deux décennies en question. Les deux hommes ont été réélus présidents par le peuple. Mais sous la fin du premier septennat de François Mitterrand, les Français ont connu l'alternance : la droite a gouverné deux ans, succédant à la gauche, et le pluralisme a régné partout, dans la fonction publique, dans les entreprises nationalisées, à la télévision. C'était loin d'être le cas de 1958 à 1968. On ne peut certes reprocher à de Gaulle de n'avoir pas présidé à une « cohabitation » avec une majorité de gauche à l'Assemblée. Après tout, cela a failli se produire en 1967 ; il s'en est fallu d'un siège conservé grâce à l'outre-mer, où la fraude régnait à l'époque. Et nous ne savons pas ce qu'aurait fait le Général dans cette occurrence. Ce qu'on peut reprocher au régime gaulliste, c'est son intolérance, son manque de respect pour l'opposition, son accaparement des positions de pouvoir, son refus d'accepter la diversité des opinions dans l'administration et les services publics. C'est contre cet état de fait, contre le conservatisme dominant à la fin du règne gaulliste, à la suite d'un certain sentiment d'étouffement, qu'est né l'ample mouvement social et politique de 1968 et le slogan « Dix ans, ça suffit ! ». Nous ne sommes pas dans cette situation.

Les « affaires »

Plus préoccupant me semble être, dans le climat désagréable des derniers mois, le rôle joué par les « affaires ».

Toutes ne concernent pas la politique. Et celles qui la concernent ne sont pas exceptionnelles. Aucune des quatre présidences de la cinquième République n'a été épargnée. Sous les présidences de De Gaulle, Pompidou ou Giscard d'Estaing, les affaires ont été multiples, souvent spectaculaires, et certaines particulièrement graves puisqu'elles ont entraîné la mort de personnages politiques importants. Mais, dans ce domaine, il est légitime que l'opinion ne s'intéresse pas au passé mais au présent.

Trois raisons essentielles expliquent le développement des affaires. La première tient au coût croissant des campagnes électorales. La présidentialisation de la vie politique, le coût considérable des campagnes nationales, en tout cas pour les formations ayant un espoir de gagner, ont conduit les partis à monter des mécanismes destinés à drainer des fonds. Cela était d'autant plus nécessaire que les partis français ont relativement peu de militants et qu'ils ne pouvaient bénéficier d'aides de l'État, au contraire de beaucoup de leurs homologues étrangers. Or, il semble que ce processus, justifié pour une campagne présidentielle par l'importance de l'enjeu, la personnalisation de la confrontation, le caractère national de la circonscription, l'entrée en lice des publicitaires dans les efforts de propagande, ait progressivement déteint sur les autres élections et tiré l'ensemble du système vers l'inflation des dépenses.

J'ai vu cette montée en puissance de la « publicité politique » en ce qui concerne le parti socialiste et son candidat. Je crois que la campagne de François Mitterrand en 1965 s'est faite avec des « bouts de ficelle », pour un grand impact politique. Jusqu'en 1974 et notamment dans les élections législatives de 1973, les campagnes de nos candidats étaient morcelées, autonomes, chacun ayant ses méthodes et ses moyens, faibles. Le style militant dominait partout. Par rapport à nos concurrents de droite, plus modernes parce que plus fortunés, nous étions à la fois fiers et inquiets de notre amateurisme.

En 1974, nous avons franchi une première étape. Les moyens de la campagne étaient plus importants, les meetings massifs, la communication par affiches géantes, la publicité commençait. Mais c'était comme une transition entre l'ancienne et la nouvelle époque. Nos conseillers en communication étaient des professionnels de la publicité, mais aussi et surtout des militants. Leur apport était à mi-chemin de la prestation commerciale et du bénévolat. Nous restions loin des moyens déployés par les candidats Jacques Chaban-Delmas et Valery Giscard d'Estaing. Mais l'effort pour nous était déjà considérable. Notre candidat n'était plus là pour témoigner mais pour gagner. Jouer pleinement sa chance avait son prix.

Le changement s'est fait en 1981, lors des présidentielle. Malgré la déception de 1974, nous savions nos possibilités de l'emporter sérieuses. En dépit de ses réticences personnelles à une excessive médiatisation, aux moyens modernes de communication, de sa préférence pour l'écrit ou la prise de parole dans les réunions publiques, François Mitterrand a consenti à franchir le pas de la communication politique de masse et professionnalisée. D'où la rencontre et l'effet de séduction réciproque avec un grand professionnel, Jacques Séguéla, qui ne se cachait en rien de ne pas professer d'opinions socialistes. Je me souviens encore des soirées passées en Chine ou en Corée du Nord, en mars 1981, avec Gaston Defferre, pour discuter avec François Mitterrand des slogans de campagne que Jacques Séguéla lui suggérait depuis Paris au téléphone.

Après la victoire du 10 mai 1981, le graphisme utilisé pour la campagne de François Mitterrand – les couleurs, le paysage, certains des slogans – fut immédiatement projeté sur la campagne des élections législatives, chacun de nos candidats étant prié de l'adopter et une partie significative du coût financier étant assumé nationalement. Et pourtant, une fois de plus, nous étions loin du compte, par rapport aux moyens mis en œuvre par Valery Giscard d'Estaing et Jacques Chirac, comme nous le serions, sept ans plus tard, en 1988, par rapport à Jacques Chirac à nouveau. Mais nous étions entraînés dans un mouvement croissant de dépenses. Confrontés à des candidats de droite plus argentés, dominés dans la bataille entre nos militants et les colleurs professionnels loués par nos adversaires, persuadés à tort ou à raison que la puissance, le nombre et la modernité des messages politiques pouvaient décider de l'issue d'une élection, nos candidats se sont engagés dans le même processus.

Telle est la cause essentielle, voire exclusive, qui a expliqué le recours à des modes de financement venant par exemple des entreprises. (Je mets à part naturellement les cas, exceptionnels, d'enrichissement personnel frauduleux.) On peut espérer que l'aide apportée sur fonds publics aux partis politiques, la limitation des dépenses de campagnes et le contrôle de leurs modalités de financement permettront de mettre fin à ces pratiques.

La deuxième raison possible de certaines affaires – et elle est pour moi un objet de préoccupation – réside dans certains effets de la décentralisation. Celle-ci est un progrès pour la démocratie, dans la mesure où elle en accroît les acteurs et rapproche les décisions des lieux et des hommes auxquels elles s'appliquent. Par ailleurs, en cassant le vieux centralisme français, elle modernise nos modes de gestion de la vie publique, favorise la diversité des initiatives, et rapproche nos formes d'organisation de celles prévalant dans les autres grandes démocraties. On sait que la décentralisation présente un risque : celui de l'inégalité des situations. Il en est peut-être un autre : celui de rendre plus fréquentes les tentations auxquelles sont soumis les élus. Si leurs pouvoirs de gestion sont accrus, si leurs décisions concernant le domaine foncier – les permis de construire, les installations d'entreprises, les constructions d'équipement – pèsent plus massivement, si leur action est moins soumise au contrôle et à la tutelle, alors les sollicitations, les tentations sont des risques plus grands. La gestion centralisée des hommes et des choses par une administration certes plus lourde, plus lente et plus lointaine dans ses décisions mais scrupuleuse, avait et a toujours ses avantages. Il faut à la démocratie de la vertu et, aux élus locaux, beaucoup de rigueur ou simplement de prudence pour remplir leur rôle sans défaillance. Et sans doute aussi un apprentissage de ces pouvoirs nouveaux, un contrôle plus fréquent et approfondi par des organismes appropriés (les cours régionales des comptes par exemple), et la vigilance des citoyens. Encore que, quand on voit, dans telle ville bien connue du sud de la

France, les électeurs rester fidèles jusqu'au bout – c'est-à-dire jusqu'à la chute ou la fuite – à un maire dont chacun savait depuis longtemps que sa gestion était contestable, on se dit que la sanction du scrutin ne suffira pas pour assurer la probité !

Il est une troisième explication au climat de désenchantement engendré par les « affaires » et qui concerne directement les socialistes. Mieux vaut être franc. Pendant les longues années où nous avons été dans l'opposition, nous avons dénoncé l'affairisme de la droite. Il existait, et sans doute au-delà de ce que nous avons su. Par là même, nous qui étions tenus à l'écart du pouvoir, nous nous sommes acquis auprès de l'opinion une réputation, dans les faits justifiée, de plus grande honnêteté. Comme nos liens avec le monde des affaires étaient réduits, que la plupart de nos responsables étaient des salariés aux revenus connus et en général limités, les occasions étaient aussi rares que l'envie de faillir.

Force est de reconnaître qu'après dix ans de responsabilité, notre réputation n'est plus la même. Les vrais scandales, engageant des responsables élevés de l'État ou des drames au parfum mystérieux – du type des affaires Aranda, de la Garantie foncière, de Broglie, Fontanet, Boulin –, ont été pratiquement inexistants. Les défaillances – comme celles du type Carrefour du développement – ont porté sur des sommes en définitive réduites. Mais le fait qu'elles se soient produites, leur retentissement médiatique, l'exploitation politique à laquelle elles ont logiquement donné lieu, la rupture qu'elles provoquaient avec notre image ont eu sur l'opinion un impact négatif plus fort que pour d'autres courants politiques plus volontiers associés aux risques des affaires ou aux commodités de l'argent. J'avais préconisé, comme premier secrétaire du parti socialiste, beaucoup plus de sévérité et une claire prise de distance à l'égard des défaillances personnelles non liées au fonctionnement des structures de financement des partis politiques (pratiquement inévitables dans l'état de la législation de l'époque face aux coûts de la communication de masse). Je n'ai pas été suivi, les arguments de la solidarité ayant été, apparemment, les plus forts. Une telle attitude avait sans doute ses justifications. Mais je sentais à l'époque qu'elle nous coûterait très cher et c'est ce qui s'est produit. Malgré l'honnêteté de la quasi-totalité des responsables socialistes, notre formation politique a perdu aux yeux de l'opinion cette qualité qui la distinguait de beaucoup d'autres : la capacité d'être soumise aux tentations du pouvoir sans y céder. Cela reste vrai, pratiquement, de la très grande majorité d'entre nous, mais cela a cessé d'être notre réputation collective et a sans doute contribué à faire resurgir cette antienne du vieil antiparlementarisme français : « Tous les mêmes. » Affirmation absolument injuste pour la grande majorité des élus et des responsables politiques de tous bords, mais qui est une des sources du malaise politique actuel.

Il faudra un certain temps pour que cette imputation disparaisse ou en tout cas s'estompe. Les lois nouvelles aidant financièrement et contrôlant les campagnes des partis politiques et des candidats y contribueront. Avec la disparition du besoin, la tentation doit se dissiper. Y aidera aussi la sanction sans faiblesse des contrevenants. Et pour cela, il faut faire confiance à la justice. Je ne vois guère, à court terme, d'initiatives particulières qui puissent permettre de rétablir ce sentiment rompu de confiance dans le corps politique. Tablons sur le discernement des Français et leur sens de la mesure.

La crise identitaire

En fait, l'une des sources du malaise est sans doute à chercher ailleurs. Notamment dans une crise d'identité qui traverse en profondeur la société française.

Les bouleversements de notre environnement international inquiètent. A l'est de l'Europe, la « divine surprise » de la liberté reconquise est derrière nous. Après la phase euphorique vient celle des réalités : difficile apprentissage de la démocratie, transition cahotique entre l'économie centralement planifiée et l'économie de marché, problème renaissant des nationalités, risque de décomposition de l'ensemble soviétique, menaces de migrations vers l'Ouest, chute du mur de Berlin qui a renforcé la puissance allemande... L'ordre qui s'est effrondré ne plaisait pas aux Français mais ils en avaient pris l'habitude. Comment réagir face à ces évolutions si dérangeantes ? Que faire de cette Europe que sa moitié séparée par l'histoire depuis longtemps vient de rejoindre, avec sa quête de fraternité et ses énormes problèmes ?

Dautre part, le tiers monde, dans sa réalité maghrébine et africaine, est à nos portes, sur la rive si proche de la Méditerranée. Or la démographie n'y est pas maîtrisée, les régimes nés de la décolonisation, fatigués et contestés, ont perdu leur légitimité, les inégalités se sont fortement creusées, la jeunesse se révolte contre le chômage massif, les politiques de développement se sont enlisées. Une course de vitesse est engagée entre les forces religieuses intégristes et celles qui ne veulent pas troquer un autoritarisme contre un autre, qui ont peur du retour en arrière vers l'obscurantisme et souhaitent ouvrir leur pays à la vie démocratique et au pluralisme. Les pays concernés – Tunisie, Algérie, Maroc – sont tout près de nous. Ils ont en France des minorités importantes. Nous sommes pour eux une terre d'émigration et d'accueil traditionnelle. Chez eux, notre influence économique, culturelle, linguistique est déterminante. Devons-nous nous fermer l'un à l'autre, en un illusoire réflexe de protection ? Devons-nous ouvrir clairement le dialogue entre les deux rives, pour dire à ces pays nos vérités et entendre les leurs afin de fonder sur des bases nouvelles notre historique compagnonnage ? Autant de questions qui, pour certains, touchent au problème de notre « identité nationale ».

L'Europe des Douze pose plus immédiatement encore le problème de la Nation. L'entreprise communautaire à six a commencé comme un exorcisme, contre le souvenir et la peur de la « dernière guerre » européenne, en rapprochant la France et l'Allemagne. Elle s'est poursuivie en créant un espace économique commun, progressivement élargi jusqu'à douze pays, mettant en œuvre des politiques communes, esquissant une attitude concertée sur les problèmes du monde. Les transferts de souveraineté étaient au début fort limités, et tout cela s'est passé dans un contexte de croissance. Les choses ont changé. L'expansion économique est plus malaisée à préserver. L'espace protégé que constituait la CEE est devenu poreux, exposé à la pression américaine et japonaise; les politiques communes qui pourraient le structurer sont souvent timides. Or, avec le marché unique, il est proposé d'aller plus loin dans le système du libre-échange alors que l'union monétaire va accroître la discipline touchant la politique monétaire et les taux d'intérêt. La politique sociale avance à pas comptés. La capacité pour les États nationaux de recourir à des instruments habituels de politique économique, par exemple fiscaux, est réduite, cependant que doivent être consentis de véritables abandons de souveraineté au profit de la communauté. On comprend qu'une partie de l'opinion s'interroge. Une telle évolution sera-t-elle positive? Quelles seront les marges de manœuvre dont nous disposerons? Où seront les lieux de pouvoir? Que restera-t-il du vieux cadre de l'État-nation?

Ces préoccupations concernent aussi l'aptitude de la France à affronter dans de bonnes conditions les nouvelles donnes de la compétition internationale. Malgré les performances économiques honorables qui ont été celles de notre pays depuis la guerre, malgré ses remarquables réalisations dans certains secteurs (aéronautique, espace, TGV...), en raison d'un tissu économique d'entreprises moyennes plus fragile, d'une classe d'entrepreneurs peut-être moins audacieuse qu'ailleurs, de cadres plus sédentaires et plus exigeants que leurs homologues étrangers, d'un problème persistant de déficit commercial, les Français s'interrogent sur leur capacité d'adaptation au monde extérieur.

L'affaiblissement des repères

À ces facteurs externes s'ajoutent des problèmes internes. Les Français ont perdu certains de leurs repères traditionnels.

Ainsi en va-t-il de l'atténuation des différenciations

sociales. Dans la France de la première partie du XXe siècle jusque dans l'après-guerre, les inégalités sociales étaient fortes mais elles épousaient aussi une structuration de classes bien nette. Les conditions d'existence du paysan étaient rudes, mais il savait qui il était. Son lien à la terre était sûr, sa fonction nourricière reconnue, sa place dans le monde établie. L'ouvrier, lui, était plus durement exploité que maintenant, mais il avait sa culture, ses loisirs, sa conscience de classe, ses organisations, ses rites et ses signes de reconnaissance. Au sein de la classe ouvrière elle-même, les métiers, les corporations (on était mineur, on était typographe ou cheminot) créaient d'autres communautés plus étroites, elles aussi facteurs d'identité et de solidarité. Ne parlons pas bien sûr du bourgeois des villes ou du notable de campagne que leur propre conscience de classe, leurs modes vestimentaires, leurs rites séparaient des autres, dans une supériorité ressentie à l'égard des « classes inférieures », dans une infériorité admise à l'égard des « classes supérieures », grands bourgeois ou aristocrates.

La réduction des distinctions sociales, la tendance au développement d'une grande classe moyenne indifférenciée, tendance qui se traduit dans l'uniformisation des manières de se vêtir, des loisirs, des modes de consommation, dans l'affaiblissement de la conscience d'appartenir à des groupes sociaux hiérarchisés mais distincts, peuvent se traduire par le sentiment d'une perte d'identité. Avec la famille (dont les liens se distendent), avec le terroir ou le quartier (dont la physionomie change), l'appartenance à un groupe social, à une classe, était une façon concrète et vivante de se lier à la Nation, à la communauté nationale. Désormais l'individu se retrouve souvent seul face aux autres, face aux pouvoirs, membre de cette « foule solitaire » dont parlait Sinclair Lewis.

À cette atténuation des différenciations sociales s'ajoute la crise de certaines institutions. Chargées de dire le droit et de punir comme la Justice, d'assurer l'ordre et de protéger comme la Police, d'enseigner et de former comme l'Éducation, elles incarnent des missions fondamentales de régulation de la société, liées à l'État. Reposant sur le respect de l'autorité, elles sont d'autant plus contestées ou questionnées que les personnels qui les servent ont perdu de leur prestige et se sentent dévalorisés dans leur statut social par des salaires insuffisants et des conditions de travail difficiles. Or le fonctionnement satisfaisant de telles institutions, l'aura ou le crédit dont elles jouissent sont importants pour la vie d'une communauté. La crise de ces institutions apparaît souvent comme le signe d'une crise plus globale.

Et cela d'autant plus que les institutions religieuses connaissent également des remises en cause. On parle d'un retour du religieux. Mais une telle assertion mérite examen. Il y a des flambées intégristes, des engouements pour les sectes, des zèles religieux sincères notamment là où la foi a été persécutée (dans les pays de l'Est, par exemple). Mais il n'y a pas dans nos pays de développement des croyances et des pratiques religieuses. La crise des vocations sacerdotales, la diminution de la fréquentation des cultes se poursuivent. En ce qui concerne l'Église catholique, dominante en France, malgré la personnalité exceptionnelle du pape et le talent de plusieurs de ses grands serviteurs, on ne peut dire qu'elle progresse. Elle a perdu l'homogénéité qui faisait sa force, elle n'influence que médiocrement ses fidèles sur des questions qu'elle présente comme essentielles (l'avortement, l'usage des moyens anticonceptionnels, la morale sexuelle). La plupart des catholiques font désormais ce qu'ils croient juste ou opportun et ne suivent que rarement les préceptes de leur Église. Celle-ci est traversée de courants très différents, voire opposés, qui traduisent son intérêt pour les questions du siècle, sa sensibilité aux contradictions du monde mais qui en même temps introduisent, par leur diversité même, le relativisme du profane dans le sacré et tendent à battre en brèche sa prétention à l'infaillibilité. Par ailleurs, le mouvement d'une partie des chrétiens vers les partis de gauche (contrairement à la tradition qui liait conviction religieuse et vote à droite) et l'effacement chez les laïcs du vieil anticléricalisme estompent certaines frontières spirituelles et sociales génératrices d'identité.

La crise du syndicalisme qui, dans notre pays, semble beaucoup plus grave qu'ailleurs doit aussi s'interpréter à la lumière de cette crise identitaire. Certes, le syndicalisme français a toujours été faible en nombre : l'individualisme traditionnel, la réticence à l'organisation, la domination d'un syndicalisme de lutte et de contestation plutôt que de négociation et de compromis, surtout la division syndicale expliquent sans doute cette situation. Jamais, sauf pour certaines catégories comme les enseignants et si l'on excepte les périodes historiques exceptionnelles (de 1936 et 1945 par exemple), le taux de syndicalisation n'a dépassé en France 20 %, ce qui est faible par rapport à d'autres pays d'Europe. La crise de recrutement qui s'est produite ces dernières années place cependant les syndicats dans une situation de faiblesse inédite, telle qu'elle met en cause leur crédibilité en affectant leur capacité d'agir, de négocier, de mener des actions efficaces. À la limite, donc, c'est la question de leur survie qui peut se trouver posée. Un repli de l'attractivité des syndicats liés à la conjoncture (chômage, puissance patronale, etc.) est supportable par les puissantes confédérations britannique, allemande ou suédoise, il risque d'être mortel pour un syndicalisme français déjà faible et morcelé.

Les autres raisons des difficultés du syndicalisme en France tiennent certainement à ses références et à ses traditions. Celui-ci a été marqué, dès son origine, par une philosophie (celle de la charte d'Amiens en 1904) de séparation et d'indépendance du syndicat à l'égard de l'État et des partis politiques. Cela ne veut pas dire que le syndicat (au début, la CGT encore unifiée) a été moins « politique » qu'ailleurs. Certes il se refusait à lier son sort à celui du parti ouvrier de l'époque (la SFIO), au contraire de ce que faisaient les trade-unions avec le Labour Party en Grande-Bretagne ou le DGB avec le SPD en Allemagne. Mais il était « politique » à d'autres égards puisqu'il avait sa propre conception du devenir social, de la transformation de la société et, à cet effet, ses propres armes, comme la grève. Le syndicat n'était pas seulement différent du parti politique – à l'un la lutte électorale, à l'autre la lutte sociale; à l'un le projet de conquérir le pouvoir, à l'autre la défense des intérêts matériels des travailleurs. Il était, d'une certaine façon, concurrent des partis politiques car il avait son propre projet général.

L'autre originalité du syndicalisme français, c'est qu'il est fortement marqué par une culture de la contestation. Les syndicats suédois ont l'habitude de passer des compromis globaux avec le pouvoir politique ou le patronat; les syndicats allemands acceptent de « cogérer » les entreprises avec les patrons, dans un esprit de conciliation de classes. Cela ne veut pas dire qu'ils ne sont pas capables, comme les syndicats américains, de mener des conflits longs et durs. Leur puissance, leurs réserves financières les y autorisent. La puissance équivalente et parfois l'obstination de leurs vis-à-vis patronaux les y contraignent. Mais la grève est moins fréquente et le compromis plus habituel.

Les conflits longs et massifs sont exceptionnels en France. On se souvient encore de la grande grève des postiers de 1953-1954 et de la grève des mineurs de 1963, la grève générale de 1968 étant d'une autre nature. Mais les conflits brefs ou catégoriels sont plus fréquents, les syndicats étant plus nombreux et la discipline moins forte. Quant au refus de prendre des responsabilités dans l'entreprise, de partager des décisions, de gérer en commun, il est pratiquement général. C'est le cas pour la CGT avec sa tradition révolutionnaire et son lien avec le parti communiste, pour la CGT-FO – qui, malgré son goût de la « politique contractuelle », garde encore la marque de l'anarcho-syndicalisme et aujourd'hui se cherche –, voire pour la CFDT, même si l'ancienne origine confessionnelle de ce syndicat et son plus récent « recentrage » lui composent une physionomie originale. Or on peut se demander si ce syndicalisme du « quant-à-soi », où l'on laisse les responsabilités aux autres – au patron, à l'État, au gestionnaire – est bien adapté aux circonstances actuelles. À partir du moment où il y a des classes ou des groupes différents aux intérêts économiques divergents, ils peuvent entrer en conflit sur la répartition du revenu national ou parfois sur leur participation au pouvoir. Ils le font toujours par des médiations – partis, syndicats, groupes d'intérêt et de pression – et non dans une confrontation directe et primaire, de classe à classe, de masse à masse. Le problème pour les syndicats est donc de savoir quelles méthodes utiliser pour faire aboutir leurs revendications et quel rôle jouer dans l'entreprise et dans la société. Or, deux données actuelles ne favorisent pas le jeu traditionnel des syndicats français. D'une part, la phase historique dans laquelle nous sommes n'est pas favorable aux grands projets de transformation globale. La retombée avec fracas du communisme européen a des effets hors de sa sphère. Il est donc difficile d'amener des hommes et des femmes au syndicalisme dans l'espérance de grandes transformations. D'autre part, la conjoncture économique, la force du patronat, l'idéologie dominante font qu'il n'y a guère de « grain à moudre » pour les syndicats, ce qui ne les rend pas très attractifs.

Se réjouir de cet état de fait serait irresponsable de la part de gouvernants et coupable de la part de socialistes. Croire qu'ils y gagnent serait pour les chefs d'entreprise un raisonnement à courte vue. Diriger une entreprise ou un service public suppose d'avoir des interlocuteurs capables d'exprimer les intérêts et les revendications qui existent toujours. Les syndicats traduisent les conflits, mènent des luttes mais aussi régulent le jeu social. S'ils n'existent pas, s'ils sont trop faibles ou s'ils sont décrédibilisés aux yeux de leurs mandants, alors les mouvements, lorsqu'ils se produisent, se frayent un chemin autrement, avec d'autres méthodes et d'autres représentants.

Ainsi s'explique sans doute le succès des « coordinations ». Que celles-ci naissent lors de mouvements spontanés ou dans des secteurs où la tradition syndicale est faible ou inexistante peut être positif. C'est à la fois un mode assez naturel d'organisation et un outil de prise de conscience. J'ai été heureux d'avoir en face de moi des « coordinations lycéennes » pour pouvoir négocier et trouver une issue positive au mouvement de novembre 1990.

Mais que les coordinations se développent dans des secteurs traditionnels du monde du travail et à l'occasion de conflits somme toute classiques, en concurrence avec les syndicats et parfois même contre eux, ne fera pas progresser les relations sociales dans notre pays. Nous avons intérêt à ce que les syndicats soient forts et représentatifs, car ils permettent d'établir des pratiques plus rationnelles et de donner plus de cohérence au dialogue social et même à la confrontation.

S'il doit y avoir relance du syndicalisme en France, elle viendra des syndicalistes eux-mêmes. L'intervention des politiques dans ce domaine, compte tenu de la tradition de séparation des deux sphères, ne peut être que limitée. Je sais que l'on parle beaucoup, ces temps-ci, de « recomposition » syndicale. Est-elle souhaitable ? Peut-être. Est-elle possible ? Pas à court terme. Le thème de l'« unité syndicale » a longtemps été fort en France, à la mesure du fractionnement constaté. Il a conduit à des rêves de réunification ou à des pratiques d'unité d'action. Mais il n'a finalement débouché sur rien, le confort du pluralisme l'emportant sur les inconvénients de la division. Le thème de la recomposition aura-t-il plus de succès ? Ce n'est pas certain.

Il peut sans doute être tentant, face au recul de la CGT, au quasi-éclatement de la Fédération syndicale mondiale (FSM) à laquelle se rattachaient les syndicats communistes quasiment moribonds des pays de l'Est, de constituer face à elle un autre pôle, aussi puissant, menant une autre politique syndicale. Mais, dans le syndicalisme, l'histoire va souvent moins vite que dans la sphère politique. Disons qu'elle a ses propres rythmes. Il est vrai que par ses dirigeants la CGT est étroitement liée au parti communiste. Mais elle reste, pour beaucoup de salariés, l'héritière de la grande organisation fondatrice du mouvement syndical français.

Et puis, sera-t-il aisé de rassembler ceux qui souhaitent ce nouveau pôle ? Sûrement pas. Le syndicalisme enseignant acceptera-t-il vraiment d'abandonner son autonomie ? La CFDT saura-t-elle renoncer à cette synthèse si particulière d'ancienne philosophie chrétienne, de mythe autogestionnaire et d'expérimentalisme réaliste qui la rend passablement irréductible aux autres ? La CGT-FO acceptera-t-elle de perdre la place charnière et le rôle à part qu'elle s'est taillés dans le mouvement social français ? On peut en douter. Et que feraient la CGC ou les autonomes ? Dans chaque syndicat, le « patriotisme d'organisation » est très fort, presque plus fort que dans les partis politiques. La « recomposition » syndicale comme étape du renforcement et peut-être de l'unité du syndicalisme est sans doute la seule perspective de travail pour ceux qui ne se résignent pas à son fractionnement et craignent sa marginalisation. Mais on peut être pessimiste sur les chances d'opérer à temps ce changement.

Faute d'intervenir dans les affaires du syndicalisme, ce qui serait peu sage, les politiques, en tout cas quand ils sont socialistes, peuvent au moins agir afin de contribuer à réhabiliter le syndicalisme dans l'opinion et à l'aider dans son action. Une telle disposition d'esprit n'est pas forcément facile à concrétiser pour le responsable politique, car celui-ci ne doit s'attendre de la part des syndicalistes qu'à des critiques. Mais c'est la règle du jeu. Il suffit de distinguer entre les critiques et d'interpréter certains silences comme des approbations tacites. Comme je le dis parfois à certains de mes interlocuteurs syndicaux au ministère de l'Éducation : quand je vous entends proclamer que telle mesure prise par moi est le résultat de nos luttes, je me dis qu'elle ne doit pas être mauvaise. Un gouvernement de gauche doit être capable, globalement et par secteur, de proposer aux syndicats des terrains de discussion, des marges de progression (des salaires ou des conditions de travail) qui permettent à ceux-ci de jouer leur rôle et de justifier leur fonction. Je ne dis pas que ce soit toujours facile mais cela doit être en tout cas notre souci constant.

Dans le secteur qui est le mien, je suis heureux d'avoir pu nouer des négociations avec les syndicats : sur la revalorisation des salaires, sur la formation permanente ou à propos du respect de la laïcité après l'affaire des foulards. J'ai mieux compris à cette occasion combien le fait de négocier avant d'aboutir est aussi important que l'objet de l'accord lui-même. Avec les syndicats, octroyer n'est pas la bonne façon de faire. Un vrai résultat doit être conquis. Ce n'est pas là un jeu ni un arrangement conclu à l'avance. C'est la justification même du compromis qui se noue. L'ancien syndicaliste que j'ai été a eu, comme ministre, à l'apprendre ou à le réapprendre.

L'opposition gauche-droite

Un autre indice de la crise identitaire française est l'atténuation des clivages entre la droite et la gauche. L'opposition droite-gauche n'est pas, contrairement à ce que pensent certains admirateurs du centre, une spécificité française. Elle structure depuis plus d'un siècle la vie politique des démocraties, même si les forces politiques qui incarnent ces deux grands courants peuvent, en tout cas à droite, varier d'un pays à l'autre. Je dis « en tout cas à droite », parce que, à gauche, avec l'affaiblissement des partis communistes, ce sont les partis socialistes ou sociaux-démocrates qui dominent. La réalité est à peine différente aux États-Unis où l'opposition républicains-démocrates reprend, de façon atténuée, le clivage droite-gauche. Il est vrai que cette opposition, en France et sous la cinquième République, a été longtemps plus tranchée qu'ailleurs. Or, la tendance à l'atténuation de la perception des différences entre la gauche et la droite, attestée par un certain nombre de sondages récents, semble bien ne pas avoir sur une bonne partie de l'opinion un effet apaisant mais plutôt contribuer à un certain brouillage. L'effacement – discutable, j'y reviendrai – de ce clivage traditionnel de la vie politique française, se conjuguant avec celui de certaines frontières entre classes sociales, destructure le paysage politique et social français, livre l'individu à un espace trop vaste pour que celui-ci s'y situe sans trouble, surtout quand le monde extérieur devient plus complexe, le jeu social opaque et l'État lointain.

Dans le même temps où ce clivage pouvait s'effacer, on a l'impression que la droite et la gauche se cherchent.

La droite semble ne s'être pas remise de la perte du

pouvoir. Elle se sentait faite pour cela. Elle y croyait la gauche inapte. Et finalement elle trouvait dans cette prédestination une bonne part de son identité. Depuis – car l'épisode de la cohabitation l'a plus frustrée que satisfaite et les pouvoirs régionaux ou départementaux ne peuvent lui suffire –, elle semble errer à la recherche d'elle-même. Autour de quoi bâtir son identité quand les traditions se perdent, quand les institutions les mieux établies vacillent ou se questionnent, quand le principe d'autorité s'affaiblit, quand les hiérarchies classiques sont contestées, quand l'ordre n'est plus ni dans les esprits ni dans l'état du monde ? Ne faut-il pas justement qu'elle se batte pour le retour à l'ordre ? Sans doute. Mais n'y a-t-il pas risque alors qu'une partie de l'opinion se tourne vers l'extrême droite qui en propose une version plus dure et plus fantasmatique ? La droite oscille entre ses tentations modernistes et les nostalgies passéistes sans pouvoir vraiment choisir.

La gauche, quant à elle, n'a pas perdu, jusqu'ici, le pouvoir mais plutôt la conscience de soi : le parti communiste est abasourdi par l'effondrement du communisme d'État. Il continue d'avoir de l'influence au sein du monde ouvrier, dans certains syndicats. Il préserve quelques dizaines de municipalités, il garde une organisation solide. Mais ses bases arrières sont défaites (avec l'écroulement des démocraties populaires et la quasi-implosion de l'URSS), sa conscience est brisée et son espérance est morte. Il reste une force mais il n'a plus de vrai projet d'avenir ni de perpectives de pouvoir.

À ses côtés, chaque jour plus éloigné de lui, le parti socialiste a de nouveau gagné en 1988. Il devrait être confiant, assuré. Il a vaincu sa malédiction : l'impossibilité de garder le pouvoir. Il pourrait avoir l'avenir pour lui. Et pourtant le voilà en panne d'identité. Comme si lui aussi avait perdu ses références. La réforme a vaincu la révolution. Mais les réformistes donnent l'impression de ne plus croire aux réformes ou de ne pas savoir en faire une démarche d'ensemble. Or, si ceux qui sont au pouvoir donnent l'impression qu'ils ont perdu leur identité, comment les Français eux-mêmes ne douteraient-ils pas de la leur ?

Car il semble que les Français aient souvent été victimes dans leur histoire de deux tentations qui se concurrencent : celle de la surestimation, celle de la dépréciation. À l'évidence notre pays se surestime quand, parce qu'il est au fond tourné vers lui-même, il se donne comme modèle au monde. La prétention française à l'universalisme n'est souvent que le masque de son vieux chauvinisme, même si nous avons écrit la plus belle Déclaration des droits de l'homme de l'histoire. L'esprit de la Révolution française a fait le tour du monde, c'est vrai, mais souvent à la pointe de nos baïonnettes et pour revenir vers nous en boomerang, par exemple dans les guerres coloniales. La Révolution est loin! Le monde n'attend pas de nous que nous nous proposions en modèles et encore moins en donneurs de leçons. Il attend sûrement que nous prenions notre part du règlement de ses affaires complexes, que nous proposions nos solutions, si nous en avons.

L'autre travers français, pendant symétrique du premier, est celui de la dépréciation, de l'autodénigrement. Quand il ne se surestime pas, le Français se sous-estime. Faute d'être reconnu comme exemplaire, il désespère de lui-même. Comme si être équivalent, comparable à d'autres, n'était pas concevable. Soudain, le pays n'est plus jugé capable de se confronter aux autres, de s'adapter aux évolutions en cours, de gagner les batailles, non pas rêvées, non pas héroïques mais concrètes, qui lui sont proposées. L'Allemand serait plus fort, le Japonais plus conquérant, l'Italien plus souple, l'Anglais plus pragmatique et l'Américain dominant. Faute d'avoir de grandes vertus, le Français n'aurait même plus de petites qualités.

Il faut sortir de ces tendances cyclothymiques, de ces alternances de superbe et de découragement. Pour cela, il est nécessaire de se dégager d'une double illusion : d'un côté celle d'une exemplarité, de l'autre celle d'une chronique infériorité française. Il nous faut accepter de nous confronter aux autres, et, dans ce cadre, faire valoir notre originalité, nos talents ou notre génie propre.

C'est pourquoi, dans le débat lancé récemment par certains intellectuels sur la démocratie et la république, je me suis senti enclin à insister sur la démocratie. Non que je ne sois profondément républicain, mais parce que cette charge contre la démocratie m'a paru malvenue. Je connais des républiques autoritaires, dictatoriales ou oligarchiques; je ne connais pas de démocraties qui le soient. La république peut être un régime, une simple forme juridique. C'est au nom de la démocratie que les peuples d'Europe de l'Est se sont libérés et non à celui de la république, figure qu'avait prise chez eux le despotisme. Mais la démocratie n'est pas seulement une aspiration. Comme forme de gouvernement, elle n'est pas non plus une simple technique ou un mode d'organisation. Elle est l'exigence et même le devoir, pour le gouvernant comme pour le citoyen, de défendre, s'il le faut contre les dérives de la société elle-même, ses propres valeurs.

L'autre raison qui me fait valoriser la « démocratie » c'est que précisément la France m'a paru pécher historiquement par excès de républicanisme et par défaut de démocratie. Excès de républicanisme quand on en donne une version abstraite, désincarnée, centraliste. Défaut de démocratisme, quand on voit à quel point nombre de politiques, d'observateurs ou même de citoyens ne paraissent pas attachés à ce qui ailleurs est jugé comme des formes essentielles à la démocratie : la simplicité des comportements des dirigeants, la modération de l'apparat de l'État, l'idée de contrôle par les citoyens, etc. Il me semble qu'il nous faudrait un peu moins de hauteur républicaine et un peu plus de familiarité démocratique, moins de sacralisation de l'État et plus de responsabilité assumée par chacun dans la société. Quand je prétends souhaiter que nous introduisions un peu plus d' « esprit anglo-saxon » dans notre Université, comme dans notre société ou dans notre mode d'organisation politique, ce n'est pas pour y faire prévaloir davantage de libéralisme au sens de l'idéologie actuelle. Je voudrais que notre société civile soit plus forte, qu'elle développe ses formes d'auto-organisation collective (syndicats, associations, fondations, entreprises, établissements, collectivités, partis même), lesquelles arrachent l'individu à sa solitude, à sa plainte contre l'État

– mélange de révolte contre le pouvoir et de désir d'assistance –, et cultive en lui l'esprit de prise en charge et de responsabilité. Une société plus structurée, plus assurée d'elle-même, n'a pas les mêmes raisons de craindre l'État : celui-ci peut alors assumer toute sa place.

CHAPITRE 6

NOTRE PLACE DANS LE NOUVEL ESPACE MONDIAL

La France et l'espace européen

Face à notre problème d'identité, nous devons d'abord nous situer dans l'espace et dans le temps. En premier lieu, dans l'espace international immense et pourtant clos, il nous faut trouver notre place dans l'Europe de demain. Il y a aujourd'hui deux Europe : l'une à parachever, celle de l'Ouest et l'autre à construire, celle de l'Est. Il ne faut pas confondre les deux et hésiter entre les espaces, au risque d'asseoir notre diplomatie entre deux chaises. Ce n'est pas ce que fait le président de la République. Il distingue nettement la Communauté économique européenne, qu'il faut rendre plus cohérente et l'Europe de l'Est et du Centre née de la chute du communisme, qu'il faut aider dans son développement, intégrer culturellement en tant qu'espace de civilisation à une vision désormais élargie. Car il y a une « grande Europe », qui est tout simplement l'Europe. Encore qu'il soit malaisé, au stade actuel de l'évolution de l'URSS, de savoir qui sera demain dans l'Europe.

Il y a donc une Europe mais une Europe différenciée. Les niveaux de développement, l'expérience de la démocratie, la stabilité des régimes, les risques de déséquilibre ne sont pas les mêmes à l'Ouest et à l'Est. Freiner l'intégration de l'Europe des Douze, sous prétexte que l'on dispose d'une autre solution européenne, plus large, donc plus ambitieuse, serait un alibi pour ne rien faire et risquerait de nous faire lâcher la proie pour l'ombre. Sur l'Europe sortie du communisme pèse une incertitude qu'il nous faut progressivement lever mais qui ne saurait nous conduire aujourd'hui à lui appliquer la même politique qu'à la Communauté. Sachons traiter l'Europe comme un espace à la fois unifié et diversifié, régi par des politiques menées en cohérence mais différenciées : mise en place d'un organisme commun à l'ensemble de l'Europe (issu de la CSCE) pour qu'elle puisse se concerter sur son développement, mécanismes d'aide au développement économique (dont la BERD est à l'évidence le noyau), concertations particulières avec ceux des pays de l'Est qui semblent avoir choisi de façon irréversible la démocratie, accords d'association à la CEE lorsque cela sera possible, voire à terme adhésion pour telle ou telle Nation. Il importe donc de confirmer, pour l'opinion, que le choix des socialistes reste celui de l'approfondissement de la Communauté et non celui d'un ensemble européen si vaste et si hétérogène qu'il serait certes sans contrainte mais aussi sans signification.

L'Europe et l'URSS [1]

Poser la question européenne, c'est forcément poser celle de l'URSS. Car s'il est vraisemblable que l'URSS sera moins active dans les affaires du monde, il est certain qu'elle continuera à peser sur l'Europe. Moins mondiale, elle sera plus continentale. Moins puissante, elle ne sera peut-être pas moins inquiétante. La question du communisme n'est pas tranchée encore dans le pays où a eu lieu la révolution de 1917. Mikhaïl Gorbatchev s'efforce de

1. On rappelle que ces lignes ont été écrites avant le 19 août 1991.

sauvegarder ce qu'il peut du régime ancien, tout en le rationalisant, en le tempérant, voire en le démocratisant. La tâche apparaît presque impossible. On l'a dit, une brutale tentative de restauration, par un clan de l'appareil, l'armée ou le KGB, peut encore se produire. Elle serait peut-être provisoire, sans doute sanglante. Elle ne permettrait pas à l'URSS de retrouver l'état de puissance figée et le statut de supergrand qui prévalaient jusqu'à Brejnev. Mais nous ne pouvons l'exclure de nos calculs. La force militaire soviétique n'est pas démantelée. Sa supériorité au moins quantitative sur celle rassemblée en Europe de l'Ouest existe encore. La question de savoir par quel pouvoir politique cette force sera détenue reste posée. Tout en veillant à saisir la moindre occasion de poursuivre le processus de désarmement engagé, il faut dire aux Français qu'il ne serait pas sage de baisser la garde trop vite, et en tout cas de manière anticipée.

Il faut donc aider l'URSS économiquement et financièrement, il ne faut compliquer en rien la tâche de M. Gorbatchev. Mais nous ne devons cesser pour autant – et le parti socialiste en particulier doit y veiller par ses contacts politiques – de poser la question de la démocratie. C'est seulement par la démocratie parvenue à son terme, et pourvu que les peuples soviétiques puissent se mêler directement des affaires du pouvoir, que l'Union soviétique et ses républiques trouveront une nouvelle stabilité : poser la question démocratique en URSS est en effet le seul moyen de faire en sorte que les questions nationales soient abordées de façon maîtrisée. En URSS aujourd'hui, comme dans les pays d'Europe de l'Est, la question de l'aide, des échanges économiques et celle de la démocratie interne sont liées; nous ne pourrons poser les unes sans l'autre. Le mur qui nous séparait est tombé; l'URSS est de l'autre côté de la rue. Nous vivons désormais la même vie. Affirmer notre droit à la parole sur les affaires la concernant est une des façons d'éclairer les Français, tout en les rassurant, sur l'importance et l'issue de la partie qui se déroule.

Quel que soit le rythme auquel les deux parties de l'Europe se rapprocheront, nous aurons à traiter des nouveaux développements que va connaître l'Europe de la Communauté. Et l'on voit bien que, sur cette question aussi, les Français s'interrogent. L'entrée dans le Marché commun au début des années soixante a coïncidé avec une phase de croissance économique et d'amélioration du niveau de vie; les délégations de souveraineté y étaient limitées. Les nouvelles étapes qui sont proposées, avec le marché unique et l'union monétaire, exigent davantage de transferts de compétences à Bruxelles, elles limitent l'autonomie des politiques économiques nationales. En outre, elles s'opèrent dans un contexte où les taux de croissance sont plus faibles, et le chômage important. Du coup, une partie de l'opinion manifeste moins d'enthousiasme à l'égard de l'idée européenne et se fait plus accueillante à la tentation d'un repli national.

Dans une période où les Français semblent incertains de leur identité, la perception par l'opinion d'une menace pour la référence nationale ne doit pas être prise à la légère. L'État-nation est depuis le XIXe siècle en Europe la réalité dominante. Dans plusieurs pays, il commence même à apparaître, sous sa forme monarchique, dès le XVIe siècle. La Révolution française lui apporte sans doute (dans sa configuration républicaine) une définition la plus forte. L'unité allemande et l'unité italienne, plus tardives, achèvent le processus, même si déjà la question des nationalités – qui sera l'une des causes de la Première Guerre mondiale – traduit la révolte contre les États de certaines Nations ou minorités oubliées. L'État national est donc, particulièrement en France où la tradition unitaire et centraliste est forte, le cadre habituel de pensée pour l'action politique, les décisions de politique économique, le jeu des solidarités sociales et, naturellement, pour la démocratie grâce à la pratique de l'élection. Est-il sage, en cette période de troubles, de sembler remettre en cause ce cadre ? Faut-il renoncer dès lors à aller plus loin dans la démarche européenne ? Faudrait-il même revenir en arrière ? Apporter des réponses aussi claires que possible à ces questions est nécessaire.

Faire évoluer le cadre de l'État-nation n'est pas absurde. Les formes juridiques de pouvoir et d'organisation des hommes entre eux sont historiquement transitoires. Au clan familial, au lien tribal ou au système féodal ont succédé d'autres formes politiques et notamment celle des États modernes. L'État-nation, en France surtout mais aussi en Europe, s'est construit sur l'affaiblissement d'autres cadres d'organisation : les provinces, les villes, les régions. Nous avons bâti notre identité nationale sur la négation des identités régionales. On le sait bien dans l'ancienne Occitanie dont je suis un des élus. Est-il impossible d'imaginer qu'à terme notre identité nationale se voie progressivement intégrée, renouvelée dans une identité européenne plus vaste ? A priori non. La Nation elle-même peut être, à l'échelle de l'histoire, une forme transitoire.

En tout état de cause, il paraît difficile de revenir en arrière ou même de stopper – pour un statu quo indéfiniment maintenu – le processus d'intégration européenne. Bloquer l'Europe communautaire au stade actuel serait ouvrir une crise où se risquerait son démantèlement. Quant au repliement sur le cadre national pour affronter seul la réalité mondiale des échanges et des interdépendances, il serait irréaliste et dangereux. François Mitterrand a eu raison de rappeler que la seule perspective historique à la hauteur de la mondialisation accrue, des enjeux de puissance et du destin de la France et de l'Europe est justement cette réalisation d'une véritable entité européenne. Mais le problème est de savoir à quel rythme et par quelles méthodes nous accomplirons cette interpénétration entre les États-nations de l'Europe et l'entité communautaire.

Maîtriser ce processus suppose, à mon sens, la réalisation de trois conditions. La première consiste à établir clairement ce qui, en matière de compétences, revient à la Communauté et ce qui relève de chacun des États, à l'instar de ce qui se passe, dans les États fédéraux, entre le pouvoir fédéral et les pouvoirs fédérés. Ces règles de répartition doivent être cohérentes et stables afin que l'opinion identifie bien, pour des domaines ou des pouvoirs donnés, les lieux de décision. Toute l'obscurité, on le sait, qui crée le trouble.

La deuxième condition suppose de définir des modalités de contrôle démocratique pour les pouvoirs transférés. La caractéristique de nos États, c'est qu'ils sont des démocraties où règnent le principe électif et le contrôle des Parlements sur le pouvoir exécutif. Toute délégation de compétence qui se ferait au profit d'une instance non élue ou dont les pouvoirs ne seraient pas contrôlés signifierait une majoration du pouvoir technocratique et une perte pour la démocratie. Cela ne serait pas accepté par des secteurs significatifs de l'opinion. Le principe démocratique doit inspirer l'Europe. Les transferts de compétence au niveau communautaire supposent donc une répartition claire des pouvoirs entre le Conseil des ministres (composé des représentants des États) et la Commission (incarnant l'entité communautaire). Ils impliquent aussi une évolution de la Commission elle-même (dans le sens de l'élection de ses membres) et du rôle du Parlement (avec des possibilités d'intervention et de contrôle accrues).

La troisième condition, qui concerne plus spécifiquement les spécialistes, appelle la transposition à l'échelon européen de certains objectifs pour lesquels nous avons lutté jusqu'ici dans le cadre national. La dimension européenne ne doit pas servir d'alibi pour renoncer en France à une politique de gauche (par exemple de justice sociale), ni de prétexte pour que dominent les présupposés du libéralisme et du conservatisme. La projection dans l'espace européen d'une partie de nos choix politiques est indispensable pour des raisons d'efficacité, mais cette projection ne doit pas se faire à travers un filtre idéologique conserverait que ce qui convient à un certain consensus technocratique et conservateur. Nous sommes européens, nous restons socialistes.

Sans doute les gouvernements des Douze n'ont-ils pas tous la même couleur politique. Il nous faudra donc convaincre nos partenaires de l'importance de certains objectifs : politique sociale, croissance économique forte, limitation du monétarisme, existence de véritables politiques communes, protection minimale de l'espace européen, etc. L'obligation de réunir l'unanimité ou des majorités sur des décisions ne doit pas nous décourager dans nos tentatives. L'intégration européenne accrue ne signifie pas l'abandon de nos intérêts nationaux mais impose la recherche d'une autre manière de les défendre. Cette façon de voir et les méthodes qu'elle suppose doivent là aussi être exposées clairement aux Français; les fils ne s'en perdent pas quand on traverse les frontières : à nous de les identifier et de suivre celui qui fonde notre identité politique. Encore faut-il se battre clairement sur ces objectifs. Vouloir réussir l'Europe comme visée historique, comme nécessité de civilisation, ne doit pas nous conduire à négliger l'Europe du quotidien, à sous-estimer les inquiétudes et les frustrations des peuples (et, partant, du nôtre) ni à oublier nos valeurs et nos obligations particulières, et comme Français et comme gouvernants de gauche. À ces conditions, l'Europe ne sera pas pour nous une perte de substance et d'identité, mais une chance et un espace élargis et rassurants.

La France et le Sud

La deuxième question qui nous est posée est celle de nos relations avec le Sud et particulièrement avec notre environnement méditerranéen et africain. Cette question touche d'autant plus à notre identité qu'elle se pose en partie en termes de population, à travers les mouvements migratoires.

La réunification de l'Europe, le déplacement de son centre de gravité vers l'Est, le poids accru de l'Allemagne, tout cela devrait nous conduire à ne pas négliger l'autre pôle d'attraction constitué au Sud. Il serait erroné de vouloir, en un point de notre continent, fixer le centre mythique de l'Europe nouvelle. Le monde est multipolaire, l'Europe ne peut que l'être. L'Europe, c'est Londres, Paris, Rome, Madrid, Athènes, Berlin, Prague, Stockholm... Renforcer les liens, les concertations, les entreprises communes entre la France, l'Espagne, l'Italie, le Portugal, la Grèce, sera nécessaire. Il ne s'agit pas de dresser une Europe contre une autre. Le couple franco-allemand continuera à fonctionner. Telle coopération scientifique ou industrielle privilégiée avec la Grande-Bretagne restera possible. Mais il faut structurer l'espace, diversifier les formes de l'aventure européenne, créer les contrepoids nécessaires. Une telle orientation au Sud est susceptible aussi de répondre à cette crainte diffuse, chez nous, d'une puissance allemande excessive. Ne nous en privons pas. D'autant que la présence, dans notre pays, de nombreux Français d'origine italienne, espagnole, portugaise nous a familiarisés avec ces très anciens voisinages, cette romanité dont notre langue témoigne.

Plus problématique est notre façon de penser et de construire nos relations avec le tiers monde proche de l'Europe. D'une part, parce qu'il s'agit de pays qui furent nos colonnies et qui se sont émancipés il y a trente ans, ce qui, pour la mémoire des peuples, est peu. De part et d'autre subsistent, souvenirs d'une communauté partagée, langues communes, sentiments d'instinctive proximité mais aussi frustrations, regrets ou ressentiments. D'autre part, ces pays du Maghreb et d'Afrique noire sont dans une situation de difficulté ou de détresse telle qu'une partie de leur population vient chercher chez nous une solution à sa misère. Ce qui, en période de chômage et de croissance économique limitée, pose à l'évidence des problèmes d'acceptation.

L'existence de ces courants migratoires n'est pas nouvelle. Elle a commencé souvent il y a près d'un siècle et a été accélérée par les deux guerres mondiales qui nous ont fait trouver dans ces populations des soldats pour nos conflits européens. Après la Seconde Guerre mondiale, et particulièrement dans les années soixante et soixante-dix, ces flux migratoires, surtout en provenance d'Afrique du Nord, sont devenus très importants. Naturellement, ils n'auraient pas été possibles si des hommes n'avaient été disponibles : le sous-emploi dans leur pays les poussait à l'émigration. Mais le mouvement est venu de nous, pas d'eux. Ce sont nos chefs d'entreprise et les gouvernements de l'époque – ceux-là mêmes dont les héritiers critiquent aujourd'hui l'excès d'immigrés – qui ont pratiqué cette politique d'immigration. Et ils l'ont fait jusque dans les années soixante-dix, alors que le chômage avait commencé de progresser. Ils ont persisté parce qu'il était utile à leurs yeux de se procurer une main-d'œuvre moins qualifiée, moins bien payée, peu syndicalisée, docile, et qui acceptait des tâches dont la main-d'œuvre française se détournait souvent, soit en raison de leur caractère pénible, soit parce que la structure des qualifications était en train de changer.

À partir de 1974, on le sait, la politique de la France a évolué puisqu'il a été mis fin officiellement à l'immigration. Mais cet interdit a été tourné et l'immigration officielle en partie remplacée par l'immigration clandestine. Des besoins de main-d'œuvre pour certaines activités continuaient à s'exprimer, les Français, même sans emploi, répugnant à exercer certains métiers pour des raisons culturelles et de statut social. Parallèlement, le choc de la crise mondiale dans les pays du tiers monde proche accentuait la pression à l'émigration. Tandis que le discours officiel était celui de la fin de l'immigration, les pratiques économiques et sociales conduisaient à entretenir un flot permanent d'arrivées.

La venue de la gauche au pouvoir a peu changé la situation. La régularisation des clandestins, opérée dans le cadre d'une période de grâce brève, n'a fait que modifier le statut d'hommes et de femmes déjà physiquement présents sur le territoire national. De clandestins, ils sont devenus réguliers. L'immigration est restée officiellement interdite. Cette campagne de régularisation, justifiée du point de vue des droits humains, a sans doute eu un double effet. À l'intérieur, elle a commencé à accréditer l'idée d'une politique « laxiste » des socialistes en matière d'immigration. À l'extérieur, elle a pu contribuer à entretenir la croyance qu'il était plus facile d'être accueilli en France qu'ailleurs, y compris quand on était clandestin.

C'est en tout cas la thèse qui a été développée par la droite, même si la progression des populations immigrées dans les autres pays européens de niveau de développement comparable montre qu'on avait affaire à un mouvement généralisé.

C'est moins dans la réalité que la France s'est distinguée des autres pays européens que sur le plan fantasmatique. D'où le lien avec le problème de l'identité. Bien sûr, la France n'est pas le seul pays où le problème des étrangers ou des citoyens d'origine étrangère est posé. Pas le seul où la politique des gouvernants soit mise en cause par des mouvements populistes, nationalistes et xénophobes. Pas le seul où le racisme ait progressé et où se posent des problèmes de coexistence entre des cultures différentes. La montée électorale de mouvements politiques d'extrême droite a marqué, tour à tour, la vie des principaux pays européens. Mais c'est celui où le débat a été et reste le plus vif, où la droite classique a eu l'attitude la plus irresponsable et où l'extrême droite s'est stabilisée au niveau le plus élevé. C'est pourquoi nous devons donner une réponse cohérente et crédible à nos concitoyens, dont un certain nombre mettent au premier plan de leurs préoccupations la question de l'immigration. Cela implique d'examiner toutes les idées, d'où qu'elles viennent.

Est-il possible, comme le propose le Front national, de renvoyer dans leur pays la majorité des étrangers et de leurs familles ? Rappelons d'abord que, selon la loi et la vieille tradition française du *jus soli*, les enfants d'étrangers nés sur le territoire français sont français et ne sauraient donc être forcés de quitter leur pays. Notre Nation n'est pas fondée sur la race mais sur la citoyenneté. Qui devient citoyen devient français. Seule une dictature peut décider de priver brutalement et massivement des Français de leur statut de Français. Une telle perspective, par ailleurs atterrante sur le plan éthique, n'a donc aucun sens.

Est-il envisageable en revanche de renvoyer chez eux les travailleurs étrangers ? C'est ce qu'affirment l'extrême droite et parfois, un ton en dessous, des responsables des partis conservateurs. Il serait selon eux possible de négocier avec les pays d'origine, essentiellement du Maghreb, le retour massif de leurs ressortissants. En échange, des programmes d'aide économique seraient engagés en faveur du développement des pays de retour. Cette hypothèse n'est guère réaliste. On peut naturellement négocier des retours limités à l'occasion de telle ou telle restructuration d'entreprise française. Il est tout à fait illusoire de croire que la Tunisie, l'Algérie ou le Maroc accepteront de signer avec nous des accords portant sur des centaines de milliers de personnes, même contre des programmes d'aide au développement. D'abord parce que de tels programmes existent déjà. Ensuite, parce que l'effet supposé d'une entraide économique ne se ferait sentir qu'à long terme cependant que les conséquences du retour au pays de nombreux immigrés seraient massives et immédiates. Enfin, parce que de tels programmes, pour être efficaces, devraient être d'une ampleur telle qu'ils représenteraient une ponction importante sur nos ressources budgétaires. Comment penser d'ailleurs que nous pourrions aisément créer à l'étranger les centaines de milliers d'emplois que nous n'arrivons pas à créer chez nous ? En réalité, ces prétendus programmes d'aide ne seraient pas réalisés. Ils sont là comme argument rhétorique pour accréditer l'idée, chez les Français, qu'une expulsion massive est envisageable.

Dans l'hypothèse de telles expulsions, il est vain d'escompter que les pays où se feraient les retours les acceptent complaisamment, nous en facilitent l'exécution et n'en tirent aucune conséquence sur le plan des relations communes, aussi bien économiquement que politiquement. La réalisation d'un tel programme, à supposer que quelqu'un ose le concevoir et commencer son exécution, poserait immédiatement de tels problèmes humains, créerait un tel choc et une telle réprobation internationale qu'on a peine à imaginer qu'une démocratie, et qui plus est ayant en ce domaine la tradition et la réputation de la France, puisse y recourir.

Il faut ajouter que si, par hypothèse, une telle ponction était effectuée sur la main-d'œuvre domestique (c'est-à-dire travaillant en France), elle entraînerait immédiatement une terrible désorganisation économique. Il est naïf de croire que la plupart des postes de travail ainsi libérés, – postes pénibles, précaires et souvent mal rémunérés –, seraient occupés, même avec quelque délai, par des travailleurs français.

Il faut dire clairement que la plupart des étrangers vivant sur notre sol y resteront, qu'ils sont utiles à notre développement, que leur départ n'offrirait pas les emplois espérés, parce que ceux qu'ils libéreraient ne sont pas désirés. Que leur présence chez nous est liée à ce phénomène croissant de mondialisation des économies et des échanges. Qu'il faut l'intégrer culturellement, le maîtriser politiquement. Qu'il ne menacera pas notre identité – pas plus que ne l'ont menacée les Italiens, les Polonais ou les Espagnols de la première moitié du siècle, pas plus que les immigrations américaines rassemblées dans le *melting-pot* n'ont interdit aux États-Unis de se prévaloir d'une identité – à condition que nous sachions rallier à nos valeurs ces arrivants récents, y compris non européens, et leurs enfants. D'où le rôle fondamental de l'École.

Naturellement, il faut limiter au maximum l'immigration clandestine. Reconduire chez eux ceux qui franchissent nos frontières illégalement, réprimer très sévèrement ceux qui font commerce des clandestins, ne pas laisser détourner de leur sens les procédures du droit d'asile. Et il faut en outre envisager, pour la fin de ce siècle et le début du suivant, des plans de coopération beaucoup plus ambitieux avec les pays d'Afrique. Il y va de notre intérêt économique bien compris car il est clair que la régression actuelle du continent africain a pour l'Europe un impact directement négatif : moindres débouchés pour nos entreprises, coût d'un interventionnisme humanitaire ou militaire croissant, impact international potentiel d'un échec de la coopération européenne alors que le Sud-Est asiatique se développe et contribue à l'essor du Japon.

Notre développement doit être examiné en parallèle avec celui des pays de notre environnement – à l'Est mais aussi au Sud. Si l'on raisonne, non plus dans la perspective de cinq ou dix ans mais sur cinquante à cent ans (ce qui est peu si l'on songe à la proximité, dans notre mémoire historique, de la guerre de 1914-1918, par exemple), il est presque sûr que l'existence de deux zones, dont l'une est à démographie forte et à développement bloqué, et l'autre à démographie faible et à développement progressif, peut conduire à des mouvements de population peut-être massifs de l'une vers l'autre. À moins naturellement qu'on emploie la force – et à grande échelle – pour qu'il n'en soit pas ainsi, ce qui constituerait un barbare retour en arrière pour l'Europe et sa civilisation.

Il faudra une aide considérable au développement économique de l'Afrique – qui représentera une ponction importante sur nos ressources – pour empêcher que les flux de populations vers nous ne soient trop massifs. C'est pourquoi il paraît raisonnable de préparer les Français, et particulièrement les jeunes, à l'idée qu'ils vivront dans un pays et aussi dans une Europe où les étrangers et les Français d'origine étrangère, loin d'être moins nombreux, le seront sans doute plus. Il faut l'admettre, nos concitoyens seront à l'avenir plus bigarrés. Phénomène qui ne fera qu'anticiper les évolutions à plus long terme encore des mouvements de population que connaîtra la planète entière : quand on conquiert le monde, ce que nous avons fait au XVe-XVIe siècle et au XIXe siècle, il faut savoir qu'on est aussi conquis par lui. À l'inverse, toute politique de bunker se termine en tragédie.

C'est ce langage somme toute optimiste qu'il faut clairement tenir à notre pays. Tant que celui-ci pourra croire vraisemblable l'application d'une politique à la Le Pen – retour massif et rapide des étrangers chez eux –, il mordra à la démagogie, il ne regardera pas les réalités en face et ne pourra pas poser sainement le problème de son, de notre identité et de notre rapport aux autres.

La troisième question à laquelle nous devons répondre clairement, concerne la place et le rôle de la France dans le monde.

Nous savons combien celui-ci a changé au cours de ce XXe siècle. L'Europe n'est plus le centre du monde, le rapport démographique entre Occident et Orient a été bouleversé, de nouvelles forces sont apparues avec la décolonisation, l'essor pétrolier, la révolution industrielle en Asie, le développement du communisme. Le poids de la France n'est pas, démographiquement, économiquement, culturellement, celui qu'il était à l'aube de ce siècle. Mais les nouveaux rapports de force ne sont pas eux-mêmes intangibles. L'URSS, installée pendant quarante ans dans un condominium planétaire avec les États-Unis, est aujourd'hui menacée de dislocation. Le Brésil et l'Argentine, qu'on voyait comme des géants, ont été dramatiquement freinés par leur démographie et par les dictatures.

Quel est le poids de la France ? Nous ne sommes plus une grande puissance. Nous ne sommes pas un petit pays : nous sommes une puissance moyenne à vocation mondiale. Certains se contenteraient pour notre pays de le voir tenir son rang au sein de la Communauté européenne, nation parmi d'autres, se protégeant des idées du grand large, méfiant à l'égard de son environnement méditerranéen et africain, et se gardant de toute ambition de peser sur les affaires du monde. C'est la tentation confuse d'une partie des Français. Une telle attitude nous interdirait de faire entendre, dans le concert des nations, un point de vue original né de notre position particulière, de notre culture historique et de nos contacts multiples sur la scène internationale – point de vue original qui, je crois, est utile à l'équilibre international.

Le danger inverse consisterait à nous exagérer nos possibilités, à nous fixer une multitude d'ambitions que nous ne pourrions toutes satisfaire, à avoir une idée surévaluée et peut-être un peu anachronique, de ce qu'est la grandeur de la France. De ce concept un peu trop traditionnel de « grandeur » relèvent des orientations qui pourraient à terme devenir discutables si elles n'étaient pas infléchies pour tenir compte des immenses évolutions en cours. La politique nucléaire – dont le principe et le « noyau dur » doivent être préservés – pourrait ainsi être révisée dans sa composante tactique pour tenir compte de la démocratisation de l'Europe de l'Est; les campagnes d'essais nucléaires qui indisposent des partenaires possibles dans le Pacifique pourraient peut-être à terme être remplacées par d'autres méthodes d'expérimentation; l'industrie d'exportation d'armement surdimensionnée, qui nous détourne de certaines activités civiles et qui risque en outre de manquer sérieusement de débouchés, si nos clients potentiels sont insolvables ou instables, pourrait être réexaminée. L'exemple de l'Irak est à cet égard remarquable : le bouclier contre l'Iran est devenu une épée contre nous. La France doit garder naturellement une capacité militaire mais en l'ajustant à ses besoins et aux situations. La France doit avoir également une politique industrielle qui lui permette de faire des choix utiles, de porter ses efforts sur les créneaux porteurs ou les secteurs nécessaires à son indépendance et à son avenir. Elle doit enfin persister dans une grande politique de recherche et d'éducation. C'est ainsi qu'elle défendra son rang, qu'elle gardera son rayonnement intellectuel. Pour un pays comme le nôtre, il est essentiel désormais de fixer avec pertinence les critères de sa « puissance ».

La nécessité pour la France de mesurer ses forces ne signifie pas que nous devions nous dérober – sagement ? lâchement ? – aux rendez-vous risqués que peut nous fixer l'histoire. De ce point de vue, la crise du Golfe fut un cas d'espèce particulièrement intéressant.

Débat sur la crise du Golfe

Ce conflit a soulevé beaucoup d'interrogations dans l'opinion, et particulièrement à gauche. Il a créé un trouble au sein du parti socialiste, des voix s'étant élevées, celles de Claude Cheysson, de Max Gallo, de Jean-Pierre Chevènement par exemple, pour déplorer la participation de la France à l'intervention militaire aux côtés des États-Unis.

Personne naturellement n'a approuvé l'annexion du Koweït par l'Irak. Mais je ne suis pas sûr que ceux qui considéraient l'Irak de Saddam Hussein comme un régime progressiste, laïque, modernisateur et donc – malgré sa dureté – comme un moindre mal dans cette région vouée au fondamentalisme et au fanatisme religieux aient jugé tragique la disparition du Koweït. Ce petit pays, à la structure politique quasiment féodale, constitué à l'origine de façon assez artificielle, bénéficiaire d'énormes revenus pétroliers, ne méritait pas à leurs yeux un attendrissement excessif. Les tenants de ce discours, surtout privé, insistaient donc sur les responsabilités du Koweït à la veille de l'intervention irakienne : refus de discuter de la dette de l'Irak ou de rectifications de frontières (pour un accès plus libre à la mer), position négative sur la question du prix du pétrole. Les dirigeants koweïtiens, dans ce raisonnement, devenaient en partie responsables du coup de force dont ils étaient les victimes.

Une autre position, cette fois explicitement affirmée, fut celle du pacifisme. L'occupation du Koweït, pour grave qu'elle fût, ne pouvait justifier une guerre, soit parce que toute guerre était condamnable (attitude de ceux que l'on pourrait appeler les pacifistes intégraux), soit parce que cette guerre – compte tenu notamment de la puissance militaire de l'Irak – entraînerait des conséquences humaines et politiques plus graves que celles qui résultaient de l'occupation même du Koweït.

Peu de responsables ont adopté la position du pacifisme intégral. Nombre de ceux qui, à gauche, étaient contre l'intervention militaire au Koweït condamnaient historiquement Munich ou la non-intervention en Espagne, avaient approuvé la résistance armée à l'oppression face aux dictatures sud-américaines et auraient volontiers recommandé l'usage de la violence contre l'apartheid ou Pinochet. L'objection à la guerre tenait à la cause invoquée, point au principe. Pour eux, ce qui était en cause, ce n'était pas la guerre mais cette guerre. On glissait du terrain éthique au terrain politique. Cette guerre n'était pas juste. Mais pourquoi ?

Elle n'était pas juste parce qu'elle était voulue et menée par les États-Unis. L'idée que toute guerre conduite aux côtés des États-Unis était ipso facto condamnable paraissait difficile à soutenir au sein du parti socialiste. Les souvenirs des combats des deux guerres mondiales ne pouvaient être oubliés. On n'a donc pas beaucoup entendu cette thèse. Mais elle constituait certainement, chez certains nostalgiques de l'« anti-impérialisme », une motivation souterraine. En revanche, on a avancé la thèse selon laquelle les États-Unis avaient voulu cette guerre dès le début et nous y auraient entraînés. Cette thèse paradoxale d'un quasi « complot » américain contre Saddam Hussein poussant celui-ci à l'intervention contre le Koweït ne résiste ni à l'examen des faits ni au raisonnement logique.

Il est sûr que les États-Unis se sont préparés dès le 15 août 1990 à la guerre. On peut même aller jusqu'à penser que l'administration américaine n'était pas fâchée d'avoir l'occasion d'administrer à l'Irak de Saddam Hussein une leçon militaire jugée nécessaire, et que d'autres pays semblablement dictatoriaux pourraient méditer. On ne déplace pas tant d'hommes et une telle masse de matériel à plusieurs milliers de kilomètres de chez soi pour une simple parade d'intimidation.

Trois éléments décisifs permettent d'écarter la thèse d'une préméditation américaine et d'une politique de guerre imposée au reste de la planète, et le premier tient au fait que les États-Unis, après avoir hésité, ont décidé de placer leur action sous l'égide des Nations unies. Dès la première réunion du Conseil des ministres restreint convoqué en France par François Mitterrand et consacré au Golfe, le 9 août 1990, et alors que le président de la République nous interrogeait avant de nous faire part de ses intentions, j'avais dit qu'il me paraissait absolument indispensable que la France saisisse l'ONU et mette ses décisions et ses actes sous son autorité. L'action unilatérale de puissances occidentales ne pouvait prendre force de droit. Les décisions à prendre – condamnation, pression, embargo, intervention militaire – devaient l'être au nom de la communauté internationale et non sous l'impulsion de nations parlant en leur nom propre. Le président de la République tenait lui aussi ce raisonnement.

Faire le choix de l'affrontement comportait pour les États-Unis un certain nombre de contraintes. Le fait pour George Bush d'avoir eu à surmonter la capacité de veto des membres permanents du Conseil de sécurité, et donc à convaincre ceux-ci du bien-fondé de ses décisions éventuelles, exclut déjà la thèse de la superpuissance allant directement et librement à la guerre. Les États-Unis dans cette affaire ont toujours *su*, mais donc toujours *dû*, éviter le veto. Ils n'ont jamais décidé seuls.

La deuxième objection majeure à la thèse du « complot » tient à la nature même du régime américain. Les États-Unis sont une démocratie et un régime d'opinion. Le ralliement massif de celle-ci à son Président, tant au moment de la guerre que dans les mois qui ont suivi, ne doit pas faire oublier que pendant toute la longue période allant du 15 août 1990 au 15 janvier 1991, de nombreux responsables américains se sont interrogés publiquement sur ce qu'il convenait de faire. Une minorité non négligeable était en effet hostile à la guerre et d'autres hésitaient. Gardons en mémoire que la décision d'autoriser le président des États-Unis à utiliser la force n'a été prise au Sénat que par 52 voix contre 47. La réalité n'a pas été celle d'une opinion américaine chauffée à blanc et prête à partir en croisade derrière un Président va-t-en-guerre, elle a été celle d'une opinion hostile à Saddam Hussein mais circonspecte, car instruite par l'histoire vietnamienne du risque des guerres, très attachée à la vie de ses « boys » et voulant s'assurer du bon droit de son pays dans l'action. C'est pourquoi, loin de disposer a priori de l'approbation des Américains quels que soient ses actes, George Bush avait besoin de les convaincre et devait pour cela se montrer ouvert aux occasions de conclure l'affaire pacifiquement. Faut-il rappeler que le secrétaire d'État américain lui-même, James Baker, est allé discuter avec Tarek Aziz, le ministre des Affaires étrangères irakien, et que les États-Unis n'ont fermé la porte à aucune des négociations engagées pour peu que l'Irak déclarât renoncer – ce qui était un minimum ! – au fait accompli de l'annexion du Koweït.

Et c'est là qu'intervient le troisième argument – le plus fort – pour récuser la thèse d'une « guerre américaine » imposée à tous. Du 15 août 1990 au 15 janvier 1991, l'Irak a eu dix fois la possibilité d'immobiliser l'engrenage qui conduisait son pays à l'affrontement avec la coalition. Si le régime de Saddam Hussein avait annoncé clairement, fût-ce dans les derniers jours précédant l'ultimatum, que l'Irak était prêt à appliquer les résolutions des Nations unies, donc à amorcer le retrait de ses troupes du Koweït, il aurait été impossible aux États-Unis de refuser que s'ouvrît une négociation et d'aller imperturbablement à la guerre. Ni le Conseil de sécurité, ni les alliés des États-Unis et notamment la France, ni l'opinion américaine, ni le Sénat des États-Unis n'auraient laissé l'administration américaine agir ainsi. La clef de la guerre et de la paix a été constamment, non pas dans les mains de George Bush, mais dans celles de Saddam Hussein. Ce qui fait mystère, c'est de savoir pourquoi le dictateur irakien n'a saisi aucune des occasions qui s'offraient à lui de négocier tant son intérêt, à l'évidence, était là !

Une autre thèse a été avancée dans le débat public, selon laquelle il n'aurait pas fallu que la France s'engageât dans ce conflit afin de préserver sa « politique arabe » et de n'être pas victime de la coupure qui allait nécessairement s'ensuivre entre le Sud et le Nord, entre le monde arabe et les puissances occidentales. On s'étonne qu'il se soit trouvé des responsables politiques pour penser innocemment que nous avions tout loisir de compromettre notre « politique européenne » ou « occidentale » et nous dissocier de nos principaux alliés depuis un siècle, dans le seul but de préserver notre politique arabe. Gribouille n'aurait pas fait mieux !

J'ai été partisan de la décolonisation du Maghreb et de l'indépendance algérienne. Comme secrétaire au tiers monde puis aux affaires internationales du parti socialiste, j'ai développé les relations du PS dans le monde arabe et noué dans cette partie du monde quelques solides amitiés.

Mais la politique internationale d'un pays comme le nôtre ne peut être fondée sur l'existence de « mondes » mythologisés qu'il faudrait en toute hypothèse ménager. Que je sache, la « politique latino-américaine » ne nous a pas conduits à soutenir Pinochet ou les généraux argentins ! La « politique à l'Est » ne nous a pas conduits à pactiser avec Husak et à ignorer Walesa, Vaclav Havel ou Sakharov ! Dans les deux cas, nous avons choisi nos amis, identifié nos adversaires, et nous n'avons pas fondu les uns et les autres dans une sympathie indistincte qui unissait les dictateurs et les démocrates, les bourreaux et les victimes.

Il est temps d'en faire de même à propos du monde arabe. Il existe une réalité arabo-musulmane, une histoire, une culture, une religion de référence – malgré ses traditions souvent dressées les unes contre les autres. Mais il ne faut pas traiter cette réalité comme si elle était indifférenciée. L'un des faits caractéristiques de la crise du Golfe a été justement la coupure du monde arabe. Des pays arabes se sont battus entre eux. Il aurait été étrange que la France n'osât pas faire à l'égard de l'Irak baasiste ce que l'Égypte par exemple n'hésitait pas à entreprendre.

Nous n'avons aucun intérêt à encourager nous-mêmes cette tendance qu'ont trop de chefs d'État, de démagogues et de courants politiques du Proche-Orient à justifier leur politique ou leur régime au nom du « peuple arabe » ou – version religieuse – au nom de l'islam. J'ai toujours pensé qu'il y a dans cette indulgence de quelques « pro-arabes » à l'égard de certains régimes, dans le refus de poser la question de la démocratie, des formes du développement économique, de l'attitude qu'elle suppose à l'égard du religieux, une bonne dose de cynisme mais aussi du mépris dissimulé. Comme si ces peuples du monde arabe – et plus largement ceux du tiers monde – n'avaient pas besoin, et peut-être même pas la conscience ou le désir, de la démocratie, par une sorte d'infantilisme politique, voire d'inaptitude au progrès.

Nous ne pouvons en rester à cette conception de la politique internationale, héritée d'une certaine vision du gaullisme et dont Jacques Chirac donnait l'illustration caricaturale lorsqu'il déclarait à Abidjan en février 1990 : « Je crois que pour les pays en voie de développement, le multipartisme est une erreur politique. Je pense que leur modèle à eux, c'est le modèle du parti unique. » Cette vision consiste à traiter les régions du tiers monde comme des ensembles où nos critères sont dénués de sens et dont seuls le cynisme, l'indulgence, voire la compromission peuvent nous ouvrir les portes. Je supporte mal, et depuis longtemps, ce paternalisme et ce racisme larvés, cachés derrière l'apparent respect de la « différence ».

Qu'il y ait une part de responsabilité des puissances occidentales, des modes de développement du capitalisme dans la misère qui tend à se répandre dans le tiers monde, cela ne saurait être nié. Mais de cette situation, beaucoup d'équipes dirigeantes dans les pays sous-développés sont moins les victimes que les complices. Les erreurs dans les choix de développement, les sommes consacrées aux crédits militaires, les dépenses excessives ou de prestige, la soumission à la corruption, les entêtements dictatoriaux ou les encouragements tribalistes ont trouvé parfois de la complaisance dans les capitales de l'Occident mais ont leur source dans les pays sous-développés eux-mêmes.

La tendance actuelle, dans le tiers monde comme ailleurs, est à la redécouverte de la démocratie. La liberté qui a traversé les pays du Centre et de l'Est européen, qui cherche un chemin en URSS, qui continue à sourdre en Chine, souffle aussi au Sud et notamment en Afrique. Et elle peut s'affirmer d'une façon irrésistible sur le continent si le régime de l'apartheid échappe aux convulsions et débouche sur un système politique démocratique où la vie et la voix d'un Noir vaudront celles d'un Blanc. Après avoir été la zone la plus rétrograde d'Afrique – par la barbarie de son système idéologique et politique – l'Afrique du Sud peut être dans l'avenir – en raison de ses réalisations et potentialités économiques – une formidable base de développement pour le reste de l'Afrique.

Il ne s'agit pas naturellement de rêver, de simplifier à l'excès les processus historiques qui sont devant nous et de croire qu'il y aura dans le tiers monde des « idylles démocratiques » comme d'autres ont prodigué les illusions à propos des dictatures « progressistes ».

L'instauration éventuelle de régimes démocratiques dans le tiers monde ne réglera pas par miracle les problèmes de développement. La situation dans les pays d'Amérique latine rendus à la liberté est là pour le démontrer. La misère de masse, l'analphabétisme, la mortalité infantile, les oppositions ethniques et la corruption ne vont pas disparaître d'un coup avec la déstabilisation des dictatures. La démocratie libère souvent l'expression de contradictions que la dictature permettait d'étouffer. C'est pourquoi elle donne souvent l'impression de faire succéder le désordre à l'ordre, même si cet ordre avait de toute façon vacillé.

Nous entrons, à l'égard du monde arabe aussi, dans une nouvelle ère des relations internationales qui suppose un nouvel état d'esprit : celui d'un dialogue égalitaire et sans concession. Les décennies postcoloniales sont maintenant derrière nous. Ni l'arrogance ni la culpabilité ne sont, de part et d'autre, de mise. Je me souviens encore de l'époque où, renouant les relations entre le parti socialiste français et le FLN algérien, nous taisions les observations critiques que nous aurions pu faire sur le « socialisme algérien ». Le FLN était si jaloux de son indépendance et si assuré de ses choix qu'il ne nous était guère loisible d'engager de véritables débats sur les chances et les risques du modèle algérien. C'est ainsi l'ensemble de nos relations avec les partis et les États du monde arabe, du tiers monde, du monde communiste qui était marqué d'un caractère précautionneux et excessivement diplomatique. C'est de cette autocensure que nous devons progressivement sortir, en tout cas dont doivent sortir les forces politiques, plus libres que les États. Nous devons respecter les spécificités, les traditions, les valeurs de nos partenaires ou interlocuteurs, mais sans masquer les nôtres et en recherchant une authentique confrontation.

Dans le monde arabe je suis convaincu que nos « intérêts » seraient actuellement plus compromis si nous nous étions désolidarisés des États-Unis, de la Grande-Bretagne et des pays arabes membres de la coalition victorieuse, pour nous trouver dans une sorte de no man's land politique, dans l'apparence d'une complaisance à l'égard de l'Irak. Ainsi la « guerre du Golfe » aura-t-elle servi de révélateur à des positions que la rhétorique politique rendait confuses.

La logique de guerre

Une autre critique à la politique française vise le tournant du mois de novembre 1990, celui qui nous a conduits à participer à l'ultimatum adressé à l'Irak fixant une date limite, le 15 janvier 1991, au-delà de laquelle la coalition serait fondée à intervenir militairement et à passer de la logique de l'embargo à la logique de la guerre. Selon les tenants de cette thèse, rien ne justifiait ce changement de stratégie des États-Unis et des Nations unies : nous aurions dû alors reprendre notre liberté.

La raison fondamentale du tournant opéré à l'époque par les États-Unis et les alliés résidait dans la conviction de l'inefficacité de la politique de l'embargo, c'est-à-dire de son incapacité à contraindre Saddam Hussein à renoncer au Koweït dans un délai suffisant.

Il est apparu rapidement que les dirigeants irakiens ne céderaient pas à la pression, qu'ils étaient en mesure d'imposer à leur peuple – sans que celui-ci ose bouger – d'immenses sacrifices et donc que l'embargo n'était pas une arme à court terme. La détermination avec laquelle cette équipe dirigeante pourtant défaite militairement a pu dévaster le Koweït (par la mise à feu des puits) avant de le quitter, frapper les chiites et les Kurdes, éviter son propre renversement, ne doit laisser rétrospectivement aucune illusion sur la crédibilité de sa démission face à l'embargo.

Or le facteur temps était décisif dans le conflit du Golfe. L'Irak occupait le Koweït, le pillait méthodiquement, déportait sa population, multipliait les exactions. Aux portes de celui-ci campaient l'armée américaine et celles de la coalition : des centaines de milliers d'hommes, des millions de tonnes de matériel rassemblés dans le désert – autant pour préparer une éventuelle libération de l'émirat que pour interdire à Saddam Hussein de pousser plus loin l'aventure en cherchant à déstabiliser l'Arabie Saoudite ou un autre de ses voisins.

Pour de multiples raisons – humaines, financières, logistiques, de politique intérieure, – il était impossible que ce rassemblement de forces puisse rester immobilisé, l'arme au pied, dans le désert au-delà de quelques mois. Il fallait donc que, dans un délai déterminé, Saddam Hussein ouvre une porte à la négociation afin qu'une solution diplomatique soit trouvée ou bien que les troupes de la coalition soient employées et l'emportent, ouvrant, là aussi mais d'une autre façon, la voie à une issue politique. La crise du Golfe, par ce qu'elle comportait d'enjeux et rassemblait d'énergies, de moyens matériels, de volontés affrontées, devait se dénouer rapidement par la paix ou par la guerre. Il est clair que Saddam Hussein n'a jamais saisi l'occasion de la paix.

La question de savoir pourquoi celui-ci a poursuivi sa course droit jusqu'au désastre militaire de février 1991 reste un mystère et l'exemple même d'un comportement absurde. Tout justifiait en effet que l'Irak proposât une négociation à un moment ou à un autre du conflit. Les opinions nationales souhaitaient la paix, la puissance de l'armée irakienne était crainte, le Koweït inspirait la compassion mais pas ses dirigeants, plusieurs membres permanents du Conseil de sécurité (disposant du droit de veto) n'attendaient qu'un geste de l'Irak pour enclencher une autre logique, les États-Unis eux-mêmes – bien qu'ayant déployé cet énorme arsenal – ne pouvaient se soustraire au poids de leur opinion : tout laissait penser qu'une offre de négociation de l'Irak serait reçue positivement.

Il était en outre dans l'intérêt de l'Irak de le faire. Si l'Irak offrait de négocier, s'engageait à respecter les résolutions des Nations unies, amorçait symboliquement un retrait du Koweït, la logique du processus qui s'engageait était celle-ci : l'immense arsenal de la coalition était paralysé avant d'être, au moins en partie, rapatrié. Les États-Unis avaient été défiés ainsi que les puissances occidentales, mais l'affrontement (et donc le risque de l'écrasement) était habilement esquivé; l'Irak obtenait, pour prix de sa bonne volonté, quelques concessions territoriales qui eussent améliorer son débouché sur la mer; sa puissance dans la zone restait intacte et redoutée, son prestige – pour avoir défié l'Amérique et en être sorti à son avantage – immense dans le monde arabe. À l'inverse, aller à la guerre, c'était avoir la certitude de la perdre et pour Saddam Hussein courir le risque de se perdre, compte tenu de la nature du régime, fondé essentiellement sur la force et sur la peur.

L'intérêt qu'avait l'Irak à négocier avant qu'il ne fût trop tard paraissait si évident que cette conviction a guidé les actes et aussi inspiré les craintes de beaucoup des acteurs de cette crise. Le passage de l'embargo à l'ultimatum militaire s'est certainement fondé sur l'idée que seule la certitude d'avoir à affronter la coalition pourrait amener les dirigeants irakiens à composer. Jusqu'à la veille des combats, beaucoup de partisans de la guerre craignaient que Saddam Hussein n'acceptât une négociation. On se souvient combien l'ultime tentative de la France pour trouver une issue pacifique, à la veille du 15 janvier, a été accueillie de façon mitigée. C'est au nom du même raisonnement que beaucoup d'observateurs avisés des affaires internationales ont cru jusqu'au bout, parfois en public, plus souvent en privé, que la guerre du Golfe n'aurait pas lieu. Dans ce contexte, l'intuition qui a conduit François Mitterrand à penser dès le début que la guerre serait le terme de ce conflit est d'autant plus frappante.

Si l'on convient qu'une conduite rationnelle aurait dû amener Saddam Hussein à négocier, il reste à comprendre pourquoi il ne l'a pas fait. Face à ce type de régime, secret, truqueur, on en est réduit bien sûr aux conjectures. Je risque les suivantes : elles tiennent à l'homme, à son système politique, à sa vision du monde.

Les biographies de Saddam Hussein nous le montrent comme un villageois inculte que la déstabilisation de son pays, son engagement personnel dans les convulsions et les passions du temps, ses références idéologiques (le nassérisme un peu, le baasisme surtout), sa participation à des complots politico-militaires, son accession avec d'autres à la direction du pays, puis l'élimination brutale de ses adversaires, ont conduit au faîte du pouvoir, d'un pouvoir exercé de façon dictatoriale et personnelle. Rien dans l'histoire de cet homme – absence de formation et de culture, référence à une idéologique sommaire, peu de déplacements à l'étranger – ne l'avait préparé à comprendre la complexité du monde extérieur ni la relativité de la puissance de l'Irak, y compris militaire, au regard des ressorts modernes de la puissance véritable. Si l'on se confronte directement à cette puissance-là, il faut disposer d'autres atouts qu'un stock d'armes accumulé et une armée tenue par la terreur. On ne règle pas le sort d'un président des États-Unis et de quelques autres chefs d'État et de gouvernement comme on élimine un soudard ou un apparatchik à Bagdad.

Et il semble bien que la nature du régime irakien ait empêché que d'autres, mieux avertis des réalités internationales et des ressorts complexes de cette crise, indiquent à Saddam Hussein les risques qu'il courait. Dans un régime démocratique, la confrontation des points de vue, l'échange au sein du gouvernement, les controverses dans l'opinion, les libres argumentations des experts aident à peser le pour et le contre, à rechercher où est l'intérêt du pays et finalement à guider l'action. Même dans d'autres régimes, non démocratiques, mais plus collectifs et cohérents, où l'idéologie n'étouffe pas totalement la rationalité comme dans les régimes communistes par exemple, cet examen en commun de ce qu'il convient de faire a lieu. Dans le régime irakien, du moins d'après ce que l'on sait, une telle confrontation des points de vue, par laquelle les politiques, les militaires, les spécialistes des questions internationales auraient pu exposer « librement » au chef de l'État les avantages, les inconvénients, les risques, les chances de tel ou tel choix, n'était guère concevable et donc n'a pas dû avoir lieu. Je crois que, là, réside l'autre facteur d'explication des erreurs d'appréciation du leader irakien. Et c'est ainsi que l'excès dans la toute-puissance – lorsqu'elle prend la forme de l'arbitraire d'un seul – conduit à rendre fragile cette toute-puissance elle-même.

Saddam Hussein est resté prisonnier d'une vision trop sommaire du monde. On fera justice d'abord de la thèse lyrique selon laquelle le leader baasiste aurait choisi, pour le peuple arabe et devant l'histoire, la victoire ou le martyre. Pour conserver le pouvoir, le chef irakien a toujours été prêt à tous les arrangements, les accommodements provisoires et tactiques, à la renonciation à ses engagements les plus solennels : on l'a vu dans la façon dont il a abandonné en quelques heures aux Iraniens les gages qui avaient justifié sept ans de guerre et des centaines de milliers de victimes dans son pays. La façon dont il manœuvre depuis sa défaite le démontre encore.

C'est donc qu'il y a eu erreur de calcul. Saddam Hussein a cru peut-être qu'il pourrait, sinon défaire la coalition, en tout cas lui infliger des coups beaucoup plus rudes et l'enliser dans les sables au point de l'obliger à rechercher un règlement dans des conditions peu favorables. Son projet était, au prix de sacrifices importants pour la population irakienne mais dont il n'avait cure, d'infliger une épreuve et une sorte d'humiliation aux puissances occidentales (et accessoirement aux rivaux arabes) engagées dans le conflit. Il n'avait à l'évidence pas envisagé que les pertes occidentales seraient légères, que son armée à lui se débanderait, cependant qu'une bonne partie de son potentiel militaire et industriel serait anéantie.

On peut aussi imaginer que Saddam Hussein ait cru à sa propre capacité d'intimidation. Qu'il ait pensé que les démocraties occidentales, marquées par la Seconde Guerre mondiale et ayant tourné la page des conflits coloniaux, étaient désormais incapables d'aller au-delà de simples opérations de police (en Afrique ou dans les Caraïbes) et d'affronter de véritables guerres. Que le poids des réticences des opinions publiques à envoyer au feu des soldats serait déterminant; que les dirigeants politiques ne prendraient pas le risque d'une mise en danger de leurs approvisionnements pétroliers, d'une crise dans les relations avec le monde arabe ou encore qu'ils craindraient le terrorisme; qu'il suffisait d'être déterminé, menaçant, pour dissuader.

Et c'est là où se situe encore une erreur de calcul du dictateur de Bagdad. Il a sous-estimé psychologiquement et politiquement les dirigeants du monde occidental et mal anticipé les réactions des opinions publiques dans les démocraties. Le raisonnement des dirigeants irakiens avait une chance d'être efficace s'il était manié subtilement et s'il n'était pas conduit jusqu'au bout. Il n'en a rien été. En voulant tout emporter, l'Irak a gravement sous-estimé des acteurs essentiels de la vie internationale et s'est exagéré sa propre capacité. Sauf à supposer que de grands pays comme les États-Unis, la Grande-Bretagne, la France, étaient prêts à annoncer à l'ensemble de la planète qu'en « cette fin de siècle obscure » ils renonçaient à exister en tant que puissances sur la scène internationale, il est clair que le dénouement de cette crise ne pouvait être autre qu'il ne fut. Et il est surprenant que ne l'aient pas compris certains qui nous ont tant parlé par ailleurs de la « grandeur » de la France. Ce qui s'est dit et écrit sur le droit à deux vitesses, sur les arrière-pensées de l'administration Bush, sur l'oubli des Palestiniens, sur l'aveuglement koweïti, sur les injustices au Proche-Orient, ne manquait pas et ne manque toujours pas de pertinence. Mais plusieurs de ces problèmes pouvaient justement être abordés si Saddam Hussein offrait une perspective de négociation. Le problème fondamental de cette crise du Golfe est que Saddam Hussein n'offrait, à ceux qui étaient devenus ses adversaires, d'autre alternative que la guerre ou la capitulation. On s'étonne de voir que certains s'accommodaient de la seconde.

Reste à évoquer les conséquences de la guerre du Golfe. Elles ont été terribles pour le peuple irakien qui a payé très cher la politique irresponsable de Saddam Hussein. On ne peut rester indifférent aux souffrances d'une population ainsi sacrifiée. C'est pourquoi si le contrôle doit rester strict sur Saddam Hussein et son armée, l'embargo touchant la population civile devrait être rapidement levé. Nous n'avons pas à confondre un dictateur et son peuple.

De plus, la guerre n'a pas résolu tous les problèmes de la région. Naturellement il ne serait pas sérieux de faire comme si tout ce qui concerne le Proche-Orient résultait désormais de cette guerre. Celle-ci a été un épisode majeur, mais elle n'efface pas les tendances lourdes qui préexistaient et qui se perpétuent dans la région. L'extrême circonspection du gouvernement israélien de M. Shamir devant l'évocation du problème palestinien n'est pas le produit du conflit. Ne l'est pas davantage la disposition de la Syrie à trop intervenir dans les affaires du Liban. Le Maghreb reste travaillé, après comme avant, par les ferments intégristes et doit poser et résoudre le problème de la démocratie et de ses modèles de développement. On pourrait multiplier les exemples.

La question kurde

L'incidence est plus directe en ce qui concerne le problème kurde, mais de façon inattendue. La question kurde était une des questions oubliées de ce siècle. Lorsque les puissances occidentales et les nouveaux États de la région se sont partagé les dépouilles de l'Empire ottoman au lendemain de la Première Guerre mondiale, ces règlements se sont faits en partie sur le dos du peuple kurde. Loin de se voir reconnaître comme Nation et État, celui-ci s'est vu partagé sur le territoire de cinq États : l'Irak, l'Iran, la Syrie, la Turquie et l'URSS. Depuis cette époque, les Kurdes se sont efforcés de faire admettre leur particularisme et ont même obtenu dans le cadre de certains États (Irak, Iran, Turquie par exemple) pour de brèves périodes une certaine autonomie.

Face aux nombreux conflits armés et aux répressions qui en ont résulté, la communauté internationale ne s'est jamais beaucoup émue. Les revendications des Kurdes ont toujours été perçues comme des menaces pour l'équilibre de la région et la stabilité des États dans lesquels ils vivent. Les luttes internes de leurs factions et leurs fréquents renversements d'alliance les ont fait considérer comme des importuns. J'avais fait en sorte, en tant que premier secrétaire du PS, que celui-ci noue des liens avec ceux qui, au Kurdistan, se réclamaient de l'idéal démocratique (et notamment avec le mouvement de Gassemlou, assassiné depuis). On connaît l'action tenace menée sur le plan humanitaire par Danielle Mitterrand. D'autres encore sont intervenus. Mais dans l'ensemble, et en tout cas du côté des chancelleries, cette question a été constamment sous-estimée ou éludée.

Le dénouement de la guerre du Golfe a, à la surprise de beaucoup, réveillé la question kurde. Il est vrai que l'administration américaine a quelque peu joué avec le feu. En appelant dans les tout derniers jours du conflit à la révolte contre Saddam Hussein, George Bush a littéralement poussé les dirigeants kurdes à faire avancer leur cause dans ce qui pouvait apparaître comme les derniers jours d'un dictateur. La suite a été cruelle. Son potentiel militaire n'ayant pas été entièrement détruit dans une guerre terrestre éclair rapidement conclue par un cessez-le-feu, Saddam Hussein a opposé aux révoltes chiites et kurdes une politique de répression très dure, sans que les États-Unis ou les autres États de la coalition décident d'abord de la contrecarrer militairement. Sans doute craignaient-ils un quasi-démembrement de l'État irakien, au sud avec les chiites au profit de l'Iran, au nord avec les Kurdes, et une déstabilisation nouvelle dans une région déjà malmenée par les événements récents.

En tout cas, cette passivité a facilité l'action répressive de Saddam Hussein, laquelle a entraîné une fuite éperdue et massive de la population kurde vers la Turquie, dans des conditions de précarité tragique. C'est l'honneur de la France d'avoir la première réagi sur le plan humanitaire, d'avoir saisi l'ONU et ses alliés, et d'avoir permis non seulement que s'engagent des opérations de sauvetage à grande échelle mais aussi que les Nations unies et plusieurs pays occidentaux interviennent en Irak même et imposent des contraintes aux dirigeants de ce pays. Car l'on sait bien que le retour des populations déplacées dans leurs pays implique un accord politique entre le régime irakien et les représentants de la minorité kurde. Et l'on sait aussi que, sauf changement politique à Bagdad qui déboucherait sur un système plus ouvert, un tel accord ne peut être qu'imposé et garanti de l'extérieur.

Certes, les dirigeants de la coalition ne sont pas coupables de ce qui s'est passé au Kurdistan : là encore, c'est Saddam Hussein qui a choisi la violence et la répression.

Nous ne sommes pas coupables mais nous sommes responsables.

Il faudra donc bien que, d'une façon ou d'une autre, la communauté internationale se saisisse de la question kurde pour lui trouver une solution. Non qu'on puisse envisager de donner un État à cette Nation : il faudrait pour cela en démembrer cinq autres. Mais la reconnaissance de l'existence d'un peuple et d'une culture kurdes, la mise en œuvre de processus d'autonomie interne dans les pays concernés (sans démembrement des cadres étatiques existants mais dans l'admission d'une réalité kurde unique et diversifiée) sont désormais nécessaires. À cet égard, on peut se réjouir des processus politiques amorcés en Turquie, à l'initiative du gouvernement. Et l'on peut espérer que des évolutions du même ordre se produiront dans les autres pays.

Le droit d'ingérence et l'universalisme français

À propos du problème des réfugiés kurdes a été proposé, dans l'urgence et au niveau des gouvernements, un concept nouveau pour le droit international et dont les juristes, notamment français, avaient beaucoup débattu ces dernières années : celui du « droit d'ingérence ».

Le droit international n'est pas le simple prolongement du droit des personnes ni de celui des droits internes prévalant au sein des démocraties. D'une part parce que les régimes politiques et les niveaux de développement des États sont très différents, et que les plus nombreux ne sont ni démocratiques ni développés. D'autre part parce que les États sont des sujets de droit eux-mêmes particuliers. Les règles de droit international, et notamment celles qui prévalent au sein de l'Organisation des Nations unies, doivent donc permettre d'accueillir ces États très différents : c'est la rançon de la vocation universelle de cette organisation.

En outre, et sans doute est-ce lié aux souvenirs des périodes coloniales et aux craintes des impérialismes, les principes de la souveraineté des Nations, de la non-ingérence dans les affaires intérieures des États sont des principes cardinaux de la vie internationale. Les États sont maîtres chez eux. Certes cette règle souffre des exceptions. La Chine au Tibet, la Syrie ou Israël au Liban, les États-Unis en Amérique centrale, l'URSS en Afghanistan ont mis à mal ce principe dans la réalité. Mais il s'agit, justement, de la réalité! La règle de droit, elle, n'a pas été modifiée. On en trouve d'ailleurs la traduction dans la tradition diplomatique française selon laquelle notre pays reconnaît les États et non les gouvernements, ce qui veut dire qu'il reconnaît les États quel que soit leur gouvernement.

Le débat engagé aujourd'hui dans les instances internationales est très important car il porte sur les principes et la règle de droit eux-mêmes : doit-on en toute circonstance respecter la souveraineté des États, le principe de la non-intervention dans les affaires intérieures ? Ou existe-t-il des circonstances où s'impose au contraire un « droit d'ingérence » ?

Cette évolution des idées est due à des événements puissants. Bien sûr, il a existé depuis 1945 des circonstances où les Nations unies se sont donné mandat d'intervenir pour sanctionner – c'est le cas de l'Afrique du Sud par exemple – ou pour s'interposer – c'est le cas du Liban où l'on a vu intervenir les « casques bleus ». Mais il s'agissait de manquements graves aux règles des Nations unies ou de menaces pour la paix, lesquels justifiaient une intervention. Par ailleurs, la décomposition du bloc communiste, la succession de guerres, parfois civiles, de famines meurtrières, de répressions intérieures massives qui se sont produites, en Afrique par exemple, au cours des dix dernières années ont conduit plusieurs pays – au premier rang desquels la France – ou la communauté internationale à monter des opérations d'aide humanitaire dont la mise en place impliquait une intervention souvent directe dans la vie intérieure des pays concernés.

D'autres initiatives avaient été prises à la suite de la conférence d'Helsinki et dans le cadre de la coopération entre l'Ouest et l'Est européens. Pour la première fois, sous l'égide de ce qu'on appelait la « troisième corbeille », la question des droits de l'homme et du respect de certaines libertés fondamentales, dans les pays communistes est-européens, était abordée dans une conférence intergouvernementale, même si cela était fait d'une façon toute diplomatique. L'intérêt que l'Europe de l'Est et l'URSS, déjà en sérieuse difficulté à l'époque, pouvaient avoir à la coopération dans les domaines économique et technique avait servi aux pays de l'Europe occidentale et aux États-Unis pour obtenir des engagements touchant les droits de l'homme. C'était un pas en avant significatif dans le sens d'un examen de ce qui se passait à l'intérieur de la vie des États, même si cela résultait d'un contrat – d'ailleurs fort prudent dans les termes – plus que d'un droit unilatéral d'intervention que se serait arrogé une institution internationale.

Ce qui est en cause aujourd'hui va plus loin. Il s'agit de s'interroger sur la possibilité de modifier la charte des Nations unies afin de donner à cette organisation, dans certaines circonstances, pour des raisons graves touchant à la paix, à la survie de populations ou au respect de principes absolument fondamentaux, un droit d'ingérence dans les affaires intérieures des États.

Cette question du droit d'ingérence a connu un regain d'actualité en raison du surgissement du drame kurde à l'issue de la guerre du Golfe. Des limites strictes ont été imposées par les États-Unis, la Grande-Bretagne et la France aux armées irakiennes, une résolution a été votée à l'ONU autorisant l'intervention de ces puissances, prévoyant la présence de forces de l'ONU et permettant la réalisation d'une très grande opération de survie.

Au-delà de cette circonstance particulière, peut-on envisager que soit systématisé ce droit d'ingérence dans les relations internationales ? Les résistances à une telle évolution seront nombreuses. Pour de mauvaises et de bonnes raisons.

De nombreux États, aux Nations unies, seront réservés devant une telle évolution du droit. On en trouvera chez les membres permanents du Conseil de sécurité : au premier chef, l'URSS et la Chine qui ont d'énormes problèmes de minorité ou de droits de l'homme, et même dans une certaine mesure les États-Unis, la Grande-

Bretagne ou la France qui supputent à quel point ce « droit d'ingérence » pourrait être invoqué souvent, compte tenu de l'état du monde. Les pays les plus importants ne tiennent pas toujours à être impliqués dans les complexes et périlleuses affaires des autres. Sans parler naturellement des nombreuses dictatures qui ne souhaitent nullement qu'une autorité extérieure vienne les contrôler et donc les contester.

À ces raisons discutables s'en ajoutent d'autres, plus convaincantes. L'un des progrès du droit international a résidé dans l'idée de l'égalité entre les États fondée sur la souveraineté nationale de chacun. On se souvient que l'un des concepts les plus contestables des vingt dernières années a été celui de « souveraineté limitée » inventé par l'URSS à propos de certains de ses satellites et partie constitutive de ce qui s'appela la « doctrine Brejnev ». Il est vrai qu'il s'agissait de contraintes imposées par la force ou l'intimidation à un État plus faible par un État dominant et non de l'application d'une règle de droit commune reconnue dans l'ordre international. Mais n'y aurait-il pas des risques aussi à voir qu'une instance qui n'est pas forcément neutre idéologiquement – qu'on songe par exemple au poids des interventions du Fonds monétaire international sur la politique économique des pays du tiers monde – puisse intervenir dans la vie des États, en fonction de critères qu'elle définira elle-même ?

Et là réside l'obstacle le plus important à l'inscription dans la philosophie des Nations unies de ce droit à l'ingérence. S'il s'agit d'une obligation pour l'organisation internationale, alors celle-ci doit s'exercer continûment et sans discrimination. Il ne peut pas y avoir en effet un « droit à deux vitesses », valable pour les uns et inapplicable aux autres. L'introduction et la mise en œuvre du concept du droit à l'ingérence impliquent une communauté internationale qui accepte d'édicter des normes de droit et de comportement, les mêmes pour tous, et qui se donne les moyens de les faire respecter, quels que soient la puissance, l'intérêt et les protecteurs de chacun. Qui, tout en distinguant ce que les cas ont de spécifique, n'établirait pas de discrimination de principe au regard du droit entre les problèmes du Koweït, du Liban, de la Palestine ou du Tibet, et interviendrait sur les droits de l'homme quel que soit l'endroit. On voit l'ampleur des problèmes posés. L'on peut comprendre pourquoi beaucoup sont réticents à une telle avancée et concevoir qu'elle mettra du temps à entrer dans le droit, puis dans les faits. Car cela suppose un état du monde, une conception universelle du droit, une volonté de policer les relations internationales, une mise en commun d'un ensemble de valeurs, en somme un progrès dans la civilisation – lui-même dépendant d'un rapprochement des conditions économiques et sociales de vie – qui sont encore loin de nous.

Mais si une des crises graves de cette fin de siècle, le conflit du Golfe, avait permis de poser les prémices d'une nouvelle organisation plus rationnelle, plus exigeante, du monde, il y aurait là l'un de ces paradoxes que parfois l'histoire nous réserve. Et ce serait à l'honneur de notre pays que d'y avoir contribué. C'est là en effet qu'un certain universalisme français, dont on sait qu'il a été un élément constitutif de l'identité de notre pays, peut effectivement trouver son sens.

CHAPITRE 7

LA MÉMOIRE ET L'AVENIR

La mémoire est un enracinement. Notre Nation est fort ancienne. Notre héritage est riche. Il est très important de savoir ce que nous en voulons garder. Nous devons également le situer dans le temps : celui dont nous venons, celui qui vient vers nous.

Héritages

La France c'est d'abord une carte familière : la monarchie et, pour partie, la république ont mis tant de temps à assembler et à façonner cet « Hexagone », appris dès l'école, qu'il appartient au patrimoine mental des Français. Mais en même temps, cette définition de l'espace français a changé historiquement. La Corse, la Savoie, Nice sont d'acquisition plus récente. Depuis, l'empire a disparu dans les décennies d'après-guerre et la France ne s'est pas défaite pour autant. En réalité cet espace non contesté est si peu objet de débat – malgré la question corse et celle de l'évolution des DOM-TOM – qu'il ne saurait, à lui seul, régler la question de notre identité.

Un peu moins claire pour certains est la question du

« peuple français ». On le voit avec le débat sur l'immigration. Un retour sur l'histoire du peuplement de la France montre pourtant que celui-ci a toujours été composite. Composite dès l'origine, avec la diversité des tribus gauloises, ce peuplement amalgamera progressivement les apports latins, germains, celtes, arabes. Au XIXe siècle, la France marquée par la baisse de sa natalité accueillera Polonais, Espagnols, Italiens; elle y ajoutera, au XXe siècle, Portugais, Maghrébins et ressortissants de l'Afrique noire. Et même si cette dernière immigration est l'objet d'un débat – comme l'avaient été en leur temps celles du XIXe et du début du XXe siècle –, on ne peut dire qu'elle représente une rupture par rapport à une très ancienne tradition. Il ne semble pas que l'identité de la France puisse se définir sur la base de données ethniques quelconques.

La langue est naturellement, entre Français, un signe de reconnaissance. Mais on sait que celui-ci n'est nullement exclusif : le français fut aussi jusqu'au XVIIIe siècle la langue des élites européennes. Il s'en fallut de peu qu'il ne dominât outre-Atlantique. Et la colonisation l'a inscrit sur le continent africain, dans les Antilles et dans l'océan Indien. D'où cette politique et ce rêve de la francophonie. Qui sait si, plus qu'une querelle technique entre linguistes, pédagogues et écrivains, la dispute récente sur les rectifications orthographiques n'a pas été un autre symptôme de cette crise d'identité latente chez les Français.

L'héritage autour duquel les Français peuvent le mieux se rassembler est lié à des valeurs. Et ces valeurs, quel que soit le fonds judéo-chrétien ancien dont certaines sont issues, en raison de la rupture intervenue dans notre pays entre la France de l'Ancien Régime et celle de 1789, on peut pour l'essentiel les rattacher à la Révolution française.

Intéressant de ce point de vue, et ambigu, a été en France, il y a deux ans, la célébration du bicentenaire de 1789. Cet anniversaire a revêtu un éclat exceptionnel en raison de la volonté de François Mitterrand. Colloques savants, livres, égrenage méticuleux des journées marquantes du calendrier révolutionnaire – en tout cas celui de 1789 – rassemblements mi-officiels, mi-populaires ont marqué l'événement. Il est intéressant de noter que cette commémoration ne s'est pas limitée aux cercles officiels, aux spécialistes et aux éditeurs. Elle a provoqué dans tout le pays, parfois dans le moindre village, de nombreuses mises en scène et manifestations. Je pense à mon canton de Cintegabelle où les enfants des écoles ont joué avec fougue, devant des adultes passionnés, les conflits qui se focalisaient, entre paysans et bourgeois d'une part, aristocrates et clergé d'autre part, autour de la terre, du paiement des impôts et l'obtention de privilèges. De même qu'il a été symbolique de voir en cette occasion des chefs d'État et de gouvernement de tous les continents venir vers la capitale parisienne. Mais il est difficile de savoir si cette année 1989 a été celle d'un retour aux sources, actualisé et vivifié, grâce au souvenir de la Révolution ou celle d'un embaumement collectif, d'une véritable cérémonie de l'oubli. Ce qui est en tout cas frappant, c'est le style qui fut donné, sous l'égide de Jean-Paul Goude, à la grande fête et à l'immense défilé du 14 juillet 1989. Bigarré, cosmopolite, mi-anglo-saxon, mi-tiers-mondiste, branché, il nous a sans doute évité les laborieuses reconstitutions historiques et les images d'Épinal, il a ravi et surpris les Parisiens et les étrangers venus nombreux, mais il ne paraissait guère de nature à apaiser les problèmes identitaires des Français, s'ils en avaient.

Pourtant, beaucoup ont compris que ce défilé fêtait à sa façon l'événement qui a lié l'histoire de la France à celle des hommes du monde entier : la Déclaration des droits de l'homme et du citoyen. De valeur universelle, elle est plus qu'un souvenir glorieux, elle est le point de départ d'un mouvement historique, fait d'avancées dans ces idées qui constituent – en dépit des oppositions et des controverses – l'essentiel de nos références et de nos valeurs communes.

Les révolutions (de 1789 et de 1793), la république, l'idée démocratique nous ont légué des principes, des libertés et des droits. Des principes : la souveraineté du peuple, la séparation des pouvoirs, le système représentatif, la légitimité de la majorité et les droits imprescriptibles de la minorité, l'Égalité, la Liberté. Des libertés individuelles : celles de penser, de parler, d'écrire, la propriété, la sûreté; puis des libertés collectives : celles de se réunir, de s'associer, de s'organiser, de manifester. Des droits qui se sont étendus : droit au travail, à la santé, à l'éducation, à la culture, au loisir, au repos.

Et c'est la référence à ces principes et à ces valeurs qui veut que le droit établi lui-même soit, selon le mot de Claude Lefort, désormais « voué au questionnement ».

L'appréhension du futur

Nous n'avons pas à décider seulement de ce que nous voulons garder mais aussi de ce que nous voulons projeter dans l'avenir. Toute société, pour exister et pour avoir conscience d'elle-même, a besoin de penser au futur.

La droite peut éventuellement s'en dispenser, puisqu'elle est justement « conservatrice » et qu'elle trouve son identité davantage dans le culte des traditions que dans l'exploration de l'avenir. Pourtant avec sa conversion au libéralisme, la droite fait sien un courant de pensée et une idéologie économique qui épousent des évolutions technologiques, financières, industrielles, commerciales rapides et puissantes, ce qui donne l'impression d'une projection dans le futur. Renouant avec une tradition ancienne, un peu oubliée pendant la phase gaulliste d'autonomie du « politique », les milieux économiques et financiers donnent à la droite politique son mode de pensée et ses références doctrinales.

Cette projection dans le futur est d'autant plus nécessaire que le mouvement des techniques et les progrès scientifiques restent puissamment à l'œuvre, au moment même où semblent stagner les réflexions politiques et sociales. Le progrès médical prolonge la durée et l'espérance de vie, alourdit les dépenses de santé, pose de nouveaux problèmes d'éthique. Les bouleversements dans la biologie, l'informatique, les techniques de la communication, les modes de transport et les moyens de la guerre changent le monde et les relations entre les hommes. Naturellement, chacun de ces développements scientifiques ou techniques peut toujours être analysé et approprié séparément. Mais il est peu vraisemblable que cela suffise pour que ces phénomènes nouveaux soient acceptés et maîtrisés. Il faut en proposer à tous une vision plus globale, faire la synthèse du sens de ces différents processus. Mais non une synthèse qui soit seulement de nature scientifique ou technicienne. Elle doit susciter une réflexion qui soit tout autant de nature philosophique, sociale et politique. Comment les hommes et les femmes confrontés parfois brutalement à ces progrès rapides pourraient-ils les admettre si, dans le même temps, la réflexion politique et sociale semble s'immobiliser ? Ou comment garderaient-ils confiance dans les réponses politiques, si celles-ci sont déconnectées d'une réalité productive ou de techniques elles-mêmes en mouvement continu ?

Il paraît clair que, même si cette question de l'appréhension du futur concerne l'ensemble des forces politiques et sociales de notre pays, elle est posée de façon plus impérative encore aux socialistes Car le mouvement socialiste est né comme un mouvement de transformation sociale. Autant que sur l'idée de justice – qui pourrait après tout être une simple exigence morale – la réflexion et l'action socialistes ont été fondées sur l'idée de progrès : progrès économique, social, progrès humain plus généralement. La notion même de progrès s'inscrit dans une perspective historique, celle d'un temps orienté. Et c'est pourquoi, moins qu'aucune autre force politique, le parti socialiste ne peut se contenter de s'inscrire dans la seule perspective de la gestion à court terme. Être devenus gestionnaires, c'est une conquête. N'être que cela, ce serait jouer à contre-emploi, être en rupture avec notre tradition et brouiller notre image dans l'opinion. C'est bien le problème auquel nous sommes actuellement confrontés.

Avoir une vision du futur ne signifie pas vouloir le retour des idéologies ou des visions messianiques, qui annoncent le bonheur sur la Terre, ou un monde régénéré grâce à l'action d'un homme, d'un parti ou d'un peuple. En tout état de cause, l'évolution du monde, avec sa complexité, la crise du communisme, l'échec des politiques de « raccourci » en matière de développement et la crise économique ont montré le caractère simpliste des doctrines prédisant la venue d'un « monde meilleur » sous la conduite d'un chef charismatique ou d'un parti infaillible. En Occident, en tout cas, ce type de vision de l'avenir est certainement disqualifié pour longtemps.

Ce serait un paradoxe que la fin des « utopies rationalistes » dérivées du marxisme laisse le champ libre à un regain des visions religieuses du monde, comme certains l'annoncent. On nous dit que le prochain siècle sera religieux, on parie sur des poussées intégristes, on préconise un retour aux certitudes et aux dogmes. Il est plaisant de voir que certains de ceux qui critiquaient l'orthodoxie marxiste ne songent pas à contester l'orthodoxie religieuse (quand il s'agit de leur religion naturellement). Baroque de voir de bons esprits dénoncer le caractère anachronique des doctrines socialistes – parce que forgées au XIXe siècle, c'est-à-dire il y a un siècle –, et ne pas mettre en doute un ensemble de dogmes qui date d'environ deux mille ans et qui fut élaboré dans une tout autre société humaine, pastorale et de petite échelle.

Sans doute, en tant que croyance personnelle, le sentiment religieux doit être respecté. Il y va de la liberté de conscience. Que la religion soit aussi un phénomène collectif, c'est par ailleurs une évidence. Les cortèges rassemblés sur le passage du pape Jean-Paul II le manifestent tout autant que les foules islamiques. Les phénomènes religieux ne peuvent naturellement pas être considérés comme purement privés. Il est clair en tout cas que les grandes religions – y compris, dans le monde démocratique, les religions catholique, juive ou protestante – n'acceptent pas de se laisser réduire à la sphère strictement privée. Elles tiennent à leur puissance collective, à leur influence sociale. Elles veulent rester des guides, non seulement pour leurs fidèles, mais même pour la société tout entière, avec ses tièdes et ses incroyants. Les déclarations des représentants les plus autorisés de l'Église catholique en France, et notamment celles de Mgr Lustiger, sont à cet égard très symptomatiques.

Dans la mesure où le salut suppose une transcendance

et un « autre monde », il y a nécessairement une extériorité de la religion par rapport au monde profane. La finalité des religions ne peut être trouvée dans leurs institutions mais en dehors d'elles-mêmes, de l' « autre côté du miroir », dans l' « au-delà », après le passage de la vie à la mort. À cette dimension essentielle s'ajoute celle d'une conception individuelle du salut. Les religions ont, selon les époques et les courants, moralisé, adouci les sociétés (la trêve de Dieu, le droit d'asile dans les églises au Moyen Âge) ou les ont au contraire durcies ou brutalement gouvernées (l'Inquisition, l'islam de Khomeyni). Mais de toute façon, en Occident, l'ordre théologico-politique a été défait depuis le siècle des Lumières. Ce que l'on voit, là où les religions ont réinvesti la sphère politique et sociale (l'islam dans sa version fanatique et violente, la fraction ultra-orthodoxe du judaïsme israélien, certains courants catholiques intégristes), doit nous conduire à nous préserver résolument d'une telle évolution et à conserver la tradition qui est la nôtre : celle d'une séparation du religieux et du politique et du maintien de celui-là dans la sphère privée. Le refus de la croyance à une « fin de l'histoire », à un projet global et achevé d'organisation de la société humaine, dont il faudrait hâter l'avènement et qui s'inspirerait soit d'une vérité révélée (détenue par un clergé ou un chef religieux), soit d'une connaissance scientifique monopolisée par un parti ou une avant-garde, constitue un progrès.

Cela ne doit pas nous conduire à éluder toute réflexion sur l'avenir, toute projection dans le futur. Je pense au contraire qu'il est nécessaire de remettre à l'honneur les fins, les objectifs que se fixe la société. Mais cette réflexion sur les fins ne peut être séparée de considérations sur les moyens. « La fin justifie les moyens » est une conception qui a permis beaucoup des tragédies du siècle. « La fin n'est rien, le moyen est tout », disait Bernstein, comme dans une réponse anticipée à la déviation totalitaire du socialisme, à l'aube de ce siècle. Ce qui est souhaitable, c'est que les fins soient porteuses de valeurs. Les moyens doivent alors les servir et non, comme on le voit trop souvent aujourd'hui, se substituer à elles.

Se rallier au conservatisme gestionnaire, à l'immobilisme, signerait la mort de la pensée et de l'action socialistes. Poser en principe, partout et toujours, un très prudent, voire insensible, gradualisme dans les réformes n'a pas non plus de sens. Selon les niveaux de développement économique atteints, les degrés d'injustice, la force des aspirations populaires, l'efficacité des méthodes et des moyens disponibles, les rythmes de réformes souhaitables mais aussi possibles ne sont pas les mêmes. Quand un pays n'a pas fait sa réforme agraire, que sa législation sociale est embryonnaire, que la misère est massive, la nécessité de changer vite et fort est plus impérieuse. Mais la contradiction veut que c'est aussi là que les moyens manquent le plus pour agir. D'où l'importance des solidarités extérieures de la part des pays plus riches.

Un pays comme la France a particulièrement besoin aujourd'hui de se fixer des objectifs pour l'avenir. Il ne pourra vraiment débattre, s'engager, éventuellement se rassembler que sur des perspectives.

Je reprendrai l'exemple de la guerre du Golfe. Les Français ont approuvé majoritairement l'attitude adoptée par le pouvoir politique parce que les fins et les valeurs, au nom desquelles celui-ci engageait la France dans le conflit, ont été comprises et partagées. À propos du Koweït et de l'Irak se posaient les questions de la paix et de la guerre, du droit et de la force, de l'engagement ou non de la France dans une crise grave. Mais, en démocratie, les interrogations sur le pourquoi d'une politique, sur la direction vers laquelle on entraîne la collectivité ne doivent pas être réservées aux moments dramatiques. Le cheminement des hommes dans les périodes ordinaires, les arbitrages économiques et les décisions politiques ne sont pas aléatoires, réduits au très court terme. Ils contiennent nécessairement une projection sur l'avenir. Ce sont ces visées particulières et ce sens général qu'il convient d'indiquer aux citoyens pour que la démocratie soit véritablement éclairée, pour qu'elle ne reste pas obscure à ceux-là mêmes qui sont censés en être les acteurs.

Je pense qu'il faut redonner du sens à la politique,

c'est-à-dire lui imprimer à la fois une signification et une direction. Non qu'il s'agisse de lui donner une fin qui en serait le terme ou l'accomplissement : la vie politique, c'est-à-dire la vie démocratique, est un processus qui ne peut s'achever dans une organisation définitive qui serait, en fait, la mort du politique. La vie politique, au contraire, exige que des directions soient prises et que des choix soient faits tout en tenant compte, constamment, de ce qui change dans le réel. Les idées régulatrices de l'action ont une certaine stabilité mais elles doivent aussi pouvoir s'infléchir ou se redéfinir en fonction d'événements et de nouveautés (techniques, économiques, démographiques, etc.). Si elles ne le font pas, les idées politiques dégénèrent en idéologie pétrifiée. À l'inverse, l'absence d'idées directrices fait basculer la politique dans la gestion au jour le jour ou dans le pur opportunisme.

Tout ne relève pas naturellement d'une réflexion globale sur la finalité. Pour redonner à la politique ses lettres de noblesse, il faut l'articuler autour de quelques grands débats. J'ai choisi d'en évoquer trois, parmi d'autres, qui me semblent plus particulièrement pressants et qui embrassent la politique économique, les questions éducatives, enfin les rapports droite-gauche.

CHAPITRE 8

POUR UNE POLITIQUE ÉCONOMIQUE DE GAUCHE

Y a-t-il une politique économique de gauche ? Naturellement les critères d'une politique de gauche ne sont pas uniquement économiques et sociaux. En politique internationale, sur le plan culturel ou celui des valeurs, on peut trouver des différences entre la gauche et la droite, j'y reviendrai plus loin. Néanmoins la question économique et sociale mérite d'être mise au centre de l'analyse pour plusieurs raisons. D'abord à cause de ses conséquences pour la vie des Français. Ensuite, parce que la « question sociale » est celle qui a fait l'apport original des socialistes par rapport aux autres républicains au XIXe et au XXe siècle, celle qui a justifié leur nom. Enfin parce que c'est justement sur ce terrain qu'il nous est désormais reproché de ne plus nous distinguer assez des conservateurs ou des libéraux. Si les socialistes n'étaient plus en mesure de porter une conception qui leur soit propre de l'économie et de la politique économique, cela pourrait être pour eux, à terme, une évidente source d'affaiblissement.

Les interrogations que je conduis à ce propos ne portent pas particulièrement sur la politique actuelle du gouvernement, ni sur celle du ministre de l'Économie et des Finances, avec lequel j'ai d'ailleurs plusieurs fois évoqué ces questions. Ma réflexion est plus large : elle porte sur une période qui a commencé en 1983, elle pourrait s'appliquer à l'action des socialistes dans d'autres pays et donc elle nous concerne tous. D'une certaine façon, elle caractérise toute une période historique. Après la guerre, la pensée économique dominante était de gauche, même chez les gouvernements de droite; aujourd'hui, la dominante est à droite, même sous les gouvernements de gauche.

Au lendemain de la Seconde Guerre mondiale, sous l'effet du traumatisme de la grande dépression de 1929 et de la nouvelle analyse économique proposée par Keynes (sa théorie générale date de 1936), les dirigeants nationaux et les responsables internationaux (du FMI, de la BIRD, puis du GATT, de l'OCDE ou de la CEE) avaient élevé au rang des priorités le plein-emploi et la croissance du niveau de vie. Au point que cela figurait dans le préambule de la Constitution de la quatrième République. Les instruments de la politique économique – monnaie, taux de change, taux d'intérêt, finances publiques, commerce extérieur, politique des revenus – devaient tendre vers l'accomplissement de ces objectifs de croissance et de plein-emploi, variables réelles de l'économie. Ceux-ci étaient considérés, avec la réduction des inégalités, comme les critères d'une politique économique progressiste ou de gauche. Et l'on peut dire qu'ils ont dominé pendant trois décennies la pensée et l'action économiques en Occident (pour ne pas parler des politiques affichées dans les pays de l'Est et dans le tiers monde). Ces « trente glorieuses » se sont achevées au tournant des années soixante-dix. Les troubles monétaires, la fin de la convertibilité en or du dollar (en 1971), le premier choc pétrolier de 1973, le passage de l'inflation rampante à l'inflation déclarée (souvent au-dessus de 10 %) ont justifié un retournement majeur dans la pensée et dans les politiques économiques.

Désormais, le plein-emploi et la croissance ne font plus partie des objectifs à court terme des gouvernements (qu'ils soient conservateurs ou socialistes) et des responsables des institutions internationales. Des objectifs d'ordre financier et monétaire – tels que la stabilité des prix, les taux d'intérêt, la solidité de la monnaie – ont pris le pas sur les critères d'économie réelle. Au nom de la recherche des « grands équilibres » – et il est vrai de la compétitivité – des politiques monétaristes, restreignant la demande, ont été mises en œuvre, l'emploi et la production étant sacrifiés à ces objectifs financiers et monétaires. Le libre-échange est devenu un dogme et une finalité en soi.

La nouvelle orthodoxie

Ce renversement des valeurs et des objectifs de la politique économique s'est accompagné d'une renaissance des thèses classiques et surtout néo-classiques. Le changement dans les pratiques avait besoin d'une théorie. Celle-ci a été fournie opportunément par les économistes, les milieux financiers, et a été adoptée par les médias spécialisés. L'idéologie dominante a tellement bien fait son effet qu'elle a en règle générale convaincu l'opinion – même si par ailleurs elle renâcle devant ses conséquences – et même une bonne partie des milieux de gauche. Les conceptions keynésiennes sont brocardées et rendues responsables de la « stagflation » des années soixante-dix.

Dans tous les pays ou presque, l'austérité et des plans de rigueur ont été appliqués et même parfois imposés, par exemple par le FMI quand il s'agissait de pays faibles et endettés, notamment du tiers monde. La croissance économique a fléchi, les salaires ont été contenus, les taux de chômage avoisinent les 10 % en Europe. Cependant que progressaient les revenus du capital, que les entreprises rétablissaient leurs marges et que gonflaient les profits immobiliers, les inégalités croissaient et la pauvreté s'étendait.

À cette situation générale, quelques exceptions, qu'il n'est pas sans intérêt d'examiner. La première concerne les États-Unis sous la présidence de Ronald Reagan. Officiellement, le discours était orthodoxe mais la pratique était fort différente. Déficit budgétaire et déficit extérieur stimulaient la demande au nom d'une politique de l'offre et limitaient l'ampleur du chômage. Mais il est vrai que l'acceptation du dollar comme monnaie mondiale permet aux États-Unis de se voir épargner les disciplines extérieures et les remontrances du FMI, et de financer sans douleur leurs deux déficits.

Autres exceptions, celles de l'Allemagne, du Japon ou encore de la Suède. En effet, dans ce contexte international de stagnation ou de limitation de l'expansion, on constate qu'il existe dans ces pays des processus de croissance cumulative. Ces trois pays doivent leurs remarquables performances à une « croissance mue par les exportations », appuyée sur une industrie forte dans laquelle tout est mis en œuvre pour faire progresser la compétitivité. Celle-ci s'inscrit dans une stratégie de long terme délibérément expansionniste voulue par les pouvoirs publics et les grandes entreprises. Encore faut-il avoir la force de tenir une telle politique. Ainsi vient-on de voir la Suède – sans doute en raison du niveau excessif atteint par les prélèvements obligatoires – renoncer au plein-emploi comme priorité.

La France a été une autre exception, provisoire, à ce modèle dominant, avec la politique de relance conduite de 1981 à 1983. Mais cette politique (opérée dans un environnement économique extérieur très défavorable et donc à contre-cycle) a dû être interrompue au bout de deux ans et n'a jamais été reprise depuis. La caractéristique des politiques expansionnistes allemande et japonaise est qu'elles doivent plus à la capacité industrielle de ces pays qu'à l'audace économique de leurs dirigeants. Dans la pratique, ils peuvent s'affranchir ou s'accommoder des orthodoxies auxquelles ils se déclarent attachés. L'originalité de la position française, c'est qu'elle était affirmée par un gouvernement de gauche, au nom d'autres références économiques.

Le choix de 1983

Mon intention n'est pas de revenir ici sur le débat de 1983. Il a été tranché par le maintien de la France dans le système monétaire européen, par une rupture avec la politique d'expansion et par une sérieuse cure d'austérité. Cette décision a été justifiée par des considérations monétaires – nos réserves étaient trop réduites pour persévérer dans nos choix – et stratégiques. François Mitterrand, qui entendait mener une grande politique européenne, pensait ne pouvoir se permettre ni une politique de « dévaluation compétitive » – guère assurée en outre d'être efficace dans l'état de notre appareil de production – ni une politique protectionniste. Ce choix a résulté plus encore d'un véritable pari politique, prenant le risque d'un échec électoral à court terme (les élections législatives de 1986), pour mieux assurer nos chances à plus long terme (l'élection présidentielle de 1988 venant opportunément conclure la démonstration). François Mitterrand, en se résolvant au « tournant de la rigueur », entendait conjurer cette malédiction selon laquelle la venue au pouvoir de la gauche se traduisait toujours par des dévaluations et des échecs financiers. Il acceptait d'en payer le prix social et donc aussi électoral afin de préserver pour plus tard les chances des socialistes. Si ce pari a réussi, il n'est pas sûr que ce soit effectivement pour des raisons de politique économique : la victoire de François Mitterrand en 1988 a été avant tout politique et personnelle. Il n'est pas évident non plus – on le voit à nouveau avec les réactions actuelles de l'opinion et la déception de notre électorat – que ce type de raisonnement – la rigueur vaut mieux que l'expansion et ses facilités – puisse être répété avec le même succès.

L'argument le plus fort avancé à l'appui des choix de politique économique que nous avons maintenus depuis 1983 est celui de la « contrainte extérieure ». On pourrait naturellement le relativiser, en rappelant que la France a des problèmes de déficit extérieur depuis quarante ans déjà et que cela ne l'a pas empêchée de connaître des périodes de croissance forte. Cela d'autant plus que nos échanges extérieurs, et surtout notre balance des opérations courantes, se situent en fait très près de l'équilibre et sont bien inférieurs, rapportés au PIB, aux déficits américains. À condition bien sûr d'accepter une certaine dose d'inflation, très limitée au demeurant. Il est vrai que l'intégration européenne et l'ouverture sur le monde extérieur par la libération des échanges ont fait peser plus fortement cette sujétion, avec notamment le souci de limiter le déficit commercial franco-allemand aujourd'hui disparu du fait de la réunification allemande. La contrainte extérieure peut s'atténuer provisoirement, elle ne disparaît pas.

Le problème commence à naître, du point de vue de la perception de notre politique par l'opinion, lorsque la contrainte que sont la balance commerciale et celle des paiements au lieu d'être présentée comme une donnée extérieure que nous nous efforçons progressivement de desserrer par une politique adéquate, semble être totalement intériorisée et devenir consubstantielle à notre politique. À ce point, ce sont nos objectifs mêmes de politique économique (et la nature de notre action gouvernementale) qui changent. Ceux-ci ne sont plus le plein-emploi, la croissance matérielle, la réduction des inégalités, la progression du pouvoir d'achat des salariés, tous objectifs traditionnellement et justement rattachés à la pensée de gauche. Ils deviennent la stabilité ou la force de la monnaie, la limitation du déficit budgétaire, la désindexation des salaires, l'importance de l'épargne, buts qui ne sont pas en soi contestables mais qui ne parlent en rien à la sensibilité de gauche, qui n'ont aucun impact en milieu populaire et qui ne donnent pas l'impression de mettre l'économie au service de l'homme.

Naturellement, si les critères de la réussite d'une politique économique sont ceux que je viens d'évoquer, nous sommes en train de réussir. Nous pouvons même être félicités par les institutions internationales (FMI, OCDE) et la presse économique et financière. Là dominent les thèses libérales et orthodoxes. Mais réussirons-nous dans les faits et politiquement ? Nous rapprocherons-nous de ce qui est l'objectif de la gauche ? Pourrons-nous persuader l'opinion qu'il peut y avoir une pensée économique socialiste, distincte des utopies communistes et du réalisme très orienté du conservatisme ? Rien n'est moins sûr. Or la partie qui se joue sur le terrain économique et social est décisive. La situation ne sera pas toujours celle d'un duel Chirac-Mitterrand, dans laquelle la partie s'est gagnée sur le plan psychologique et politique. N'imaginons pas que l'opposition de droite restera en miettes devant nous. Quant au Front national, qui progresse ou se consolide, on sait bien que ses succès ne sont pas dus aux seuls problèmes de l'immigration. Dans les taux de chômage, dans la progression des inégalités, dans les conditions de vie urbaines, il trouve tout autant son terreau. Non seulement parce que ces réalités pèsent, mais aussi parce que, de l'aveu même des gouvernants, se répand l'idée qu'elles ne changeront pas, qu'elles sont comme « éternelles ». Autant que des difficultés vécues, le découragement, la colère se nourrissent de l'absence d'espoir, du sentiment que le chômage, l'inégalité redeviennent des réalités « naturelles », qu'il faut renoncer à vouloir les changer.

Si l'opinion, les acteurs de la vie économique, les experts se convainquent qu'il ne saurait y avoir une politique économique de gauche, que seuls les objectifs et les recettes d'inspiration libérale sont pertinents dans l'environnement et la période qui sont les nôtres, les conséquences risquent d'être désastreuses pour le mouvement socialiste. Nous pourrons éventuellement gagner encore quelque élection – parce que la droite sera politiquement affaiblie ou notre candidat meilleur –, mais nous perdrons un jour ou l'autre, et pour longtemps, la partie. Le radicalisme a dominé la vie politique française ; il a survécu pendant un certain temps à la perte d'influence de sa doctrine – puis il a été supplanté et marginalisé. Le communisme stalinien, en raison de sa puissance étatique et de ses méthodes de coercition, est resté en place alors qu'à l'évidence ses conceptions économiques avaient fait faillite – et puis il s'est effrondré avec fracas. La même interrogation pourrait bien naître à propos de la « doctrine économique » du socialisme démocratique. Ne croyons pas que l'habileté gestionnaire – proclamée et même réelle – soit un viatique suffisant pour affronter la longue période.

Le socialisme ne peut se borner à une politique culturelle, à des efforts éducatifs, à une approche spécifique de certains problèmes de société. D'ailleurs la résolution de ces problèmes dépend souvent de certains préalables économiques et financiers. La fameuse « question sociale », celle qui a dominé une partie du XIXe et du XXe siècle et qui a finalement justifié la naissance et le développement des doctrines et mouvements socialistes dans tous les pays où se produisait la révolution industrielle, reste à mon sens cruciale pour dessiner l'avenir et en décider. Certes les déterminismes sociaux ne sont plus aussi étroits, on l'a vu. La classe ouvrière a diminué en nombre et surtout en proportion. Elle s'est différenciée tout en se fondant dans un salariat plus vaste et moins cohérent. Mais avec le chômage massif et chronique, les inégalités spectaculaires de revenus, les situations de précarité, les motifs d'insatisfaction, les aspirations au changement, les risques de frustration et de révolte subsistent.

Peut-être le fait d'occuper le pouvoir pendant dix ans a-t-il créé des illusions chez certains d'entre nous et notamment celle d'une certaine permanence assurée. Je ne suis pas de ceux-là. Je crois au contraire que si le socialisme démocratique ne fait pas la démonstration qu'il peut apporter des réponses originales et efficaces à la question économique et sociale, c'est sa justification historique en tant que mouvement de pensée et d'action, donc son avenir, qui seront en cause. Rien ne garantit « naturellement » la pérennité d'un mouvement philosophique ou politique. Il peut toujours être menacé, de l'intérieur par la faiblesse de ceux qui le portent, de l'extérieur par l'inadaptation de ses conceptions. On peut se résigner à voir une pensée s'étioler parce qu'elle ne sait plus rendre compte de la réalité ni peser sur elle. Il peut être désolant de voir des thèses justes non reconnues parce que minoritaires, alors que des forces plus puissantes imposent leur propre vision du monde. Mais il serait absurde qu'une approche restée pertinente des besoins des hommes, dans nos pays développés comme à l'échelle mondiale, tombe en désuétude, non parce qu'elle serait obsolète mais parce qu'elle ne serait pas défendue par ceux dont c'est en principe le rôle.

Je ne propose pas de revenir à la théorie de la « parenthèse » – celle que nous avons utilisée à partir de 1983 pour accepter et faire supporter le tournant de la rigueur – ni de revenir à la politique suivie entre 1981 et 1983. Mais nous n'avons pas mené suffisamment loin le débat sur les idées que nous avons défendues avant 1981, sur la façon dont nous les avons appliquées de 1981 à 1983 et sur la validité de celles que nous mettons en œuvre depuis. J'appelle à une renaissance du débat économique, théorique et pratique. Ni le confort intellectuel, ni le conformisme ambiant, ni les compliments de ceux qui ne sont pourtant pas nos amis ne doivent nous en détourner. Tout simplement parce qu'il s'agit d'une question absolument cruciale pour notre avenir collectif.

Je n'ai nullement l'intention de trancher, à moi seul, ce débat. Mais je voudrais au moins y contribuer par quelques réflexions.

Méthodologie et pratiques

La première est de méthode. Elle consiste à revenir à la distinction des fins et des moyens. Il faut redire clairement aux socialistes, à l'opinion de gauche, aux Français, que nos objectifs sont bien le plein-emploi, le bien-être matériel, la réduction des inégalités de revenus, des relations économiques internationales plus équilibrées. Car si nous renonçons à ces buts, nous renonçons par là même au socialisme, nous créons la confusion entre ce que nous représentons et ce que veulent les partis conservateurs. Et une telle confusion, il faut maintenant nous en persuader, est la cause d'un trouble profond.

Ces finalités réaffirmées, il est parfaitement licite et même réaliste d'expliquer pourquoi nous ne pouvons les atteindre aisément, quels sont les obstacles que nous rencontrons, en quoi ils nous contraignent à utiliser tels ou tels moyens – parfois contradictoires avec ces fins – et comment et dans quel délai (bien qu'avec prudence) nous espérons nous rapprocher de nos objectifs. Les nôtres peuvent patienter, admettre ce qui pour l'heure est l'inévitable; ce qu'ils ne peuvent accepter, c'est de désespérer et plus encore de ne pas comprendre – en particulier ce qui nous sépare des autres.

La deuxième réflexion concerne les instruments d'action. Dans des économies mixtes où l'initiative privée est dominante, le rôle des entreprises, des financiers et de la masse des acteurs économiques privés est essentiel. En outre, nombre de ceux-ci se situent désormais hors du territoire national. Dans une économie de marché, non administrée et peu dirigiste, la possibilité pour les gouvernements de peser sur leurs comportements est limitée. Elle n'est pas nulle, sans doute, mais elle passe par l'incitation.

Une des idées actuelles est que, de plus en plus, les instruments d'action manquent aux gouvernements. Soit parce qu'ils s'en sont dessaisis, au nom du libéralisme, au profit des acteurs économiques, soit parce qu'ils les ont transférés, au nom de l'Europe, à une entité plus vaste. Une telle analyse est loin d'être inexacte. Des transferts de compétence ont effectivement été opérés. Et ils seront sans doute accrus, dans les années qui viennent, par exemple dans le domaine monétaire. Mais en même temps, on peut se demander si cette argumentation ne sert pas d'excuse pour renoncer à agir dans des domaines où il serait possible de le faire.

Or, il faut bien comprendre les risques politiques d'un tel état d'esprit. Beaucoup de Français – comme d'autres peuples – auront du mal à admettre que leur gouvernement et donc leur pays se soient ainsi dépouillés de leurs prérogatives et de leurs moyens d'action. Surtout si la période pendant laquelle une telle évolution s'est produite ne coïncide pas avec un progrès économique et social avéré. Peut-être les Allemands peuvent-ils s'en accommoder, dans la mesure où ils semblent davantage profiter de l'orientation actuelle de l'Europe, le développement de cette Europe libérale coïncidant avec leurs intérêts nationaux. Surtout, parce que l'Allemagne attend aujourd'hui de la construction européenne qu'elle ne fasse pas obstacle à son dynamisme économique, tourné au premier chef vers l'Est. Mais il n'en va pas forcément de même chez nous. Et il serait sage de ne pas traiter à la légère les positionnements qui sont ceux du PCF, du RPR ou du Front national en matière européenne, précisément sur cette question des transferts de compétence ou des abandons de souveraineté.

La politique nationale

C'est pourquoi il serait utile de mieux indiquer les domaines dans lesquels il est directement possible d'agir pour les autorités économiques nationales.

L'Europe n'est pas qu'une contrainte, fût-elle vertueuse. Elle est un espace pour l'action, le lieu de la définition d'une régulation internationale qui peut être volontaire. Il est faux de prétendre que la construction européenne est synonyme de renoncement à toute politique économique nationale. Le transfert de souveraineté le plus évident concerne la politique monétaire. La monnaie unique est notre choix, un choix positif car elle doit permettre plus de croissance, une plus grande stabilité des prix, un meilleur jeu de la concurrence et un développement des échanges. Elle passe, bien entendu, par une fixité irrévocable des priorités, à l'issue de la troisième étape prévue par le rapport Delors. Mais nous n'en sommes pas encore là. Notre politique monétaire doit viser, dans le cadre européen et plus largement au sein du G7, l'abaissement du niveau de nos taux d'intérêt réels, lesquels fragilisent nos entreprises et pénalisent la croissance, l'investissement et l'emploi. Je crois, en ces matières, à la fois à la coopération internationale, jeu dans lequel nous ne pouvons être soumis à l'Allemagne, et à l'action sur les structures du système financier.

De bons esprits suggèrent aussi que la politique budgétaire devrait, du fait de la construction européenne, se borner à une harmonisation, forcément libérale, de la fiscalité et à une réduction du solde budgétaire donc des dépenses publiques, comme si la convergence des politiques devait obligatoirement être synonyme de paupérisation de l'État. Une telle conception me semble politiquement fausse : à l'échelle nationale, comme pour l'Europe, je crois à la force des régulations collectives pour organiser le marché. Elle est aussi économiquement inexacte : l'Union économique et monétaire n'implique pas le fédéralisme budgétaire. Elle est compatible avec des déficits budgétaires modérés (inférieurs à 2 % selon la Commission). Mais faut-il rappeler qu'au sortir de la rigueur, la France est désormais le grand pays européen dont la dette publique et le déficit budgétaire, rapportés au PIB, sont les plus faibles ? Loin de moi l'intention d'en tirer une incitation à la dissipation ou un encouragement au relâchement. J'y trouve plutôt une idée simple : rien, dans notre choix européen, ne nous conduit à renoncer à l'usage conjoncturel et structurel de l'« arme » budgétaire. C'est pourquoi je voudrais souligner ici plusieurs convictions.

La vertu budgétaire est un moyen, non une fin en soi. Je m'efforce dans mon ministère d'être un gestionnaire rigoureux et ne crois pas en la dépense pour la dépense. Mais il n'est pas sage de pénaliser davantage les politiques publiques structurantes au nom du « dogme » de la réduction du déficit budgétaire. Sa stabilisation, en pourcentage du PIB, me paraît un bon objectif.

Je milite pour la réhabilitation de la dépense publique. La rentabilité économique, sociale, financière d'investissements publics tournés vers les dépenses d'avenir (éducation, recherche, dotations en capital des entreprises publiques, transports...) ne fait pas de doute ; nos concitoyens, d'ailleurs, ne s'y trompent pas. Ce choix va du reste de pair avec une meilleure gestion budgétaire, moins technocratique, que j'appelle de mes vœux, et dont les maîtres mots seraient planification des choix, hiérarchisation et sélectivité des priorités, déconcentration.

Enfin, à la multiplication des petites réformes fiscales, je préfère une vision d'ensemble, traitant des points centraux : simplification de l'impôt sur le revenu, action de réduction des inégalités, passant par une imposition résolue mais équitable du patrimoine, par une refonte du prélèvement social, dont l'instauration de la CSG est à mes yeux le prélude, et du prélèvement local. Il s'agit là, bien sûr, d'une action de longue haleine, qui gagnerait à être présentée comme telle, pour éviter de nouvelles inquiétudes à propos du poids des prélèvements obligatoires.

Le budget n'est pas pour moi un simple outil conjoncturel mais le véhicule d'une politique. Dans la période qui vient, il me semble que notre politique économique et social doit « mettre le paquet », au-delà des priorités confirmées à l'éducation ou à la recherche, sur l'emploi et le renouveau de notre appareil productif, notamment industriel. Le chômage est sans doute le principal échec de la gauche au pouvoir. Nous avons sous-estimé l'ampleur du problème, surestimé aussi la force des instruments macroéconomiques dont nous disposions pour le combattre. Mon sentiment est que nous savons ce qu'il faut faire, mais que nous n'avons pas encore mis en œuvre une stratégie multidirectionnelle, centrale dans notre politique. Sans doute est-il maintenant indispensable, au moment où la conjoncture est plus difficile, d'ordonner toute notre stratégie autour de l'objectif de la création d'emplois. Cela veut dire à la fois rechercher le niveau de croissance le plus élevé, améliorer son contenu en emplois, entreprendre, enfin, un effort significatif d'aménagement et de réduction du temps de travail ; cela signifie aussi accentuer encore la politique de formation et son adaptation aux besoins du marché du travail, comme je m'y emploie depuis trois ans, développer les services, principale source de créations d'emplois dans l'OCDE, et les emplois de proximité, mettre en œuvre une politique d'abaissement – ciblée sur les bas salaires – des charges sociales.

L'autre terrain sur lequel notre volonté politique doit mieux s'affirmer est la réflexion et l'action structurelles sur la politique industrielle et l'économie mixte.

Si nous voulons défendre nos industries automobile, électronique, etc., il nous faut une politique industrielle active et volontariste, qui ne se contente pas de regarder jouer le libéralisme et agir – en espérant qu'ils le feront bien – nos industriels et les banques qui les aident. On sait bien que l'efficacité économique des Nations dépend désormais d'une action conjointe des pouvoirs publics et des grandes entreprises. C'est là où l' « économie mixte » doit trouver à s'employer. Plusieurs grands pays exportateurs, où les entreprises publiques sont absentes ou négligeables, le font encore mieux que nous, avec leurs entreprises privées, bien qu'ils se réclament en principe d'une doctrine libérale.

Enfin, je voudrais parler de la politique des revenus, qui préoccupe à juste titre le salariat et le monde du travail. Il est faux, là encore, de faire croire, au nom de l'Europe, que la seule perspective offerte est la perpétuation, *ad vitam æternam*, de la rigueur ou de l'austérité. Ainsi en va-t-il du discours sur le SMIC, présenté par l'OCDE et par quelques « voix éclairées » dans notre pays, comme un frein à l'embauche, alors que chacun s'accorde à dire que le coût du travail est plus faible en France qu'en Allemagne, par exemple. Pour autant, nous savons que la modération salariale est, lorsque le chômage est élevé, indispensable, et que des déformations excessives du partage de la valeur ajoutée paralysent les entreprises et l'emploi. Il existe, dans ce dilemme, un chemin et des marges de manœuvre. D'abord, la norme : les salaires peuvent croître dans la limite des gains de productivité. Cette règle, édictée au début du siècle par les économistes suédois, est une contrainte mais surtout une perspective, dans la mesure où la thèse qui prévaut dans notre pays depuis 1983 est plutôt que le revenu du travail doit rester inférieur à cet objectif, tant que l'investissement ne repart pas. Cette phase de rattrapage me paraît aujourd'hui révolue. Ensuite, la méthode : la politique salariale doit sans doute diversifier ses moyens d'action, notamment en développant, enfin, à grande échelle, le salaire différé, source à la fois d'épargne et d'enrichissement des travailleurs. Enfin, l'objectif demeure : la réduction des inégalités. Elles sont, dans notre pays, cumulatives : aux inégalités externes de richesse s'ajoutent les inégalités devant l'emploi, le savoir, entre les régions, devant la protection sociale ou face au logement, dans l'entreprise. Une plus juste répartition, dans ce contexte, est indispensable.

Dans les secteurs où des responsabilités seront déléguées à la Communauté européenne, il est et il sera de plus en plus nécessaire d'exercer une double action.

La première est une action de conviction en direction de l'opinion. Il est absurde de laisser croire aux Français que déléguer une responsabilité à l'Europe, c'est seulement se départir de moyens d'agir. Car il n'est nullement fatal qu'il en soit ainsi. Si l'on examine par exemple l'Union économique et monétaire (UEM) dans sa dernière phase, celle de la monnaie unique, elle peut avoir des effets bénéfiques. Actuellement, la nécessité de défendre notre monnaie face au mark, les problèmes que nous pose le déficit de notre balance des échanges avec l'Allemagne nous obligent à des mesures unilatérales d'ajustement et de précaution. Cela pèse à l'évidence sur nos perspectives de croissance économique. Il faut comprendre qu'avec l'Union économique et monétaire, il peut s'agir moins d'un abandon de souveraineté en matière de politique économique que d'un partage de celle-ci avec nos partenaires (qui eux-mêmes devront partager la leur).

Naturellement, tout cela dépendra des orientations économiques (et donc politiques) des gouvernements européens, et notamment de ceux de nos plus importants partenaires. C'est d'ailleurs pourquoi la confrontation politique entre la gauche et la droite à l'échelle de la communauté et les résultats des différentes élections des cinq ou dix prochaines années sont tout à fait importants à cet égard. Selon que le Labour Party, le SPD, le PSOE, le PS français sont ensemble ou non au pouvoir, la dynamique ne sera pas la même. Quoi qu'il en soit, là se situe la seconde action.

Le transfert de compétence à l'échelon communautaire ne saurait servir d'alibi pour une renonciation à nos objectifs et à nos idéaux. Si certains de ceux-ci ne peuvent plus être atteints dans le seul cadre national, poursuivons-les dans l'espace européen. Intervenons auprès de nos partenaires, posons aussi des conditions, trouvons des alliés chez certains gouvernements ou des relais chez certaines forces au Parlement européen, utilisons la Commission des communautés. Ne séparons pas la finalité européenne des moyens qui, finalement, lui donnent son sens et son contenu. Naturellement, nous devons poursuivre des objectifs politiques et historiques ambitieux, mais ne le faisons pas aux dépens de l' « intendance », dont certains pays et administrations savent, par tradition ou réalisme, se préoccuper mieux que nous. Par exemple, dosons notre libéralisme ou notre ouverture aux échanges (régulée désormais, on le sait, par les obstacles non tarifaires) à la mesure de ce que pratiquent effectivement certains de nos concurrents (par exemple, le Japon ou les États-Unis).

La France doit chercher à jouer un rôle de premier plan dans la détermination de la politique économique de la CEE, à l'instar du rôle moteur qui a été le sien (sans doute aidé par la personnalité de Jacques Delors, le président de la Commission) dans la mise en œuvre du *Livre blanc de l'achèvement du marché intérieur* et, tout récemment, dans le lancement de l'UEM. Peser sur la définition de la politique économique de l'Europe dans cette fin de siècle sera un enjeu décisif, car si la première puissance commerciale du monde, la CEE, dispose d'une monnaie unique, elle jouera un rôle de leader dans les relations financières et commerciales internationales. À condition bien sûr qu'elle le veuille et que nous le voulions.

Cette politique européenne ambitieuse devrait se fixer plusieurs axes. La politique monétaire, même si elle vise à juste titre la stabilité des prix, ne devrait pas compromettre la croissance. L'autorité monétaire européenne devrait permettre de recycler les excédents (notamment allemands) vers les régions moins développées. Cela suppose que l'UEM – c'est d'ailleurs une de ses finalités – tende à la recherche des taux d'intérêt les plus bas possible. S'il faut absolument choisir entre des systèmes de pensée, je préfère le keynésianisme à l'échelle européenne au monétarisme généralisé.

La politique budgétaire, coordonnée mais non serve, devrait être un levier de la stimulation de l'activité et de la réduction des disparités régionales et sociales. Ce qui supposera qu'à l'instar des États fédéraux le système fiscal joue un rôle redistributeur, les régions pauvres payant proportionnellement moins d'impôts à la CEE et recevant plus de revenus fiscaux (à l'opposé du « juste retour » évoqué par Mme Thatcher). Une telle politique impliquera que le budget communautaire soit singulièrement développé par un transfert significatif de certaines parties des budgets nationaux et surtout par le développement des ressources « propres » de la CEE. Ce qui rendra sans doute nécessaire que la politique agricole commune actuellement fondée sur le soutien des prix soit infléchie dans le sens de l'aide aux structures. Sans doute la mise en place d'une défense européenne permettra-t-elle le soulagement partiel des systèmes nationaux de défense.

La politique régionale, déjà amorcée, constituera un autre volet important du budget communautaire. Là aussi, un effet de solidarité sera nécessaire en faveur des régions périphériques, afin de compenser la tendance au développement centripète et inégal du marché intérieur européen. Dans les zones où la désindustrialisation a été la plus marquée, des politiques d'investissements (y compris venant de l'extérieur), des incitations aux créations d'emplois, des mesures de reconversion et de formation (à l'instar de ce qui s'est fait en Suède) devront être développées.

Le budget de la CEE n'aura de sens politique que s'il sert également une politique industrielle digne de ce nom. Il convient d'encourager la recherche, la formation et l'introduction de nouvelles techniques dans les entreprises. S'il le faut, des mesures commerciales offensives provisoires à l'égard de certains pays (du Sud-Est asiatique par exemple) et pour certains secteurs (textile, sidérurgie, chantiers navals, automobile) pourront être prises. Le redressement récent du textile et de la sidérurgie aux États-Unis grâce aux mesures d'« autolimitation » est, à cet égard, significatif. De même serait-il sans doute judicieux de transposer à l'échelle communautaire le type de planification indicative en vigueur en France depuis la guerre et jusqu'aux années soixante-dix. Pourquoi les États se refuseraient-ils ce que les grandes entreprises privées n'hésitent pas à faire, c'est-à-dire des exercices de prévision et de programmation stratégiques ?

L'Est et le Sud

Les pays qui constituent l'environnement de la CEE – en Europe de l'Est, sur le pourtour méditerranéen, en Afrique – doivent être pleinement pris en compte dans la politique de développement de la communauté. Pour des raisons politiques et morales, mais aussi pour des motifs bien compris d'intérêt économique de l'Europe, celle-ci pouvant alors bénéficier d'un processus de croissance par les exportations. On ne doit pas oublier que notre continent a pâti de la stagnation de l'Afrique pendant les années quatre-vingt, des désillusions de la croissance dans les pays de l'Est et de l'arrêt des commandes du Moyen-Orient, consécutifs à la baisse du prix du pétrole. Au contraire, le Japon a profité du « boom » de l'Asie du Sud-Est et la Californie (par opposition au nord-est des États-Unis) de l'expansion de la zone pacifique.

Pour les pays de l'Est et l'Afrique, la mise à disposition de crédits à bas taux d'intérêt (même si les critères d'attribution devront désormais être plus rigoureux) non seulement permettrait de distinguer la politique européenne orientée à gauche de celle conduite par des institutions internationales telles que le FMI, mais garantirait que les flux financiers nets iraient dans le bon sens, c'est-à-dire des pays riches vers les pays pauvres et non à l'inverse comme c'est souvent le cas actuellement. Il est absurde de prendre prétexte de l'endettement des pays de l'Est ou de l'Afrique pour leur imposer des politiques d'austérité telles qu'elles entraînent un recul de la production, ce qui rend plus malaisés les remboursements. Ne vaut-il pas mieux, à l'imitation de ce qui fut fait pour l'Europe de l'Ouest au moment du plan Marshall, aider à reconstruire et à produire ?

La stabilisation des cours des matières premières, y compris de l'énergie, serait bénéfique pour les pays producteurs comme pour la CEE. Des cours suffisamment élevés et surtout stables sont un préalable au développement des premiers et utiles au maintien de débouchés solvables pour l'Europe manufacturière.

On le voit à travers ces quelques axes de réflexion : il n'y a nulle fatalité à ce que l'Europe de la CEE soit perçue par nos opinions comme un espace où s'opérerait une dépossession, où se perdrait ce qui nous est propre – espace opaque, technocratique et créateur d'inégalités. Il est possible d'en faire un lieu où se décident des politiques claires, ambitieuses, servant les intérêts des peuples, contrôlées démocratiquement (par les gouvernements des États membres et le Parlement européen), et où se rassemblent en même temps les moyens de la puissance et de l'action. Alors l'identité perdue peut se retrouver et même gagner un sens historique plus élevé.

Je suis convaincu que l'on peut mener une politique économique de gauche sans renouer avec les illusions et les facilités de 1981, notamment si l'on cherche à l'articuler avec le cadre plus vaste de la Communauté européenne. En tout cas, il serait vain de prétendre d'un côté regretter, sur le plan social, la société duale, si l'on accepte de l'autre, sur le terrain économique, une politique qui conduit inévitablement au creusement des inégalités. Pour avoir une chance de mener une politique de gauche, il faut d'abord se fixer des objectifs de gauche. Le reste est affaire d'obstacles plus ou moins rudes à vaincre, d'habileté ou de chance.

CHAPITRE 9

L'ÉCOLE D'AUJOURD'HUI

Le malheur de l'École, c'est qu'elle est devenue un service public comme un autre, comme les postes ou les chemins de fer. Les usagers – élèves, étudiants, parents, entreprises, administrations – réclament des enseignants, des locaux, des machines, des pédagogies ajustés à leurs besoins, tels qu'ils les voient. Il faut gérer, obtenir des moyens, opérer les adaptations nécessaires. Au risque d'oublier le sens profond de la mission de l'École.

On ne peut isoler le « système éducatif » du reste de la vie sociale et croire que les problèmes qu'il rencontre sont purement internes, comme si l'histoire culturelle, économique, démographique était sans rapport avec l'éducation, ses fins, ses contenus, ses moyens.

Ce n'est pas un hasard si la Révolution française, avec Condorcet, a pensé l'École et si la République, avec Jules Ferry l'a faite. Dans notre tradition, l'École n'appartient pas seulement aux élèves et aux parents ni même aux professeurs, elle est à la Nation. Elle n'est pas là seulement pour rendre un service mais pour incarner des valeurs, un projet. Pour donner du sens.

C'est pourquoi il est si difficile de réaliser un consensus sur l'éducation, et pas seulement entre la droite et la gauche. Car ce serait supposer que le consensus existe sur l'organisation même de la société et sur son futur.

Et pourtant l'École, c'est aussi une communauté de femmes et d'hommes qui ont choisi de s'occuper des enfants des autres, recevant une sorte de délégation de responsabilité mais aussi une implicite obligation de résultat qui en font à la fois des tuteurs et des serviteurs. S'estimant mal payés, puisque tant d'autres le sont mieux, les professeurs aiment leur métier plus que la situation qui leur est faite. Collectivement insatisfaits, ils maîtrisent individuellement leur activité professionnelle et leur vie, parce qu'ils s'inscrivent dans des pratiques sociales, de culture et de loisir qui les mettent en accord avec eux-mêmes. Intelligents, cultivés, convaincus – mais sceptiques si on veut leur en faire accroire –, attachés aux idées de solidarité et d'égalité, mais en même temps très corporatistes, ils sont un milieu exigeant. Gagner pleinement leur confiance, voire susciter leur enthousiasme, supposerait un changement dans leurs conditions de travail et un progrès dans leurs rémunérations plus rapides et plus importants que ceux que j'ai pu obtenir en trois ans. Au moins peut-on montrer qu'on les défend, qu'on reconnaît ce qu'ils sont et ce qu'ils font, et leur proposer des projets que les plus novateurs puissent approuver et accepter.

On ne peut agir, à l'Éducation nationale, sans traiter des problèmes de principe, sans se forger une méthode, sans affronter la question des moyens et sans avoir à faire face à des mouvements imprévus.

Les grands débats

Il existe dans notre pays, à propos de l'École, quelques questions fondamentales auxquelles il fallait apporter des réponses.

La première a trait à l'organisation même du système éducatif : doit-il être unifié ou éclaté ? Contrairement à d'autres pays démocratiques, dont la structure étatique ou administrative est fédéraliste ou régionaliste – États-Unis, Allemagne, Grande-Bretagne par exemple – l'École publique en France est un ensemble unifié. Elle n'est pas liée au Land, aux États fédérés ou à la communauté de base ; elle est, pour l'essentiel, unitaire et aussi laïque. Elle est l'École de la République, construite et même conquise, sur le modèle esquissé ou rêvé par les révolutionnaires de 1789, contre l'Église, contre les provinces, contre les particularismes culturels et linguistiques. Cette histoire française particulière, alliée à notre goût pour l'universel et l'abstraction, a donné vie à une conception de l'École très codifiée, très hiérarchique, très uniforme, qui confère à notre système éducatif à la fois sa force – une grande cohérence et une vertu égalitaire – et ses faiblesses – une importante rigidité, une difficulté d'adaptation aux idées nouvelles, une tendance à inscrire la scolarité des élèves dans un moule unique.

La difficulté de l'institution à faire face à l'afflux des lycéens et des étudiants, les coûts financiers entraînés par la croissance des effectifs, les problèmes d'adaptation de la pédagogie à des publics nouveaux conduisent aujourd'hui un certain nombre de responsables politiques ou d'observateurs à mettre en cause la massivité et la centralisation du système, et à préconiser comme remède sa décentralisation, voire son éclatement.

La décentralisation a été faite par les socialistes. Ainsi, depuis 1985, la responsabilité des constructions et de l'entretien appartient, pour les écoles primaires aux communes ; pour les collèges, aux départements ; pour les lycées, aux régions. Dans le même esprit, depuis 1988, j'ai poursuivi la déconcentration en faveur des échelons administratifs régionaux, accru l'autonomie des universités, suscité la prise d'initiative des lieux d'enseignement grâce aux projets d'école et d'établissement. J'ai œuvré pour un partenariat qui associe les collectivités territoriales aux universités et développé les collaborations avec le monde des entreprises. J'ai donc fait évoluer le pilotage centralisé de l'Éducation nationale.

Faut-il aller plus loin dans la décentralisation et confier de nouvelles responsabilités en matière d'éducation aux communes, aux départements et aux régions? Cela mérite une sérieuse réflexion. L'opposition le prétend mais, outre qu'elle ne l'a pas fait quand elle était au pouvoir, on peut se demander si son hymne à la décentralisation n'est pas simplement la traduction de son hostilité à l'Éducation nationale, toujours décrite à tort comme uniforme et hypercentralisée.

Pour ce qui concerne l'enseignement primaire et secondaire, il faut être tout à fait conscient des implications qu'engendrerait un plus large transfert de compétences : il s'agirait en effet du recrutement, de la gestion et donc du paiement des personnels (car qui recrute, paie et gère), des programmes d'enseignement et de la pédagogie, enfin de la définition et de l'attribution des diplômes.

Il faut bien mesurer les risques d'un tel éclatement du système éducatif. Si les établissements d'enseignement ou telle ou telle collectivité territoriale peuvent décider librement de recruter un enseignant, de fixer sa rémunération, d'établir les programmes, d'organiser à leur guise les examens ou de profiler comme ils l'entendent les diplômes, non seulement le système éducatif français (dans sa tradition républicaine) aura vécu mais c'en sera fait de l'égalité des chances. Rien n'empêchera que, selon la sociologie d'un quartier (aisé ou pauvre) ou la richesse d'une région, d'un département ou d'une ville, les salaires soient élevés ou serrés, les enseignants excellents ou moyens, les personnels nombreux ou non, les cursus exigeants ou médiocres. La tradition historique de l'École française en fait une des institutions dans lesquelles vit encore une culture de l'égalité, cette période où l'idéologie de l'individualisme, de la compétition féroce fait un retour en force. Et l'on comprend très bien pourquoi certains à droite se livrent à une telle caricature de l'École en France. Ils refusent de reconnaître ses progrès, sa capacité d'adaptation, ses réussites. Ils ne se contentent pas d'une analyse de ses insuffisances. Ils la dénoncent en bloc car c'est le principe sur lequel elle repose qui, apparemment, leur est insupportable.

Céder à cette campagne serait absurde du point de vue de l'intérêt général. Dans deux pays développés, la Grande-Bretagne et les États-Unis, où la délégation de la responsabilité en matière d'éducation (aux collectivités locales ou aux communautés d'habitants) est traditionnelle, où l'idéologie libérale est au pouvoir depuis plus de dix ans, il a été décidé de faire machine arrière pour redonner à l'École des règles nationales. Pourquoi ? Parce que dans les deux cas on a constaté une baisse du niveau général et d'insupportables inégalités.

C'est pourquoi, plutôt que rompre avec l'unité du service public, il me paraît souhaitable de rechercher la diversité, la souplesse, l'évolution à l'intérieur. Il est temps de rompre avec les visions unilatérales de l'Éducation : soit l'unité, mais la centralisation; soit la diversité, mais l'éclatement. Je ne vois pas pourquoi développer l'esprit d'initiative ou la créativité supposerait de briser le système d'enseignement. Qui ne voit que le recours au marché, dans le secteur culturel ou de la communication, n'aboutit souvent qu'à une médiocre et pesante uniformité ! Les projets d'établissement, les initiatives accrues pour les équipes pédagogiques, la souplesse dans l'organisation du calendrier scolaire peuvent très bien vivre à l'intérieur du service public tout en préservant la culture de l'égalité des chances. N'est-ce pas ce qui prévaut par exemple dans l'enseignement supérieur ? Ne peut-on en confier la responsabilité aux régions, comme le proposent certains tenants de la décentralisation ? À cette question je réponds : non au transfert des compétences, oui au partenariat.

Il est vraisemblable que les membres de la communauté éducative – enseignants, personnels administratifs et techniques, étudiants – n'accepteraient pas aisément un tel changement de cadre, dont ils craindraient qu'il ne les prive de nombre de leurs garanties actuelles. D'autres arguments vont dans le même sens.

Certains sont financiers. Je ne vois pas – sauf à modifier la répartition des compétences entre départements et régions – comment ces dernières pourraient assumer, outre le coût financier croissant des lycées, celui également en pleine expansion de l'enseignement supérieur. On voit mal quel serait l'avantage de ce dessaisissement. Au contraire, le mouvement actuellement engagé grâce à l'effort considérable de l'État pour le plan Université 2000, lui-même entraînant un concours accru des régions, des départements et des villes, est beaucoup plus profitable à nos universités. Les ressources dégagées à leur intention se sont ainsi accrues sans que le rôle indispensable d'impulsion, de régulation et d'arbitrage de l'État soit remis en cause. C'est aussi dans ce cadre que l'égalité des chances entre les régions peut être préservée. Ainsi ai-je, depuis trois ans, conduit une politique de rattrapage systématique en faveur des régions du nord, de l'ouest et de l'est de la France jusque-là retardées ou négligées dans leur développement.

Les autres objections tiennent à la mission même de l'enseignement supérieur. Son rôle dans un pays développé est décisif pour la création et la transmission du savoir. C'est par lui, presque autant que par les grands organismes de recherche publics et privés, que passe le progrès des connaissances. En outre, par la formation des chercheurs, des enseignants, des cadres techniques et administratifs du pays, il joue un rôle essentiel dans le renouvellement des élites, dans la compétition des cerveaux et dans la bataille économique.

Or rien ne garantit que l'addition des choix de formation et de recherche que feraient librement les différentes régions françaises, si elles étaient entièrement chargées de l'enseignement supérieur, aboutirait spontanément à ce qui est souhaitable et nécessaire pour assurer le progrès des connaissances et préserver l'avenir du pays. La recherche fondamentale coûte cher et ses résultats sont aléatoires. Une bonne répartition des efforts, une carte équilibrée des filières, le financement adéquat de programmes et de matériels lourds supposent une programmation à long terme et une planification dans l'espace que seul l'État, garant de l'intérêt général, peut assurer.

À l'intérieur même de chaque région, les choix faits par les élus, si éclairés soient-ils, ne seraient pas forcément les plus heureux. Déjà, aujourd'hui, lorsque leur concours est sollicité ou qu'ils prennent des initiatives, ils tendent à favoriser les filières sélectives, les formations courtes, les implantations prestigieuses pour lesquelles les débouchés sont assurés. Mais quelle que soit l'utilité des départements d'IUT, des sections de techniciens supérieurs, des écoles d'ingénieurs bien ciblées – et nous les développons –, il n'y a pas de grand potentiel universitaire, pas de recherche de qualité, pas de solution non plus au problème de l'accueil d'étudiants toujours plus nombreux, sans développement des premier, deuxième et troisième cycles universitaires. Les ressources en faveur de l'enseignement supérieur ne sont pas inépuisables. Il faut donc faire les choix les plus équilibrés et les plus rationnels possible entre les formations élitistes et celles qui doivent accueillir la masse des étudiants, ou bien perpétue les disciplines les plus désintéressées ou les plus aléatoires dans leurs résultats.

D'autant que, légitimement, les considérations politiques ou électorales pèsent souvent fortement sur la prise de décision des élus responsables des collectivités locales : la carte des formations universitaires risquerait de subir des effets de saupoudrage nuisibles à sa cohérence.

Consulter les collectivités territoriales et particulièrement les régions, les associer aux choix que nous faisons pour le développement de la carte nationale universitaire, solliciter ou obtenir librement leur concours, mener ainsi une politique équilibrée de partenariat dans laquelle chacun exerce ses responsabilités et fait valoir ses atouts – les collectivités leur connaissance du terrain, la puissance publique son exigence d'évaluation scientifique, son respect des besoins nationaux et son pouvoir d'arbitrage –, tout en respectant l'autonomie universitaire, sont sans doute les meilleures façons de faire évoluer notre enseignement supérieur pour tenir compte à la fois de ses traditions et des nécessités du monde moderne. C'est pourquoi j'ai proposé aux collectivités territoriales de signer, dans chaque région, des chartes de partenariat avec l'État, cherchant ainsi à transformer un débat idéologique et politique sur les compétences en une coopération pratique et constructive.

Enseignement de masse ou d'élite ?

Commençons par une réponse de principe. Il n'y a pas de raison a priori pour considérer qu'il y ait contradiction entre l'enseignement de masse et la production d'une élite. Chacun sait que, dans un sport donné, il y a le plus souvent un rapport entre la masse des pratiquants et l'émergence d'un nombre significatif d'athlètes de haut niveau. Si la base est étroite, le sommet risque de l'être aussi. On le voit bien : du nombre de nos bacheliers scientifiques par exemple dépend celui de nos licenciés, de nos thésards et de nos ingénieurs. Ce qui ne veut pas dire qu'il suffit d'avoir plus de bacheliers pour avoir mécaniquement des chercheurs de qualité ou de bons ingénieurs; il faut naturellement que l'enseignement offre des opportunités aux uns et aux autres.

Augmenter le nombre des lycéens, c'est, on le sait, accroître leur hétérogénéité. Il faut en tenir compte et même s'en faire une force. La seule façon de ne pas opposer stérilement quantité et qualité est d'intégrer le concept de diversité. Plutôt que d'affirmer a priori : « Plus le nombre d'élèves est grand, plus le niveau moyen est faible », n'est-il pas plus fécond et plus juste de dire : « Plus le nombre d'élèves est grand, plus leurs potentialités sont multiples ? » À condition bien sûr d'en tirer les conséquences sur l'organisation de l'enseignement. Une diversité plus grande des élèves suppose une diversité des parcours et des voies d'excellence. Imposer un cursus uniforme et un mode unique – ou dominant – de réussite, c'est encourir le risque d'une formidable stérilisation de talents. C'est pourtant ce que nous faisons avec la domination culturelle, répandue chez les élèves comme chez les parents, de la voie d'enseignement général sur les voies techniques et professionnelles. C'est ce que nous répétons à l'intérieur de la voie d'enseignement général, en faisant de la filière C l'instrument principal de la sélection des lycéens.

On sait la déploration constante qui accompagne l'interrogation sur la baisse du « niveau ». Il n'y a pas de sens à apprécier le système actuel par simple comparaison avec le système scolaire tel qu'il pouvait fonctionner cinquante ans en arrière. Niveau de qui et de quoi exactement ? Même s'ils changent lentement, les savoirs que transmet l'École changent. Les lycéens d'aujourd'hui ont une orthographe incertaine ou ignorent le latin, mais ils ont une autre approche des mathématiques et une connaissance de l'économie, des langues vivantes, des sciences humaines de très loin supérieure à celle de leurs prédécesseurs. Le niveau n'a rien d'homogène, outre qu'il s'applique à une classe d'âge numériquement énorme par rapport à celle qui faisait les lycéens de naguère. Les pensées du « retour », les nostalgies du passé sont toujours des réponses inadéquates aux difficultés du présent. Il n'est pas inutile que chaque époque sache se réapproprier consciemment d'anciens modèles ; il est plus nécessaire encore d'en définir et d'en inventer de nouveaux.

La première façon de faire face à un accueil d'élèves beaucoup plus nombreux dans le second cycle de l'enseignement scolaire sans baisse de niveau est d'admettre que tous ne pousseront pas leurs études jusqu'au même point, et de définir à chaque niveau des voies de réussite, des débouchés vers une formation professionnelle. Le caractère négatif de certains slogans mobilisateurs mais aussi simplificateurs – celui des 80 % d'une classe d'âge au niveau du bac, par exemple, traduit, de surcroît, par les médias et l'opinion en 80 % de bacheliers –, c'est qu'il fonde sur un seul critère la réussite scolaire et transforme donc en échec et en frustration ce qui était auparavant un parcours scolaire normal. Rechercher avec les élèves et les parents, par un dialogue personnalisé, une orientation positive – plutôt que de les laisser déchiffrer ou subir les parcours séparés et hiérarchisés actuels –, telle est une des manières de faire vivre la diversité du lycée de masse. C'est le sens des propositions que j'ai faites pour la rénovation pédagogique des lycées. L'autre solution consiste à définir, pour chaque type d'enseignement et pour le maximum de filières, à l'intention des élèves les meilleurs et en tout cas pour ceux qui accéderont à l'enseignement supérieur, ce que j'ai appelé les « parcours de la réussite ». Cela suppose, là encore, une bonne information et une bonne orientation, afin d'opérer la meilleure articulation possible entre les seconds cycles achevés au lycée et les premiers cycles commencés dans l'enseignement supérieur. C'est ce que nous avons entrepris avec les schémas de développement des formations post-baccalauréat et avec la réforme des premiers cycles de l'enseignement supérieur.

Passer au lycée de masse sans échec et sans frustration suppose, outre de régler les problèmes d'effectifs et de moyens, de faire bouger les modes d'enseignement et la pédagogie. Il est fort possible que, dans un premier temps, une partie des enseignants de lycée soient réticents à une telle évolution. Formés comme des spécialistes et donc amoureux d'une discipline, ils sont ancrés dans l'idée que ce savoir disciplinaire est l'élément essentiel de leur qualification professionnelle et une composante majeure de leur identité d'enseignant, ce qui est vrai : ils sont détenteurs d'un savoir. Pas toujours armés par leur formation à affronter l'élève tel qu'il est – avec ses manques, son indifférence, et ses exigences, son relativisme scolaire, son incroyable passion pour d'autres choses que l'école – beaucoup sont rassurés par la forme traditionnelle du cours et de l'évaluation. Il faut comprendre cette réaction et en même temps, progressivement, la dépasser. D'où l'importance d'une réflexion sur les contenus et les savoirs.

Tant que les élèves de lycée venaient essentiellement de milieux sociaux et culturels qui avaient eux-mêmes connu le lycée, qui en possédaient les rites et les traditions et qui, en particulier, pouvaient faire leur la tendance traditionnelle de l'enseignement et de l'esprit français à l'abstraction – aux dépens du concret, de l'image, de l'expérimental, du hors norme –, nos méthodes d'enseignement pouvaient suffire. L'arrivée de nouveaux publics socialement plus défavorisés, dont les conditions d'étude à la maison sont beaucoup plus difficiles, dont le fonds de culture et les rituels pédagogiques ne sont pas les mêmes, rend absolument nécessaires des changements. À moins de croire qu'il est normal que la réussite dans les études épouse les hiérarchies sociales – ce qui est le cas actuellement – ou de se satisfaire d'un système scolaire qui, au lycée, assure le maximum de succès aux enfants d'enseignants, il est évident qu'il faut apporter des changements dans la pédagogie.

Naturellement, l'enseignement des savoirs est fondamental et aussi les distinctions disciplinaires, même s'il importe de n'en pas avoir une conception figée : les savoirs évoluent, les frontières entre disciplines sont parfois perméables ou peuvent se déplacer. C'est pourquoi je n'éprouve pas beaucoup d'intérêt pour les débats entre « tenants des disciplines » et « passionnés de la pédagogie ». Enseigner, c'est instruire. Je vois mal la vertu d'une pédagogie sans contenu de savoir. Je ne crois guère à l'efficacité d'une pure transmission de connaissances sans effort d'enseignement. D'ailleurs les pédagogies ne sont pas identiques selon les disciplines : le problème accompagne les mathématiques, l'expérience sert la physique ou la chimie, le texte nourrit la littérature ou le document l'histoire. Enseigner est un art qui unit savoir et transmission.

Avec le lycée de masse, les méthodes d'enseignement acquièrent plus d'importance. Ce que l'on sait ne pouvoir être complété à la maison, dans le milieu des parents, doit être absolument fourni par l'institution scolaire. De même doit-on s'assurer, à chaque étape, et autrement que par l'échec, que l'élève suit et progresse. Le soutien individuel, l'enseignement en petit groupe (s'il faut s'assurer de la qualité d'une transmission), la pratique plus systématique du travail collectif (souvent mise en œuvre dans la future profession), l'insistance mise sur l'acte d'apprendre (et pas seulement sur l'acte d'enseigner), la transmission des techniques du travail personnel, la familiarisation de l'élève avec les cursus scolaires, avec l'institution, l'établissement dans ce qu'ils peuvent avoir d'étrange, d'opaque et, au sens propre, d'ésotérique, tout cela est devenu indispensable si l'on veut assurer la réussite scolaire du plus grand nombre.

Or le débat tend parfois à se figer absurdement. D'un côté, les « traditionalistes », qui croient incarner la défense de la « qualité » de l'enseignement parce qu'ils préconisent le maintien des méthodes traditionnelles, sans comprendre que celles-ci ne permettent pas la réusisste d'une partie des élèves, qu'elles rendent donc impossible à satisfaire leur exigence légitime de qualité.

De l'autre côté, les « novateurs », minoritaires, souvent inefficaces puisqu'ils n'ont pas toujours la possibilité de changer leur pratique ou qu'ils le font trop isolément. Ils sont le plus souvent réduits à exprimer un désir vague ou des proclamations générales.

Toute réforme pédagogique qui se fixerait comme objectif d'économiser des moyens, qui aurait comme espoir secret de juguler les coûts nécessairement croissants de l'enseignement de masse au lycée ou à l'université manquerait son but. Elle ne serait ni efficace pour les élèves, ni portée par les enseignants. Or je suis convaincu, quelle que soit l'importance des choix de filières, de techniques et de matériels, que la qualité de tout enseignement repose d'abord sur la qualité et la motivation des enseignants et des personnels d'éducation.

C'est seulement si l'on peut démontrer aux enseignants que les changements dans l'organisation de l'enseignement au lycée ne sont pas faits pour des raisons d'économie budgétaire mais pour rendre plus facile leur métier, plus efficace leur travail, plus performants leurs élèves, que ceux-ci accepteront de changer. C'est pourquoi la démarche proposée doit être progressive, souple et expérimentale. Alors il sera possible d'éviter le faux dilemme, l'opposition artificielle entre pédagogistes et défenseurs des savoirs.

Éducation ou formation ?

Un dernier débat touche à la conception de l'école : doit-elle viser l'éducation ou la formation ; est-il contraire à la vocation de l'Université de poser le problème de sa professionnalisation ? Quand ce problème est évoqué, certains réagissent en idéologues et évoquent la corruption de la mission historique et noble de l'Université qui consisterait – dans le refus de l'utilitarisme et des contingences économiques – à former des savants et des intellectuels. D'autres agissent en politiques et font semblant de croire qu'il s'agirait de plier l'enseignement supérieur aux besoins du patronat. Dans les deux cas, il y a procès d'intention et refus de l'examen des faits.

Cette question, c'est à noter, n'est généralement pas posée à propos de la fraction la plus sélective de notre enseignement supérieur, celle des grandes écoles vers lesquelles, à partir des classes préparatoire des lycées, nos élites traditionnelles orientent leurs enfants les plus doués ou en tout cas les plus conformes au modèle à reproduire. Là, on le sait, la visée professionnelle est de règle : elle est soigneusement préparée et heureusement sanctionnée. Personne n'y trouve rien à redire. À un moindre niveau, c'est le même raisonnement qui prévaut pour les filières courtes des sections de techniciens supérieurs (STS), ou des instituts universitaires de technologie (IUT) où l'accueil en entreprise est là aussi recherché et obtenu.

L'Université reste au contraire pour beaucoup, soit dans l'imaginaire, soit dans la tradition, le lieu où une telle approche serait vulgaire ou dangereuse. Elle est le temple du savoir sacré, de la recherche désintéressée de la culture gratuite, de la connaissance accumulée pour elle-même, sans arrière-pensée ou fin utilitaire. Il est évident que cette philosophie, faite pour de purs esprits, ne peut rendre compte de l'ensemble de la problématique universitaire actuelle et en particulier des rapports qu'entretiennent naturellement désormais les sciences avec les réalités économiques et sociales. Au demeurant, l'Université n'est pas hors du monde : choisir d'y enseigner, c'est aussi choisir un statut (celui de fonctionnaire) et une profession.

C'est par goût véritable de la connaissance que beaucoup de jeunes entreprennent des études supérieures, choisissent d'approfondir ce qu'ils savent, de réaliser ce dont ils rêvent en mathématiques pures, en physique fondamentale, en biologie moléculaire, dans les sciences de la terre, en littérature comparée, en histoire ancienne ou dans telle langue peu parlée. Ils joueront souvent dans notre monde universitaire et scientifique, le rôle unique de créateurs du savoir. Ils témoigneront du rôle irremplaçable des idées, de la connaissance, ils prendront part – en tout cas, pour les meilleurs, les plus originaux, les plus féconds – à l'aventure de l'esprit, laquelle est réfractaire, c'est vrai, au calcul économique, aux préoccupations administratives, aux arrière-pensées ou aux illusions politiques, aux modes médiatiques et aux passions de l'opinion. Tout système universitaire digne de ce nom doit absolument veiller à ce que continue à être assurée cette mission fondamentale.

Mais l'Université n'est pas que cela. Désormais se pressent à ses portes des centaines de milliers de jeunes qui ne seront ni docteurs d'État, ni professeurs, ni chercheurs. Ils vont vers le droit, l'économie, la gestion, les langues, les sciences exactes, avec, eux aussi, le goût du savoir mais également celui de ses applications, des pratiques qu'il permet, portant souvent en eux un besoin pressant de trouver un emploi, de se réaliser professionnellement, d'acquérir un statut social. Dans le même temps, dans la production, la distribution, la banque, l'administration, les collectivités, la communication, les entreprises, c'est-à-dire des structures décisives pour l'emploi, le bien-être matériel, la vie sociale réclament des techniciens, des ingénieurs et des cadres. Or on constate que les ajustements se font souvent mal. Soit parce que la connaissance des demandes et des offres fait défaut, soit parce que les besoins existent mais que les formations sont absentes ou défectueuses, soit enfin parce que les étudiants envahissent telle filière alors que les débouchés manquent et négligent telle autre qui assurerait leur emploi.

Il est difficile de croire que chercher ce meilleur ajustement, informer et orienter les étudiants, créer des filières professionnelles destinées à réduire les taux d'échec en premier cycle, proposer des parcours d'étude adéquats, permettre aux jeunes de trouver des emplois – par exemple à travers ces instituts professionnalisés que nous mettons en place au sein des universités – sont des tâches sans intérêt ou, pis encore, dangereuses pour l'Université. Éviter des échecs qui sont douloureux et coûteux pour les étudiants, réduire le gaspillage que représente l'existence simultanée de diplômés sans emploi et d'emplois sans titulaires, donner aux entreprises et aux administrations françaises les cadres dont elles ont besoin et justifier ainsi aux yeux de l'opinion les efforts considérables qu'exigera l'enseignement supérieur me paraissent choses absolument nécessaires. Et, en outre, nullement incompatibles avec la volonté de veiller à ce que nos universités et nos institutions de recherche continuent à assurer la mission fondamentale de création et de diffusion du savoir par des esprits libres à l'intention d'autres esprits libres. Opposer ces deux fonctions au point de croire qu'on ne puisse vouloir assurer l'une sans sacrifier l'autre est absurde.

D'autant que je ne suis pas prêt à céder à ceux qui voudraient sommer l'École de « s'adapter » passivement à des exigences extérieures et en particulier aux impératifs économiques. Il est clair que les jeunes seront de moins en moins appelés à exercer un métier pour lequel les compétences auraient été acquises une fois pour toutes. Les spécialisations ouvrant à des emplois et des métiers seront de plus en plus « pointues », tandis que la culture de base, celle qui apprend à apprendre, celle qui forme un homme ou une femme et pas seulement un agent économique, sera de plus en plus indispensable. Autrement dit, une éducation qui se voudrait trop exclusivement « rentable » du point de vue du marché du travail présent raterait précisément son but.

Il y a des raisons plus fondamentales encore qui justifient l'ambition pour l'École de transmettre une culture solide au plus grand nombre possible. Outre les plaisirs qu'offrent les activités de l'esprit, de plus en plus, par-delà les frontières ou les différences de conditions sociales, les œuvres de culture permettent aux hommes et aux femmes de s'adresser les uns aux autres, de communiquer par la réflexion ou l'émotion, de partager la pensée de leur condition humaine, bref de se lier entre eux autrement que selon les règles de l'intérêt économique.

L'École doit affirmer ses exigences, ses valeurs propres, qui sont les plus hautes qu'une époque soit capable de viser en s'appropriant les héritages du passé. Sans ces héritages, aucune nouveauté ne pourrait voir le jour. L'École est le contraire d'une institution conservatrice mais elle doit être en même temps un conservatoire. De même que, refusant d'être utilitaire, elle doit être utile. Éducation et formation sont indissociables.

Enjeux budgétaires

La priorité accordée à l'Éducation par François Mitterrand à l'aube de son second septennat était justement choisie. Le retard accumulé par le système éducatif français était tel et l'afflux des jeunes si fort qu'il fallait cet engagement présidentiel pour que soit consenti l'effort budgétaire important que j'ai obtenu.

Pourtant cette proclamation de la priorité à l'Éducation s'accompagne souvent d'une sous-estimation de ce qu'elle implique. D'abord parce que le coût en est élevé et impressionne. Tout le système est en extension : dans les lycées, à cause de la volonté de prolonger les études après le collège; dans l'enseignement supérieur, en raison de l'augmentation du nombre des bacheliers; et même en maternelle puisque, désormais, les parents souhaitent préscolariser leurs enfants dès deux ans. On affirme qu'il faudrait 80 % d'une classe d'âge au niveau du baccalauréat, on parle de 2 millions d'étudiants en l'an 2000. Mais l'on ne mesure pas toujours ce que cela signifie en termes d'enseignants et de locaux.

La deuxième raison de cette sous-estimation est liée à la conception que beaucoup se font des dépenses d'Éducation. Pour nombre de responsables budgétaires, celles-ci sont perçues comme des dépenses de fonctionnement – qui grèvent de leur poids les dépenses de l'État et donc, indirectement, le fonctionnement du système productif –, alors qu'il serait beaucoup plus cohérent de les analyser comme des dépenses d'investissement, qui aident à l'amélioration de l'appareil productif. On dit partout que la compétition moderne est une « bataille de l'intelligence ». Il y a longtemps qu'on a démontré que, dans les causes de la croissance, les facteurs « immatériels » – le progrès technique, la formation, les nouvelles méthodes d'organisation – jouent désormais le rôle essentiel. Mais il semble qu'on n'en tire pas de conclusions pour l'action. L'Éducation et son coût sont trop souvent perçus comme un poids et non comme un atout.

Le prix de l'Éducation

Il est vrai qu'à l'Éducation nationale, nous ne sommes pas toujours capables de faire la démonstration de notre efficacité sur le plan économique, que les inadéquations entre les filières de formation et les besoins des diverses branches économiques sont nombreuses. Il est vrai aussi que manquent des analyses probantes sur l'impact économique des dépenses d'Éducation.

Il y a certainement à cela des raisons culturelles. Pour beaucoup d'entre nous, et à certains égards heureusement, l'Éducation reste le domaine de la gratuité. Elle est en charge de la transmission des savoirs, d'une culture, d'une mémoire. Par l'initiation à l'échange d'idées, à l'examen critique des connaissances et des points de vue, par la socialisation des enfants et des jeunes, par l'affirmation de valeurs, elle doit contribuer à former de futurs citoyens.

Cette conception doit continuer à prévaloir. Mais je ne vois pas en quoi elle devrait pas être contradictoire avec cette autre mission de l'École qui est de former des hommes et des femmes qui exerceront un métier. On voit mal en quoi former le « producteur » serait corrompre le citoyen. Cette distinction absurde remonte à loin, au mépris de l'aristocratie française pour le travail de la terre, le commerce ou la manufacture, au goût de la bourgeoisie de robe pour les charges, les offices ou les gratifications de Cour, à l'ignorance de trop d'intellectuels pour le monde où l'on produit et où l'on échange. Conception culturelle du pur et de l'impur qui n'est pas sans rapport – parmi d'autres causes – avec le retard de notre révolution industrielle et certains problèmes chroniques de compétitivité et de balance commerciale.

La tendance à sous-estimer les besoins réels du système éducatif – outre les contraintes budgétaires qui sont réelles – est liée également au fait que les dépenses d'État n'ont pas actuellement bonne presse. Certes, on réclame en détail, y compris du côté de l'opposition, des enseignants, des juges, des policiers, des infirmières, etc., mais on chicane globalement, y compris parfois du côté de la majorité, les dépenses budgétaires nécessaires. On évoque une certaine paupérisation de l'État, sa difficulté à remplir bien ses missions essentielles, la tendance de certains de ses serviteurs à le quitter faute d'être assez bien payés, mais on considère, en même temps, qu'une dépense privée sera toujours plus efficace qu'une dépense d'État.

Dans ces conditions, on peut aisément comprendre que se heurtent rapidement, au sein d'un gouvernement, la logique des besoins développée par le ministre de l'Éducation (au vu des retards, des demandes légitimes et des risques de rupture en tel ou tel point du système : universités et lycées, par exemple) et la logique des moyens rappelée par les ministres financiers, qu'ils déduisent des données budgétaires et monétaires.

Naturellement, au sein d'un même gouvernement, aucune des deux logiques ne peut être conduite jusqu'au bout dans l'ignorance de l'autre. Le Premier ministre est là, et parfois le président de la République, pour décider où se croiseront les deux courbes, celle des besoins et celle des moyens. Disons que, jusqu'à maintenant, les arbitrages ont tenu compte, sans les satisfaire toutes, des exigences normales que j'avais formulées.

Si l'on regarde les évolutions en perspective et en pourcentage de la richesse nationale (production intérieure brute ou PIB), on fait les constats suivants : la part de l'Éducation nationale a diminué, depuis 1985, d'un dixième de point par an, pour passer des 3,9 % du PIB en 1984 à 3,4 % en 1989. Depuis le budget 1990, la tendance s'est inversée avec une augmentation annuelle d'un dixième de point pour revenir à 3,6 % en 1991. Mais ce rattrapage n'est pas suffisant, ce qui explique que les améliorations réalisées soient parfois peu perceptibles. Des exercices de prospective (tels ceux de la Commission du plan) prétendent que, compte tenu du retard subsistant et de l'évolution du nombre des élèves et des étudiants, un effort considérable devrait être consenti, dans les quinze années qui viennent, pour porter l'effort d'Éducation à plus de 5 % du PIB au-delà de l'an 2000. On peut discuter ces chiffres, mais croire qu'on pourrait borner la priorité à l'Éducation à l'effort consenti dans les trois derniers budgets serait une illusion. Je ne saurais pour ma part l'entretenir. Le renversement positif de tendance amorcé depuis 1988 n'a de sens que s'il est poursuivi.

L'intérêt qu'il y a à dépenser beaucoup et durablement pour l'Éducation peut naturellement être discuté par certains. Il est évident que si l'on freine le mouvement de préscolarisation précoce en maternelle, qu'on détourne des études en lycée une partie du flux d'élèves et qu'on introduit la sélection à l'entrée de l'Université, on peut réduire la pression qui s'exerce sur le système éducatif, donc limiter les besoins financiers. Mais ceux qui sont prêts à une telle politique doivent dire ce qu'ils entendent faire des jeunes que l'on cesserait ainsi de former et comment ils envisagent d'assumer le coût social et politique de telles décisions. Ce que l'on ne peut pas laisser penser, comme l'opposition de droite le suggère, c'est qu'il suffirait de décentraliser pour que les coûts du système soient sérieusement réduits. Que les professeurs et les personnels administratifs et techniques soient recrutés et payés par l'État ou par les régions – à moins qu'ils ne soient ainsi moins payés –, que la pédagogie ou les examens soient confiés à l'État ou aux collectivités, si l'on ne réduit pas le nombre d'élèves ou d'étudiants accueillis, si l'on n'aggrave pas les taux d'encadrement, les coûts seront les mêmes. À moins d'envisager dans tels établissements, dans telles localités, pour telles catégories d'élèves, un enseignement au rabais et donc moins coûteux. D'ailleurs on constate que le transfert des constructions scolaires aux collectivités territoriales n'a pas conduit, heureusement, à une diminution des sommes dépensées mais au contraire à leur accroissement. C'est donc par un tour de passe-passe – sauf si elle envisage de rogner sur les dépenses – que l'opposition peut laisser croire que, face au « gouffre » de l'Éducation nationale, la décentralisation serait une solution financière. L'argument « institutionnel » de l'opposition me paraît un moyen commode d'escamoter le problème de l'effort financier. Et on comprend qu'elle y ait intérêt lorsque l'on se rappelle à quel point elle a négligé budgétairement l'Éducation lors du gouvermenent Jacques Chirac entre 1986 et 1988.

En matière d'effort éducatif, nous avons d'autres critiques : les responsables du parti communiste. Eux ne sont pas avares de propositions généreuses tant ils font peu de cas des contraintes budgétaires et économiques. Leur critique de l'effort consenti par le gouvernement, leurs polémiques à l'égard de la politique suivie seraient plus supportables si, en matière d'enseignement, le modèle de référence, qu'ils ont défendu pendant des décennies dans les pays communistes, n'avait débouché sur une véritable faillite. Depuis deux ans, j'ai rencontré plusieurs fois mes homologues des pays de l'Est, par exemple le Polonais, le Tchèque et le Slovaque, le Hongrois et – transitoirement – l'Allemand de l'Est. Tous m'ont dit l'état de désastre éducatif dans lequel le communisme a laissé leur pays : politisation des recrutements, chasse aux sorcières chez les enseignants, poids de l'idéologie officielle et de la propagande dans les programmes, mais aussi faiblesse des moyens matériels, insuffisance de niveau dans certaines disciplines, hypersélection à l'entrée dans l'enseignement supérieur, salaires modestes des enseignants, etc. Or, jamais nous n'avons entendu les communistes français, si prompts à la critique à notre endroit, formuler de réserves sur ce qui s'est fait dans l'Éducation dans ces pays pendant quarante ans.

Gérer et réformer

Avoir la responsabilité du secteur éducatif supposait de se donner une méthode. J'ai choisi celle de la gestion évolutive, du réformisme réaliste. Il fallait insister sur la gestion, parce qu'après les conflits de 1984 et de 1986, le monde de l'Éducation avait besoin d'être recentré sur ses missions et son fonctionnement. Il fallait réformer, parce que des évolutions étaient attendues dans plusieurs domaines. D'ailleurs, gérer et réformer était au cœur de la synthèse que les socialistes avaient tant de mal à faire.

Mais il était important de comprendre que les réformes exigées par le système éducatif lui étaient propres et qu'elles n'étaient pas forcément la projection de tel ou tel présupposé socialiste. C'est pourquoi d'ailleurs me font sourire deux affirmations reprises par certains membres de l'opposition : la première selon laquelle je serais marqué, comme ministre de l'Éducation, par ma qualité d'ancien premier secrétaire du parti socialiste; la seconde qui voudrait que je co-gère ce ministère avec les syndicats. Sur le premier point, il est au contraire patent que j'ai abordé ce secteur sans préjugés, avec mon expérience d'ancien enseignant, et surtout en m'efforçant, avec l'aide de ceux qui m'entourent, de partir des réalités, des besoins et des manques. Sur le second point, celui des relations avec les syndicats, mes réactions n'ont pas du tout été celles qu'on me prête. Et les observateurs avertis du système éducatif le savent bien. Certes, je ne me suis pas mis en tête, comme mon prédécesseur, de « casser » les syndicats ou d'engager avec eux je ne sais quel bras de fer. J'ai pratiqué sans effort la consultation qui est d'usage dans le ministère. Mais je n'ai jamais considéré qu'il y avait lieu de « co-gérer ». D'abord parce que, quoi qu'on en dise, les syndicats de l'Éducation nationale ne veulent pas le faire. Ils désirent être consultés; ils ne détesteraient pas, éventuellement, détenir une sorte de droit de veto sur les projets. Mais jusqu'à maintenant, ils n'ont jamais accepté de porter avec le ministre la responsabilité d'une décision ou d'un projet. Or, co-gérer c'est aussi partager la responsabilité. Les syndicats français de l'Éducation, y compris la FEN dans sa tendance majoritaire, sont héritiers de la tradition de la charte d'Amiens, qui fonde l'indépendance du syndicalisme à l'égard des partis et du pouvoir politiques. Chez eux, pas de travaillisme ou d'héritage social-démocrate. Le syndicat peut proposer, négocier, conclure des accords. Mais il ne gère pas en commun. Et, le plus souvent, il critique et conteste.

La raison de cet état de choses n'est pas seulement philosophique, elle est pratique. Comme les syndicats sont, là aussi, divisés en confédérations, en corporations et en tendances, chacun agit sous le regard de l'autre, rarement confraternel, et hésitera le plus souvent à s'engager. On pourrait peut-être partager la gestion avec un syndicat, pas avec dix.

C'est donc une illusion ou une caricature de prétendre que les syndicats de l'enseignement co-gèrent, mais aussi de penser que j'aurais pu le souhaiter. J'ai pratiqué le syndicalisme et je connais ses traditions. J'ai également une certaine idée de la république. Pour moi, l'indépendance du syndicat à l'égard du responsable politique implique sa réciproque : l'autonomie du responsable politique à l'égard des syndicats. D'où, peut-être, certaines des difficultés que j'ai eues au début avec la FEN, avant qu'eux et moi apprenions à mieux nous situer et à travailler ensemble chacun à notre place.

Mais j'en reviens à la gestion et à la réforme. Distinguer ce qui dans une action relève de l'une et de l'autre est un exercice un peu arbitraire. Gérer bien, c'est réformer; réformer, c'est gérer mieux. L'effort pour améliorer les rentrées scolaires, pour obtenir plus de moyens en personnel et en ressources financières, pour affecter plus tôt, les postes dans l'enseignement supérieur, pour améliorer notre connaissance statistique et nos capacités de prévision, pour répartir plus justement les moyens entre les académies favorisées en taux d'encadrement et celles qui étaient en retard ou connaissaient des afflux d'effectifs, etc.,tout cela a relevé plus particulièrement de la gestion. Ont ressorti davantage à la réforme : la revalorisation des enseignants, le retour aux prérecrutements, la création des Instituts universitaires de Formation des Maîtres, la mise en place des cycles pluriannuels dans le primaire, la politique contractuelle avec les universités, la réflexion sur les premier et les deuxième cycles de l'enseignement supérieur, les nouvelles filières de formation des ingénieurs, les réflexions du Conseil national des programmes, les nouvelles missions de l'Inspection générale, la rénovation pédagogique des lycées, le plan social étudiant, etc.

En réalité, la méthode choisie par nous, notamment dans l'enseignement supérieur, combinait presque nécessairement la gestion et la réforme. Sans doute parce que Claude Allègre, mon principal conseiller sur les problèmes du supérieur et mon ami depuis trente ans, par sa fréquentation du monde anglo-saxon, scientifique et universitaire, Olivier Schrameck, mon directeur de cabinet de l'époque, par son expérience antérieure, et moi-même par la connaissance intime des excès du cartésianisme, nous voulions tirer des réalités, et non de nos cerveaux, les raisons et les points d'application de nos changements. Loin de vouloir mettre tout à plat dans l'intention d'élaborer une énième réforme fondamentale, nous avons décidé, avec l'ensemble de mes collaborateurs à qui je rends hommage ici, de modifier seulement ce qui à l'évidence posait problème, comme des mécaniciens changent des pièces d'un ensemble qui dans le même temps continue à tourner. Nous connaissions, par expérience professionnelle et personnelle, la sensibilité du milieu, son mélange d'attente et de scepticisme, son peu de disposition à croire quiconque sur parole. Nous voulions donc démontrer progressivement par l'action et non postuler et proclamer. Pour l'essentiel, c'est ce que nous avons fait et continuons de faire. Ainsi avons-nous intéressé et souvent emporté l'adhésion des praticiens et des connaisseurs du système éducatif, lorsqu'ils n'étaient pas prévenus par des a priori politiques ou idéologiques. Mais avons-nous assez informé et convaincu l'opinion ? C'est une autre affaire. J'ai souvent pensé qu'en ces temps où l'effet d'annonce tend à prendre le pas sur l'action, nous avons trop cru qu'il nous suffisait d'agir pour convaincre.

Revaloriser et rénover

À cette méthode, il a fallu faire exception en lançant une grande discussion sur la « loi d'orientation sur l'Éducation ». Pour ma part, je me serais passé de cet exercice. Mais l'esprit français est ainsi fait qu'il n'est pas concevable d'imaginer une grande politique sans un texte de référence ni d'agir sans avoir préalablement discuté et fait voter une loi-cadre.

Je me souviens que, au bout de quelques mois – alors que nous étions déjà en plein travail et que nous avions fait avancer concrètement plusieurs dossiers –, commençait à sourdre la rumeur selon laquelle nous n'avions pas de « politique ». Nous agissions, mais il nous fallait proclamer. Nous résolvions des problèmes, mais il nous fallait brasser des idées générales. En France, il semble qu'on ne puisse prétendre avoir une priorité sans bâtir une « grande machine », ni agir sans légiférer. Encore puis-je me montrer satisfait par rapport à l'époque d'Alain Savary, où celui-ci dut batailler jour et nuit à l'Assemblée nationale pour faire passer une loi statutaire sur l'Université qui, quatre ans après, quand je suis arrivé au Ministère, n'était pas appliquée dans la moitié des universités ; elle l'est désormais partout mais il a fallu pour cela quelques négociations pratiques.

Puisqu'il fallait passer par la loi, autant associer les acteurs et les partenaires de l'Éducation à son élaboration. C'est ce qui fut fait avec les « tables rondes » sur l'Éducation organisées au Ministère dès 1989 et qui permirent de très utiles confrontations sur les thèmes les plus divers. Malheureusement une partie de l'impact qu'auraient pu avoir sur l'opinion de telles discussions – enseignants, autres personnels de l'Éducation, étudiants, lycéens, parents d'élèves, représentants associatifs, collectivités locales, patronat et syndicats ouvriers y participaient – fut perdue, car l'attention fut focalisée inévitablement sur les négociations consacrées à la revalorisation des enseignants.

Cette revalorisation avait été promise par François Mitterrand dans sa *Lettre à tous les Français*. Elle était attendue par les enseignants, jugée nécessaire par la plupart des observateurs. Elle fut difficile à négocier, parce que les syndicats d'enseignants attendaient beaucoup plus que le gouvernement ne pouvait donner parce que, menée dans le cadre d'une enveloppe fixée à l'avance, elle paraissait octroyée – ce que les syndicats détestent. La négociation ne put aboutir qu'à la suite de quelques journées de mobilisation, de grèves et de manifestations, et après que le gouvernement avait accepté de « faire craquer l'enveloppe » en donnant plus mais en étalant la mise en œuvre de cette revalorisation sur dix ans.

C'est à cette occasion qu'est née la légende selon laquelle la revalorisation des enseignants aurait été préférée à la rénovation du système éducatif. Comme si l'une pouvait s'opposer à l'autre; comme si, en pleine crise de recrutement, il était possible d'espérer trouver et retenir des enseignants sans réévaluer leurs salaires. On a même inventé la fable selon laquelle certains syndicats auraient été prêts, contre ces mesures de revalorisation, à demander aux enseignants de travailler davantage ou « autrement ». C'est fort mal connaître le milieu enseignant et savoir bien peu de chose du syndicalisme que d'imaginer un tel scénario. En 1988-1989, quand nous avons commencé à négocier, les enseignants considéraient la revalorisation comme un dû et l'espéraient beaucoup plus importante que celle que nous avons consentie. Imaginer qu'ils auraient accepté des contreparties est travestir la réalité ou former des rêves pour technocrate. Quant aux syndicats qui auraient été prêts à soumettre à leurs mandants un tel marché, j'attends encore leurs propositions!

Toutes les mesures introduites dans l'Éducation – et que j'ai rappelées plus haut – visent naturellement à sa rénovation. Mais l'enseignement a besoin aussi, et peut-être même surtout, d'enseignants motivés, suffisamment nombreux et bien formés. C'est pourquoi opposer revalorisation et rénovation est simpliste. La première est l'une des conditions de la seconde.

La seule question qui vaille donc, au moment où j'écris ces lignes, est de savoir si les socialistes au pouvoir garderont la conviction que l'Éducation doit absolument rester leur priorité, ou bien si, après trois ans, ils relâcheront leur effort. De ce point de vue, les derniers choix budgétaires, bien qu'opérés dans un contexte défavorable, sont plutôt encourageants.

L'IMPRÉVU

À l'Éducation nationale, il faut, certes, gérer le quotidien et préparer l'avenir, mais il faut aussi s'attendre à l'imprévisible. Comme plusieurs de mes prédécesseurs, j'en ai fait l'expérience.

Foulards et passions

Dans ce vieux pays qu'est la France, si plein d'expérience et de scepticisme, fondé sur une École qui sait pratiquer l'intégration depuis plus d'un siècle, quelques foulards portés dans des établissements scolaires par des jeunes filles musulmanes aux parents intégristes ou simplement traditionalistes ont déchaîné pendant un mois les « passions françaises ».

On sait l'attitude qui a été la mienne. J'ai refusé l'idée qu'il serait normal, dans l'école publique française, telles que sont ses traditions, d'accueillir des élèves arborant ostensiblement des signes d'appartenance religieuse. Mais j'ai souhaité qu'on utilise le dialogue pour convaincre plutôt que d'exclure a priori les élèves. J'ai voulu aussi qu'on prenne en compte les comportements des enfants et les réactions dans l'école ou l'établissement concernés. Je fondais cette attitude de refus nuancée sur plusieurs considérations. Certaines touchaient aux enfants. Ce qui concerne la conscience d'un enfant – même supposée égarée, même sous influence – doit être traité avec scrupule et sensibilité. C'était, on s'en souvient, l'exigence de Jules Ferry. D'autres concernaient la communauté en cause. Ce n'était pas un fait du hasard si cette question des signes religieux à l'école surgissait pour la première fois, et avec cette force, à propos d'enfants musulmans. Personne n'avait scruté, jusque-là, la taille des croix catholiques ou huguenotes ni protesté contre les kippas. Mais avec la religion musulmane, quel trouble soudain et quelle menace! Je voulais donc par une attitude raisonnable montrer clairement aux jeunes et aux parents d'origine maghrébine, si nombreux en France, que le principe de laïcité était en cause, que certaines manifestations d'intégrisme ne pouvaient être acceptées, en particulier à l'école; mais que ce n'était pas en tant que musulmanes ou arabes que ces jeunes filles étaient montrées du doigt. Enfin, je n'étais pas assuré de l'état du droit en un domaine qui touchait à la liberté religieuse. Je ne voulais pas courir le risque de voir un chef d'établissement ayant procédé à une mesure d'exclusion condamné en cas de recours devant les tribunaux, ce qui aurait contribué à une confusion générale. D'où l'appel au Conseil d'État, non pas pour me dérober et, comme certains l'ont dit, pour « botter en touche », mais pour refroidir les passions, rappeler qu'en France ces questions de principe et de conscience étaient traitées selon des règles de droit et donner aux responsables d'établissement des indications sûres quant à la façon d'agir. C'est ainsi d'ailleurs que les passions retombèrent et que les problèmes furent réglés.

En cette affaire, la communauté éducative fit preuve de beaucoup de sagesse. Non pas que les enseignants ou les chefs d'établissement n'aient pas hésité et ne se soient pas montrés partagés sur la conduite à tenir. Les valeurs à concilier étaient souvent contradictoires et les situations concrètes n'étaient pas toujours identiques. Mais le souci du bien des enfants, la volonté de régler ces problèmes à l'abri d'une médiatisation excessive ont été – à une ou deux exceptions près – leur préoccupation dominante. C'est pourquoi les enseignants ont peu participé au débat passionné et manichéen, voire violent, qui a été proposé à l'opinion en cette période. Pour régler les problèmes qui restaient posés à propos de tel ou tel élève, j'ai adressé une circulaire, inspirée par les recommandations du Conseil d'État, aux directeurs d'école, principaux de collège et proviseurs de lycée. Celle-ci fixait les principes et les précautions dont ils devaient s'inspirer afin de faire respecter la laïcité. Ce texte, voté à la quasi-unanimité au Conseil supérieur de l'Éducation, semble être appliqué sans difficulté particulière depuis lors.

Au-delà des arrière-pensées politiques et des utilisations médiatiques, la passion provoquée par l'affaire des foulards trouve peut-être sa source dans cette sourde « crise d'identité » dont j'ai parlé et qui a saisi depuis quelques années l'opinion française. Faite de nostalgie, d'un vague manque, d'aspiration à quelque chose qui ne se dévoile pas – sans jeu de mots –, elle est un des problèmes de la période actuelle. Avoir traité cette affaire dite « des foulards » sans renoncer à ma responsabilité, en n'épousant pas démagogiquement la position la plus commode, celle de l'exclusion immédiate, pour finalement aboutir à une conclusion raisonnable, reste pour moi un objet de satisfaction, même si j'aurais préféré faire l'économie de ce conflit à beaucoup d'égards « régressif ».

C'est pourquoi j'en voudrais tirer quelques réflexions sur la laïcité. Ce qu'il y a eu de positif dans le « conflit des foulards » – et je le dis sans ironie –, c'est qu'il a servi à réhabiliter le concept de laïcité.

Quand la gauche revient au pouvoir en 1981 et qu'elle veut établir un nouvel équilibre scolaire, elle constate à ses dépens une sorte de retournement dans les esprits. L'enseignement religieux est devenu le symbole d'une liberté à préserver; la référence laïque est suspecte de dogmatisme. Du côté de l'École privée, on trouve des communautés prêtes à défendre bec et ongles leurs valeurs prétendument menacées; du côté de l'École publique, on trouve une masse de parents, consommateurs tranquilles d'un service public, et dont le laïcisme est surtout teinté d'indifférentisme. D'un côté, on se bat; de l'autre, on refuse d'attaquer. L'affaire se solde par le retrait des propositions d'Alain Savary. Les laïcs ont quelques satisfactions et une énorme déception. Chacun retourne au statu quo.

Six ans plus tard avec l'affaire des foulards, la laïcité, que certains jugeaient dépassée, voire « liberticide » en 1984, est redevenue un drapeau autour duquel on se rassemble. Face aux risques que représentent les exigences d'une autre religion que la catholique – pour être précis, l'islam –, la droite se fait de la laïcité un rempart.

Cette évolution, même circonstancielle, a des aspects positifs. Nous sommes dans une période où se constituent de véritables États théocratiques, où se manifestent des poussées intégristes, où l'Église de Rome et le pape ont de leur place dans la société une vision conquérante, où certains – par exemple aux États-Unis – réexaminent à la lumière des Évangiles les découvertes de la science, ou d'autres – à l'extrême droite et en France – entendent remettre en cause les règles de l'École publique (égalité, obligation d'enseignement, gratuité) et séparer l'École de l'État. Cette redécouverte de la valeur de la laïcité, du caractère moderne de son message, est la bienvenue.

Mais cette référence à la laïcité ne peut être livrée à la subjectivité de chacun. Elle ne saurait valoir pour certaines expressions de l'islam et être abandonnée face à des manifestations d'intégrisme ou d'intolérance émanant d'autres cultes. Si elle était trop rigoriste dans ses interdits et excessive dans ses préceptes (prohibition de tout signe religieux à l'École, de toute absence pour motif de fête religieuse, de tout accommodement avec le calendrier scolaire...), on sait très bien qu'on ne pourrait pas l'appliquer vraiment aux jeunes catholiques, aux jeunes juifs ou aux jeunes protestants, sans brimer la liberté religieuse et sans soulever des protestations dans l'opinion. Ce qui veut dire que ces interdits laïques vaudraient à l'usage exclusif des arabo-musulmans et auraient donc un contenu discriminatoire, voire raciste. Ce qui serait la négation même de la laïcité.

C'est pourquoi, dans l'affaire des foulards, j'ai voulu disposer de règles objectives, tirées du droit. C'est aussi pourquoi j'ai voulu ces règles raisonnables et justes, c'est-à-dire applicables à tous. Je refuse une référence à la laïcité qui ne vaille que pour les jeunes Arabes. Je ne veux pas d'une laïcité qui emprunte son inspiration moins à Jules Ferry le laïc – dont on sait qu'il était respectueux des consciences – qu'à Jules Ferry le colonisateur. Je fais mienne cette définition de la laïcité : « Une conception politique impliquant la séparation de la société civile et de la société religieuse, l'État n'exerçant aucun pouvoir religieux et les Églises aucun pouvoir politique. » Dans cette acception, la laïcité ne concerne pas seulement l'École mais aussi l'État, la société et le citoyen. Il n'y a pas de laïcité sans liberté religieuse. L'État communiste totalitaire peut être athée, il n'est pas laïque. La religion elle-même, dans cette conception, relève de la sphère privée. La société n'a pas à être régulée selon ses préceptes. L'individu, le citoyen qui le souhaitent doivent pouvoir penser sans dogme.

Faut-il parler d'une « nouvelle laïcité » ? S'il s'agit de redéfinir le concept lui-même, je ne crois pas que cela soit nécessaire. La définition classique suffit, avec ses conséquences, c'est-à-dire avec, notamment, le maintien des religions dans la sphère privée. Cet espace privé n'est pas seulement « séparé », il est aussi garanti comme espace de liberté. Ces garanties ont toujours impliqué en retour, en tout cas en France, le respect par les croyants de l'espace public laïque et la reconnaissance du fait que le citoyen d'une démocratie avait des devoirs indépendants de l'origine ethnique ou religieuse de l'individu.

Le mouvement des lycéens

Pressentir des difficultés dans les lycées n'était pas impossible. Je l'avais laissé entendre au gouvernement dès 1988. Le retard accumulé en matière de constructions – malgré l'effort souvent remarquable des régions –, l'afflux massif de lycéens (430 000 élèves de plus entre 1984 et 1990), les problèmes d'adaptation de l'institution « lycée » face aux nouvelles catégories d'élèves, tout cela provoquait des tensions. Le gouvernement avait d'ailleurs consenti depuis deux ans un effort particulier, bien qu'insuffisant, pour l'enseignement secondaire.

Le mouvement, on le sait, a commencé dans des lycées professionnels aux conditions de fonctionnement particulièrement dégradées et dans des banlieues difficiles. La peur du chômage, un urbanisme absurde, la présence de la violence, la frustration pour certains jeunes de n'être pas au lycée ou, pour d'autres, la crainte de n'y point réussir, l'aspiration de la jeunesse à se battre, à faire sa vie et donc aussi le besoin d'exprimer sa colère ou son angoisse, tout cet arrière-plan a expliqué que ce mouvement, d'abord local, ait duré.

En huit jours, le relais fut pris partout. La vétusté de certains locaux, l'insuffisance des taux d'encadrement, le désir des jeunes d'être davantage consultés et entendus : il n'en fallait pas plus pour que le mouvement devienne national, à la fois par solidarité et par imitation. Une bonne partie de la jeunesse lycéenne exprimait bientôt dans la rue son malaise, et son inquiétude pour l'avenir, mais tout autant sa force, son appétit de vivre et sa vigueur ludique. Une nouvelle génération faisait, à son tour, l'expérience d'un mouvement collectif. J'ai pensé dès le début que cette crue de la jeunesse lycénne était spontanée. Que les Jeunesses communistes ou les responsables de la Fédération des lycéens aient joué leur rôle est évident! Mais personne ne fait naître un mouvement à partir de rien. Quand un mouvement ample et spontané se produit, il surprend tout le monde, y compris ceux qui l'organisent ou qui s'efforcent de le conduire. Le mouvement avait sa dynamique, le flux son temps d'écoulement, la jeunesse lycéenne son rythme d'ébranlement, de prise de conscience, de lutte puis d'apaisement possible. Il ne servait à rien de vouloir précipiter la négociation. J'ai dû attendre.

De ce point de vue, la rencontre des jeunes avec le président de la République eut une fonction symbolique. Pour la coordination animée par le PC, aller manifester à l'Élysée, c'était désigner une cible. Pour la coordination animée par la FIDL, la rencontre avec le Président prenait la forme d'un recours. Finalement, même si les deux coordinations avaient des projets politiques différents, elles épousaient le mouvement des jeunes scolarisés. Se faire entendre de François Mitterrand, c'était pour la jeunesse, pour la « génération Mitterrand », se faire écouter au plus haut niveau de l'État par celui qui incarnait pleinement le pouvoir politique. Après cela, sauf à persister dans un mouvement se refusant à négocier sur ses propres revendications ou à vouloir continuer à jouir du plaisir de sa propre force en perpétuant le mouvement pour le mouvement, il était devenu possible et même indispensable à tous de négocier. Ce que nous fîmes.

Ce qui m'a frappé pendant toute la phase de montée du mouvement – et jusqu'aux premières manifestations de « casseurs » qui ont entaché son apogée –, ce n'est pas tellement l'approbation de l'opinion pour l'action lycéenne (elle était assez logique). C'est la façon lyrique, laudative, les flatteries attendries dont une partie des médias a accompagné le mouvement, tant qu'elle l'a pensé populaire – on a même à ce propos parlé de « jeunisme » –, pour se retourner soudain et se montrer irritée et hostile quand celui-ci a manifesté ses premiers signes d'essoufflement.

Ma préoccupation propre était de savoir à quel moment agir utilement. Il y avait un paradoxe dans ma position. En tant que ministre de l'Éducation, et pour des lycéens pas toujours au fait des réalités gouvernementales et des débats budgétaires, j'étais la cible, le nom que l'on inscrivait sur les banderoles, celui à qui on réclamait « des sous » dans les cortèges; dans le même temps, je comprenais le sens des revendications pour avoir anticipé sur elles lors des discussions au sein du gouvernement.

Mon problème était donc, sans me départir de ce que m'imposait ma fonction, sans tomber dans la démagogie « pro-jeune » régnante, et tout en restant le ministre que l'on prenait pour cible, de devenir progressivement l'inévitable interlocuteur. Il fallait écouter, manifester une volonté de dialogue tout en comprenant qu'il ne servait à rien de précipiter les rythmes, pousser les responsables lycéens à préciser et à mettre en forme leurs revendications – ce que d'ailleurs eux-mêmes sentaient nécessaire –, pour saisir le moment où la discussion et la négociation pouvaient se nouer. La rencontre avec le président de la République, l'effort supplémentaire suggéré par lui et accordé par le Premier ministre Michel Rocard ont offert cette possibilité.

Certes, l'exigence absolue et multiforme, immédiate et concrète, d'amélioration de la condition lycéenne qui émanait du mouvement était malaisée à satisfaire. Il a donc fallu plusieurs semaines d'action et deux longues journées de discussions avec moi pour que soit comblé l'écart au départ infranchissable – au moins psychologiquement – entre les exigences lycéennes et les réponses que pouvait apporter concrètement le gouvernement. Dès le départ, celui-ci avait choisi le dialogue et limité strictement les risques d'affrontement dans la rue, malgré l'intervention de quelques petits groupes inorganisés et violents. Plus significatif encore a été le refus de parier sur l'enlisement et le reflux du mouvement, lesquels se seraient inévitablement produits mais dans des conditions aléatoires. La capacité qui a été la nôtre de négocier, de faire des concessions a permis aux lycéens d'obtenir des satisfactions, de conclure leur action par un succès et non dans l'amertume. Je crois que cela sera positif pour l'avenir.

Depuis, je me suis fait un point d'honneur de mettre en œuvre rapidement les engagements souscrits. Mais les raisons qui ont suscité ce mouvement n'ont pas disparu. Les tensions provoquées dans les lycées par l'afflux de centaines de milliers de jeunes sont encore bien réelles malgré les efforts faits. C'est ce qui exige, je l'ai déjà dit, qu'un effort prolongé soit maintenu, sous peine d'avoir de nouvelles surprises. Mais nous savons aussi que le mouvement national des lycéens a prolongé et en même temps absorbé un mouvement plus localisé, plus dramatique, plus âpre : celui des collégiens, des lycéens et des jeunes de banlieues défavorisées où violence, chômage, racisme, désespérance font partie du paysage quotidien. Ce problème, à la fois plus étroit et plus profond que le mouvement lycéen, il est fondamental que nous sachions le résoudre.

Je reviens au fond du débat éducatif. On aurait tort de croire que les partisans d'une École fermée sur elle-même (lieu abstrait d'une culture figée) et ceux qui se font les hérauts de l'adaptation forcée de l'École aux impératifs économiques sont nécessairement opposés les uns aux autres. Certains peuvent vouloir à la fois « former » rapidement des employés, des ouvriers, voire des ingénieurs opérationnels et incultes, et réserver la culture « traditionnelle » à une élite restreinte appelée à des fonctions plus hautes. La question est de savoir si l'enseignement est voué à reproduire les classes sociales, voire à produire lui-même des hiérarchies brutales entre des classes instruites et des classes d'hommes-outils ou s'il doit former des hommes et des femmes capables de « gagner leur vie, d'être utiles et de jouir des acquis de la civilisation », comme le disait Paul Valéry.

Pour moi, l'Éducation doit, par l'intégration de savoirs, assurer auprès des générations nouvelles la transmission d'une tradition tout autant que l'accès au monde contemporain et donner les moyens d'agir librement dans le monde de demain. Entre ces trois mondes – celui du passé, celui du présent, celui de l'avenir – l'Éducation doit préserver et établir des ponts. Elle ne saurait se tourner exclusivement vers l'un de ces mondes sans engendrer des générations conservatrices ou enfermées dans l'instant ou amnésiques. C'est dire combien les enjeux des débats sur l'École sont toujours, au sens profond du terme, politiques.

CHAPITRE 10

ÉLOGE DES CLIVAGES EN POLITIQUE

La troisième grande question qu'il convient de clarifier est celle-ci : existe-t-il encore une différence entre la gauche et la droite ?

L'opposition entre la gauche et la droite a structuré la vie politique française depuis la Révolution. Elle a marqué aussi la pensée européenne. Naturellement, cette césure n'est pas la seule. Ni la droite ni la gauche ne constituent des unités simples. À certaines périodes, les oppositions au sein de la droite (entre légitimistes et orléanistes, entre conservateurs et fascistes) ou au sein de la gauche (entre socialistes et communistes) ont été plus fortes que celles opposant certains secteurs de la gauche et de la droite. Mais cette opposition gauche-droite a été dominante dans la pensée et la vie politiques françaises.

Or, il y a à l'évidence un trouble : certains nient désormais l'opportunité, d'autres la réalité du clivage gauche-droite.

Du bon usage du consensus

Au cours de ces dernières années, on a entendu de nombreux plaidoyers tantôt en faveur du centre, tantôt en faveur du consensus en politique. Je voudrais dire encore un mot du consensus.

Une chose est sûre : le consensus ne fait pas consensus. Pour certains, tel Thomas Ferenczi [1], il est en marche dans la société française et c'est le signe de sa modernisation. La France a été longtemps, et plus que les autres démocraties européennes, crispée sur des oppositions excessives touchant à des questions fondamentales : l'École et la religion, la réforme et la Révolution, l'empire ou la décolonisation, l'Europe ou la Nation, etc.

L'opposition entre la droite et la gauche y a été – en raison de la domination de la phraséologie communiste – plus violente, au moins en paroles. Ces oppositions excessives ont représenté pour notre pays une perte d'énergie et de temps, nous ont empêchés de poser et de régler aussi vite qu'ailleurs d'autres problèmes.

Dans ces conditions, les progrès du consensus, sur certains points, doivent être salués. Ils doivent l'être comme les signes que la France sort d'un certain archaïsme politique, de la répétition théâtrale de ses souvenirs historiques, qu'elle accède à la modernité en même temps qu'à la normalité (par rapport à ses voisins), que la communauté nationale se rassemble et que, débarrassée de ses oppositions rituelles, elle va pouvoir consacrer son énergie aux vrais problèmes auxquels elle est confrontée. Voilà la première thèse.

Pour d'autres analystes [2], la progression de l'idéologie du consensus est dommageable ou du moins problématique. Parce qu'il entraîne la fin des utopies et des grandes espérances, et parce qu'il est censé se faire sur des opinions moyennes, sans contours précis – on parle alors de consensus « mou », d'idéologie « molle » –, le consensus, loin d'entraîner et de rassembler, met à l'écart et exclut davantage ceux qui ne peuvent s'y rallier. Un débat réel, même vif, même abrupt, fait participer chacun au sein de la démocratie. Au demeurant, alors que les différences semblent s'estomper entre la gauche et la droite, entre le PS ou la majorité présidentielle d'une part, et l'UDC,

1. *Op. cit.*
2. *Le consensus, nouvel opium ?, Le Genre humain,* n° 22, Seuil, 1990.

l'UDF et le RPR d'autre part, cependant que le PC poursuit son déclin, des forces politiques nouvelles émergent ou se renforcent. Le mouvement écologique et le Front national viennent briser le cercle du consensus à peine celui-ci formé. Que dire alors d'un consensus qui, fait pour rapprocher des points de vue, contribue au développement de courants d'opinion qui le nient. Voilà l'autre thèse.

Je ne me veux ni adepte de l'« idéologie du consensus » ni partisan d'une « culture des conflits ». Car il est temps d'échapper aux fausses oppositions entre lesquelles nous sommes sommés de choisir. Pour cela, sérions les questions.

D'abord, y a-t-il progrès du consensus ? Entre la gauche gouvernementale et les partis conservateurs, c'est certain. Sans doute les passions électorales demeurent-elles, ainsi que la bipolarisation due à la répétition des échéances présidentielles. On notera aussi comme contradictoire avec cette affirmation la période pendant laquelle le RPR et l'UDF – de 1981 à 1988 – ont cru trouver dans une vigoureuse et droitière affirmation doctrinale la solution à leurs problèmes politiques. Mais pour l'essentiel, et vue sur une période de quinze ans, la vie politique française a réellement connu une progression des consensus. Sur plusieurs plans, il faut avoir l'objectivité de reconnaître que le mouvement s'est fait de la gauche vers la droite. Nous avons accepté, pour l'essentiel, les institutions de la cinquième République, nous nous sommes ralliés à la dissuasion nucléaire, nous avons mené à peu près la même politique africaine que nos prédécesseurs (avec quand même, et heureusement, les « réseaux Foccart » en moins). En 1984, avec le retrait du projet de loi Savary, nous avons renoncé à poursuivre le conflit École publique-École privée. Non qu'il y ait sur ce sujet consensus. Sur le fond, nous ne sommes pas d'accord. Mais il y a eu au moins consensus sur le maintien d'un statu quo.

Malgré les problèmes que lui pose le Front national, la droite classique a, de son côté, fait mouvement vers nous. Il y a quelques décennies, elle l'a fait, sur le plan social et celui des velléités réformistes, au nom d'un gaullisme né aux côtés de la gauche dans la Résistance et prétendant d'ailleurs au dépassement du clivage droite-gauche. Plus tard, dans les années soixante-dix, c'est essentiellement sur le terrain des modes de vie et des mœurs que le rapprochement s'est produit. En opposition ou en rupture avec sa tradition d'ordre et même d'ordre moral, la droite parlementaire française a progressivement rallié, de plus ou moins bon cœur, certaines des positions défendues par la gauche : sur la contraception, l'interruption volontaire de grossesse, l'abaissement de l'âge de la majorité, l'acceptation de nouveaux modèles d'autorité. À cet égard, le vote de la loi Veil en 1975 a été symbolique (même si toute la gauche et seulement une partie de la droite ont voté le projet).

On peut considérer que les rapprochements, voire les consensus, réalisés dans ces quelques domaines ont eu des effets positifs. Les uns en assurant la continuité de la politique extérieure de la France, les autres en facilitant la modernisation de notre société civile. Il n'est pas sûr qu'il en aille de même de celui qui s'esquisse aujourd'hui dans le domaine économique et social.

Aussi le problème n'est-il pas de rechercher s'il faut ou non, en toutes circonstances, le consensus ou le conflit mais de préciser quand tel consensus est souhaitable, et selon quelle modalité, et quand le clivage est nécessaire.

Si le consensus prend la forme d'un consentement a priori à l'état de choses existant, à un fonds d'idées reçues ne faisant plus l'objet d'un examen critique ; si le consensus n'est pas revendiqué, proclamé, assumé, mais implicite et parfois même dissimulé, alors il risque de poser plus de problèmes qu'il n'en résout. Il justifie tous les immobilismes. Il n'est plus l'aboutissement d'un débat posé, maîtrisé, dépassé ; le débat est en fait stérilisé, évité, enfoui. Et il n'y a là nul progrès pour la démocratie. Il vaut mieux alors une division qui identifie les positions et nourrit la vie politique – et par là même fait lien –, plutôt qu'un consensus supposé où se dissout le débat démocratique. Dans une société où les contradictions et les conflits d'intérêts existent nécessairement, où de vrais choix sont à faire, un consensus ne peut être réalisé qu'a posteriori, les débats ayant eu lieu et leur résolution intervenant ensuite. Il en va autrement des consensus réalisés a priori. Ou bien ils expriment un accord profond et immédiat, et point ne vaut la peine d'en parler : ils font partie du fonds de nos valeurs communes. Ou bien ils sont imposés par le conformisme ou le vide de la pensée, et ils risquent de marquer un recul de la vie des idées et de la démocratie.

Il est évident qu'une Nation, qu'une société ne peuvent être en dissension sur tout, en guerre civile froide permanente, sauf à courir le risque de se défaire. Il doit y avoir entre ceux qui les composent un lien minimal, des valeurs reconnues, l'idée d'un destin partagé.

Il faut en particulier s'entendre sur les principes démocratiques. Sans eux, au demeurant, il n'y aurait ni conflit ni consensus possibles : une société gouvernée autoritairement et privée de tout débat politique ne peut même pas se poser la question du consensus. En démocratie, puisque le pouvoir est légitimé par une majorité, il peut être tentant de rechercher une majorité large, notamment sur les grandes options de politique internationale, sur les éléments essentiels du système politique ou les objectifs principaux de la politique économique et sociale.

Il reste que les modalités concrètes de la vie démocratique méritent d'être constamment examinées et discutées. Non pas, bien entendu, pour entretenir artificiellement une bipartition politique de la société, ni pour satisfaire des visées électoralistes, mais pour mettre en évidence les valeurs qui inspirent les choix et les objectifs possibles. À cet égard, la recherche d'un consensus (et non sa présupposition) ne signifie pas la juxtaposition d'opinions opposées en vue de s'accorder sur une « voie moyenne » ou un compromis minimal qui laisse chacun à son insatisfaction. On sait que lorsqu'un compromis politique s'établit sur le plus petit commun dénominateur entre des positions opposées, il ne modifie ni ces positions, ni la réalité : il est donc facteur de stagnation. C'est le cas du consensus « mou ». Au contraire, une vraie tension et un vrai débat entre des positions différentes, voire antagoniques, ont des chances de faire s'approfondir les arguments et de dégager des solutions convaincantes auxquelles une majorité se ralliera. Ces choix, consécutifs à des débats, ne sont pas nécessairement conciliants ou réconciliants : Willem Doise et Serge Moscovici ont pu montrer au contraire que le groupe tempère moins le conflit que l'individu [1], qu'il les radicalise plutôt. Cette radicalisation, loin de bloquer les décisions, permet de faire progresser des idées nouvelles.

C'est sous cet angle qu'il convient d'examiner la question de l'opposition entre la gauche et la droite. Est-elle factice ? A-t-elle lieu d'être ? Si elle subsiste, est-il souhaitable et possible de la nier ?

Le constat est clair, je l'ai dit : il est celui de l'atténuation de la perception par les électeurs des différences entre la gauche et la droite. Tous les sondages vont dans le même sens. Certes, on peut penser qu'une majorité de Français se satisfont de cette situation, puisque à peine 40 % d'entre eux jugent qu'il n'y a pas assez de différences. Mais pour quelles raisons ? On connaît cette formule des économistes : « L'offre crée sa propre demande. » Ne peut-on se demander si, dans le domaine de la politique, ce n'est pas l' « offre politique » qui modèle la conscience des citoyens ? Comment en effet, pour ceux-ci, imaginer un choix, une opposition, si on ne la leur présente plus, si elle ne se traduit plus dans la pensée ou l'action politiques, en tout cas plus de façon nette ?

On peut juger intelligente cette prise de distance par rapport à un certain manichéisme de la vie politique française antérieure. Mais notre système politique et notre société y gagnent-ils vraiment, si cela coïncide avec une montée de l'abstention et une prise de distance vis-à-vis de la politique de couches sociales moins intégrées dans la société et qui jusque-là, votant à droite ou à gauche, étaient engagées politiquement et par là rattachées à notre système démocratique ? Car la démocratie progresse-t-elle si cette évolution provoque l'émergence du Front national ? À quoi sert en effet d'atténuer le clivage

1. Willem Doise (éd.) et Serge Moscovici (éd.), *Current Issues in European Social Psychology*, Maison des sciences de l'homme, 1984.

droite-gauche, de mettre un peu plus de rationalité supposée et un peu moins de passion dans cette opposition si c'est pour déboucher, aux marges des idées « moyennes » prétendûment consensuelles, sur l'irrationnel, la violence et les propositions racistes du Front national ? Ne faut-il pas préférer une structuration politique que certains jugent trop traditionnelle à une unification de l'espace politique central qui évacue les attitudes de rejet aux extrêmes ? Un faux consensus sert de prétexte, auprès des exclus, aux extrémistes violents. Et c'est pourquoi il paraît important de rechercher comment on peut refonder le clivage politique droite-gauche. Il ne s'agit pas forcément de revenir aux formes traditionnelles de cette opposition mais de donner à celle-ci des contenus actuels.

À cet effet, il convient tout d'abord de ne pas poser d'emblée l'unification des positions politiques. Naturellement, tout gouvernement, tout parti au pouvoir prétend agir au nom de l'intérêt général. Nous ne dérogeons pas à cette règle. Reste que l'intérêt général n'est pas une notion abstraite et neutre. Il faut dire clairement que nous y travaillons, mais à partir de la gauche, de ses valeurs et des moyens qui lui sont propres. Se dissimuler dans les plis de l'intérêt général, c'est finalement dépolitiser la société, postuler une unité factice, vider a priori de tout sens l'intérêt du débat démocratique.

Chacun sait en politique l'importance des mots. Il y a une époque où nous n'avions pas peur des mots, en tout cas de certains mots. Relire les discours qui furent les nôtres, y compris dans la bouche de plus hauts responsables, il y a dix à quinze ans de cela, est un exercice passionnant mais dont l'interprétation n'est pas facile. Que doit-on dire ? Grandiloquence, irréalisme, nostalgie ou infidélité, perte de courage et abandon ? Un peu de tout sans doute. Pourquoi les mots « front de classe », « autogestion », « rupture », « anticapitaliste », « exploiteurs », « classe ouvrière », « lutte de classes », etc., qui firent notre quotidien, eurent tant de charge émotionnelle et ne freinèrent nullement nos progressions électorales, ont-ils disparu de notre vocabulaire ? Parce qu'ils étaient associés à une pensée marxiste déclinante ? Parce qu'ils se sont usés à l'épreuve du réel ? Parce qu'ils ne représentent plus rien et ne servent à rien, ou bien parce que nous les avons, nous, vidés de leur sens et rejetés au magasin des accessoires ? Où est la juste révision et où commence l'abandon un peu lâche ? À nous de le dire.

Il y a des évolutions qui relèvent au fond du style d'une époque, style politique autant que littéraire. Le vocabulaire utilisé en France après 1968, quand s'est refondé le parti socialiste, ne pourrait servir aujourd'hui. Et cela, non seulement parce que les socialistes désormais n'y recourent plus, mais parce que les Français eux-mêmes ne sauraient l'entendre. C'est une évolution, c'est un air du temps dont on ne pourrait dire qui en a eu l'initiative, qui en porte la responsabilité, mais qui, de toute façon, s'impose à tous.

Il y a des abandons qui ont des motifs plus précis. Des concepts, des mots tels que « front de classe », « autogestion », « rupture avec le capitalisme » ont cessé d'être employés parce que ceux qui les portaient – socialistes au pouvoir, syndicalistes – ont cessé de s'y référer ou ne les ont pas traduits dans des pratiques concrètes et des politiques gouvernementales. Les lois Auroux dans les entreprises privées ou les formules de démocratisation introduites dans les entreprises publiques étaient positives, mais elles ne pouvaient pas être assimilées à une autogestion dont elles n'ont jamais été présentées comme la première étape. Les nationalisations de quelques grands groupes industriels et de quelques grandes banques en 1981 ont certes quelque peu modifié l'équilibre entre le secteur public et le secteur privé et, à un certain moment, donné naissance à la théorie de l'« économie mixte », mais personne n'a vraiment pensé qu'elles amorçaient une « rupture avec le capitalisme ». Et cela d'autant plus que la droite en 1986-1988 a réalisé quelques retours à la privatisation cependant qu'en 1988 nous choisissions, pour des raisons politiques, le statu quo.

Il y a des désuétudes qui trouvent leur source dans des évolutions sociologiques et politiques plus profondes. Ainsi en va-t-il du concept de « classe ouvrière ». La réalité existe : il continue à y avoir dans la société des hommes et des femmes qui, par leur place dans le processus productif, par leurs conditions de travail et de vie, continuent à pouvoir être définis comme ouvriers. Mais ce groupe social a diminué en proportion, il a été englobé par un ensemble plus vaste et beaucoup moins homogène : le salariat, où cadres, techniciens, employés tendent à devenir plus nombreux. Surtout, la classe ouvrière a perdu ce qui, pour les marxistes, représentait sa fonction historique : la lutte pour l'émancipation des travailleurs, le droit à un rôle dirigeant dans la société, le rôle d'accoucheuse d'une société nouvelle. Avec l'effondrement des modèles collectivistes, le déclin des partis communistes, l'évolution des processus productifs et des stratifications sociales, le mot de « classe ouvrière » a perdu sa puissance évocatrice et son caractère quasiment aristocratique (que traduisaient, d'une certaine façon, le mode de sélection et la composition des organes dirigeants des partis communistes). Lors des deux dernières décennies, la condition ouvrière a changé un peu, mais la mythologie ouvrière, elle, s'est perdue.

Faire ce constat, indiscutable, n'implique pas, comme on le fait trop souvent désormais, qu'on oublie les réalités ouvrières, ce qu'elles signifient de dureté de vie, d'aspiration au changement et de combats. Les ouvriers et ouvrières restent un groupe important, qui n'a pas perdu toute conscience de classe – même si la place qu'y tiennent les immigrés a pu modifier les perceptions internes et externes à ce groupe. Le poids électoral, la capacité d'organisation, l'engagement militant, syndical ou politique, qui restent ceux de nombreux ouvriers, leur présence dans les mouvements sociaux, tout cela justifie que les partis socialistes – qui jadis d'ailleurs se définissaient comme ouvriers – n'oublient pas le monde ouvrier au profit d'une approche indifférenciée de la société et de l'action politique.

Pour ce qui me concerne, j'ai assez milité, notamment comme premier secrétaire du PS, pour qu'on évitât les excès de langage, les anathèmes, l'enflure des mots justement, pour pouvoir demander qu'on ne les jette pas tous à la rivière des griseries gestionnaires. Certains sont fort beaux, précis, décrivent des phénomènes ou des réalités qui sont encore à l'œuvre. Ne les serrons pas dans l'armoire aux souvenirs. Exhumons-les, relançons-les dans le débat d'idées. Car si certains sont morts, d'autres ne demandent qu'à revivre. Et le mot « gauche » est de ceux-là.

Le choix des valeurs

Pour redonner son sens à la gauche, il convient, en effet, de revenir à une véritable analyse de la société. Celle-ci n'est pas une abstraction. Elle n'est pas homogène. Elle est divisée en classes et en groupes, dont tous n'ont ni la même place dans la société, ni les mêmes chances. Derrière les mots commodes de la « comptabilité nationale » – consommateurs, producteurs, contribuables, épargnants – se cachent des réalités sociales contrastées, des inégalités, des situations vécues que nous devons continuer à prendre en compte. Nous servons l'intérêt général, nous devons proposer un modèle de société dans lequel chacun puisse trouver une place. Mais certains méritent qu'on se soucie d'eux en particulier. Nous savons que certaines catégories sociales ne peuvent attendre des gouvernements conservateurs d'amélioration de leur sort. Nous devons donc ajouter à une grille de lecture purement économique de notre action politique ce que j'appellerais une « grille de lecture sociale » qui permettrait de voir en quoi notre politique a fait – et pourra faire – évoluer la situation des différents groupes sociaux. L'accès à la culture, au loisir, à l'éducation, l'évolution des revenus naturellement, mais aussi le logement, les conditions de la vie quotidienne, le bruit, la durée des transports doivent être pour nous des indicateurs aussi importants que les indices économiques, eux-mêmes décisifs. Là se vit la vie de chaque jour pour la majorité des gens. Naturellement, cette approche sociale (ou sociétale) de l'action politique – source d'un vrai clivage, ancien mais toujours effectif, entre la gauche et la droite – ne peut être séparée de l'action et des réalités économiques. J'en ai esquissé les axes, je n'y reviens pas.

Il me semble plus intéressant d'insister sur ce qui, au quotidien, fonde les différences entre la droite et la gauche, pourvu naturellement que celle-ci parle et agisse selon ses valeurs. Je voudrais ici en marquer quelques-unes. La droite croit à l'idée qu'il existe un ordre naturel (ou divin) qu'il faut respecter; la gauche croit à l'idée d'une harmonie à conquérir et à fonder. La droite croit à la tradition, souvent à la religion, à la force des hiérarchies et à une vision figée de l'autorité; la gauche au progrès, à la transformation possible de la société et de l'homme, à des formes plus consenties d'autorité. La droite juge que les inégalités sont naturelles et jusqu'à un certain point souhaitables; la gauche n'admet point les inégalités sociales ni celles des droits et des chances. Pour la droite, l'identité nationale vient d'un long enracinement; pour la gauche, elle est d'abord culturelle et suppose une adhésion à des valeurs communes. En économie, la droite pense que les mécanismes dits libéraux (et notamment les lois du marché) permettent la réalisation d'un optimum; la gauche défend la nécessité d'organiser l'économie autour d'objectifs concertés, ce qui suppose l'intervention de l'État. Pour la droite, une bonne économie suppose un secteur privé dominant; la gauche préfère un certain équilibre entre le secteur privé et le secteur public assuré par l'économie mixte. La droite nie l'existence d'une lutte des classes dans la société et est souvent méfiante à l'égard des syndicats; la gauche croit au jeu de groupes organisés et souhaite faire du syndicalisme un interlocuteur et un partenaire. La droite affirme son attachement à la religion comme institution et défend l'enseignement privé; la gauche – qui compte des croyants – est attachée à la laïcité. La droite veut aujourd'hui faire éclater le système éducatif; la gauche défend l'idée de l'unité maintenue du service public de l'éducation, même quand elle veut le décentraliser. La droite pense que la démocratie relève avant tout de la sphère politique. Hors de celle-ci (par exemple, dans l'entreprise), elle la voit comme une regrettable « politisation »; la gauche affirme que la démocratie n'est pas seulement politique mais sociale. Elle doit être poussée jusqu'au bout.

La droite et la gauche n'ont pas la même conception de l'État. Pour la première, il doit être fort, au besoin répressif vis-à-vis des individus et des groupes, mais peu interventionniste dans l'économie. Pour la seconde, il doit être discret dans la sphère de la vie privée, actif et redistributeur dans l'ordre économique et social. Sur le terrain des mœurs et des comportements (place des femmes, rôle des jeunes, conception de la famille ou de l'amour, nouveaux problèmes d'éthique), la gauche choisit l'évolution qui assure mieux la dignité de l'autre, la liberté, les attitudes nouvelles; la droite préfère les attitudes acquises et les réflexes anciens.

C'est pourquoi les discours de la gauche et de la droite, malgré les rapprochements gestionnaires, ne peuvent être identiques. La droite tient d'abord le langage de l'ordre établi. Et même lorsque la situation d'opposition la conduit à développer un discours critique, sa contestation – par exemple de la gauche au pouvoir – se fait en opposition à une politique qui, selon elle, trouble l'ordre établi et naturel des choses. À l'inverse, la gauche, même quand elle est au pouvoir, ne peut s'en tenir au discours de la gestion et même de la réforme. Elle doit – en particulier les partis qui s'en réclament – continuer à tenir un discours critique sur la société, à la fois par conviction et pour être comprise des siens.

Pour rendre à l'action gouvernementale et à la vie civique ses lettres de noblesse, il faut centrer la politique sur les besoins des hommes. C'est d'ailleurs ce que, Premier ministre, Michel Rocard avait voulu marquer dans son discours d'investiture en 1988 lorsqu'il avait parlé de ce qu'on a appelé ensuite la « politique des cages d'escalier ». C'était une intuition juste. C'est la même inspiration, présentée autrement, qui guide son successeur Édith Cresson, quand elle manifeste son souci de problèmes concrets et veut des résultats rapides.

Les questions internationales, les discussions purement politiques, les débats sur les valeurs ne peuvent à eux seuls permettre à nos concitoyens de s'intéresser à la chose publique. Le jugement que les hommes et les femmes portent sur la vie politique, sur les partis, sur l'action des gouvernements se forme d'abord à partir de leurs conditions concrètes d'existence, de leur vie quotidienne. Non qu'il faille réduire la vie politique, les motivations des citoyens à des exigences seulement personnelles. Les raisons de leur engagement ou de leurs rejets sont naturellement plus larges.

Mais l'emploi, le salaire, le logement, le cadre de vie urbain, le revenu de la terre, la santé, l'éducation, le transport, la sécurité, la culture, le loisir, les vacances ne constituent-ils pas les domaines fondamentaux dans lesquels s'inscrit la vie de chaque homme et de chaque femme, en particulier dans les pays développés ? Ce sont donc ces questions qui doivent être mises au cœur de nos politiques gouvernementales. C'est dans ces secteurs que nous devons fixer des objectifs quantitatifs et, si nécessaire, qualitatifs. C'est sur ces secteurs aussi que nous serons jugés. Et c'est ainsi que nous redonnerons à chacun l'occasion de contrôler, sur des faits concrets, la réalisation des engagements pris par les responsables élus. C'est ainsi que nous pourrons rétablir le lien entre les citoyens et les responsables politiques qui est, à l'évidence, si distendu et si contesté aujourd'hui.

La reconstitution de ces liens entre la Nation et ses élus passe notamment par la prise de conscience, du côté de la classe politique, du fait qu'une politique de gauche – puisque aujourd'hui la gauche est au pouvoir – ne s'élabore pas seulement dans les états-majors ni au seul niveau des appareils idéologiques. Si un gouvernement, si un parti politique doivent élaborer des « projets », avancer des idées, il faut aussi admettre qu'aucun programme ne peut anticiper sur les exigences qui, aujourd'hui, demain, s'exprimeront et se manifesteront au sein de la société civile. Être de gauche, c'est aussi cela : rester à l'écoute des revendications inédites, rester attentifs aux injustices au moment où elles se découvrent, prendre en compte des problèmes nouveaux et, au lieu de les aborder avec des idées toutes faites, inventer des solutions adéquates. Être de gauche, ce n'est pas seulement avoir des « réflexes » de gauche, c'est privilégier la réflexion à partir d'un réel toujours en changement, pour inventer le possible.

[illegible]

[illegible]

[illegible]

CONCLUSION

Les socialistes sont au pouvoir aujourd'hui. Entre 1971 et 1981 ils ont incarné un renouveau certain de la vie politique française, bénéficié des derniers feux de la puissance communiste et épousé l'envie de changement des Françaises et des Français après vingt ans de pouvoir conservateur. Entre 1981 et 1986, bien que décevant une partie des leurs et dressant contre eux une fraction de l'opinion modérée, leur parcours gouvernemental a été honorable. De 1986 à 1988, la droite majoritaire a conduit, de façon surprenante, une politique bien trop sectaire et étroite. Enfin, en 1988, l'élection s'est faite peut-être moins sur les programmes que sur le choix du président de la République et, à l'évidence, notre candidat, François Mitterrand, était meilleur que son adversaire.

Il y a, à nos succès, une série de motifs spécifiquement politiques, parmi lesquels le rôle des personnalités. Nous ne sommes pas au pouvoir pour des raisons sociologiques comme ce fut le cas pour certains partis sociaux-démocrates, car notre base, nos racines dans la société sont beaucoup moins fortes que les leurs. Nous n'y sommes pas non plus pour des raisons historiques, comme ce fut et c'est encore le cas pour les socialistes espagnols qui ont incarné le grand tournant démocratique et moderniste de l'Espagne après Franco. C'est pourquoi notre position est plus fragile. Convertir une partie de la gauche à l'exercice durable du pouvoir et à la culture de gouvernement n'est pas suffisant pour convaincre nos compatriotes qu'ils doivent nous garder longtemps aux responsabilités.

Moralisons nos actes. Le succès du parti socialiste a été dû en partie au fait que nous incarnions, aux yeux de nos concitoyens, avec nos débats et malgré nos disputes, une autre conception de la politique et notamment une autre éthique de l'action. Notre passage au pouvoir nous a fait perdre cette vertu qui n'était peut-être qu'une virginité. Face aux tentations du ou des pouvoirs, certains des nôtres ont failli. Et sans doute n'avons-nous pas été assez sévères avec eux, par un réflexe fraternel qui aura passé pour de la complaisance. De nouvelles lois ont été votées pour moraliser les campagnes politiques et la vie des partis. Il faut que nous les appliquions avec rigueur. L'expérience du pouvoir, reconnaissons-le, nous a atteints. Montrons que nous avons tiré les leçons de l'expérience. Restaurons l'idée et l'image de la politique.

Redonnons son contenu et sa crédibilité à la différenciation entre la gauche et la droite. Ne revenons pas pour autant aux vieilles lunes, admettons ce qui est irrémédiablement dépassé, disons clairement sur quels points nous sommes d'accord avec l'opposition, mais fixons tout aussi fermement les limites d'un consensus supposé qui, en démocratie, doit être d'un usage modéré. Affirmons les valeurs qui sont les nôtres, retrouvons le chemin des objectifs, notamment en politique économique, qui ont toujours été ceux de la gauche. Pour cela aussi, clarifions nos alliances. L' « ouverture » est un mot trop commode, et qui nous permet de faire, ou d'accepter qu'on fasse, le contraire de ce que nous avons dit dans nos congrès. Disons avec qui nous voulons agir, quelles forces politiques nous récusons, sur quelle conception politique. Et si nous passons des alliances – hors de la droite –, tenons compte de la représentativité réelle de nos alliés pour composer le gouvernement et choisir les candidats aux élections. Toute autre attitude décourage le militantisme, brouille la représentativité et entretient les illusions.

Éclairons notre gestion et explicitons nos choix. Malgré la diversité des centres d'intérêt et des champs de compétence gouvernementaux, tout ne peut être présenté à l'opinion de façon égale et comme ayant la même importance. Puisque nous avons des priorités et qu'elles sont approuvées – je pense par exemple à l'éducation ou à la recherche –, alors inscrivons-les de façon tout à fait claire dans la réalité. Ayons l'audace de faire des choix budgétaires, de tailler ici, de favoriser là, autour de choix nets, présentés clairement à l'opinion et défendus comme tels.

Redéfinissons les fins de notre action politique. Nous venons de loin. Nous avons derrière nous une grande tradition. Mais devant nous, la perspective paraît manquer, le champ de vision tourne court et s'interrompt. Sans doute n'avons-nous pas à réinventer je ne sais quelle fin de l'histoire. Sans doute est-il difficile de prévoir les mouvements historiques auxquels nous serons confrontés. Mais même si l'imprévu n'a pas manqué ces toutes dernières années, il est clair que les événements qui surviennent ne sont jamais simplement aléatoires. Les premiers coups portés à l'apartheid en Afrique du Sud, la révolte démocratique des peuples d'Europe de l'Est obéissaient à une logique profonde et devaient donc survenir à une étape ou à une autre. Du moins si l'on croit, comme moi, que l'exigence de la démocratie détermine fondamentalement le mouvement des peuples. Naturellement, l'installation des totalitarismes (de droite et de gauche) pendant la première moitié du siècle – dont l'emprise n'a pas encore été entièrement ruinée en URSS et surtout en Chine –, la multiplicité des dictatures postcoloniales, la tentation intégriste sont là pour nous rappeler que d'autres forces sont à l'œuvre, brutales, obscures, profondes aussi, qui contrarient, au sein des peuples mêmes, la première tendance : rien ne garantit jamais la victoire de la civilisation sur la barbarie. Il n'y a pas d'automatisme ni de fatalité dans l'histoire de l'homme. Il faut agir, peser et fixer une perspective.

C'est celle-ci qu'il faut savoir décrire, esquisser. Quelles valeurs, quelles formes de pouvoir, quelle répartition des richesses, quelle communauté internationale ? Le futur ne peut être la simple projection de la situation actuelle. L'immobilité n'est pas une perspective. L'avenir ne peut non plus relever de l'utopie. On ne rompt pas sans danger avec le réel. L'exigence de justice et de liberté ne se confond pas avec le désir d'une société parfaite. On doit partir des traits du monde d'aujourd'hui pour dessiner celui de demain, sans s'interdire l'audace qui seule permet l'invention de l'avenir.

TABLE

Cet ouvrage a été réalisé par la
SOCIÉTÉ NOUVELLE FIRMIN-DIDOT
Mesnil-sur-l'Estrée
pour le compte des Éditions Flammarion
en septembre 1991

Imprimé en France
Dépôt légal : septembre 1991
N° d'édition : 13389 - N° d'impression : 18995